Rolf Uesseler
Krieg als Dienstleistung

Rolf Uesseler

Krieg als Dienstleistung

Private Militärfirmen
zerstören die Demokratie

Ch. Links Verlag

Für Peter Glotz –
In Erinnerung an einen Freund

Die **Deutsche Bibliothek** verzeichnet diese Publikation
in der Deutschen Nationalbibliographie;
detaillierte bibliographische Daten sind im Internet über
http://dnb.ddb.de abrufbar.

2. Auflage, Juli 2006
© Christoph Links Verlag – LinksDruck GmbH, 2006
Schönhauser Allee 36, 10435 Berlin, Tel.: (030) 44 02 32-0
Internet: www.linksverlag.de; mail@linksverlag.de
Umschlaggestaltung: KahaneDesign, Berlin,
unter Verwendung eines Fotos von Patrick Baz/AFP/Getty Images
(Helikopter der Firma Blackwater über Bagdad, April 2004)
Lektorat: Dr. Stephan Lahrem, Berlin
Satz: Ch. Links Verlag, Berlin
Druck und Bindung: Friedrich Pustet, Regensburg

ISBN-10: 3-86153-385-5
ISBN-13: 978-3-86153-385-6

Inhalt

Vorbemerkung 7

Krieg als Business
Die »neuen Söldner« – Weltweit im Einsatz 9
Private Militärfirmen – Die neue Dienstleistungsbranche 24
Die Auftraggeber – Von »starken Staaten«, Konzernherren und Rebellen 46
Globale Gewaltmärkte – Militärfirmen in Aktion: Drei Fallstudien 67

Globalisierung und »neue Kriege«
Geschichte der privaten Kriegswirtschaft – Ein Abriss 81
Das Ende des Ost-West-Konflikts – Veränderte Rahmenbedingungen für militärische Dienstleistungen 99
Klientelsystem und Schattenökonomien – Die Entwicklung neuer Bedürfnisse nach Sicherheit 115

Gefährliche Konsequenzen
Militante Zusammenarbeit – Wirtschaft und private Militärfirmen 129
Außer Kontrolle – Privatisierung der Gewalt in westlichen Ländern 141
Trügerische Sicherheit – Nationaler Ausverkauf in den »schwachen Staaten« 158
Hilfsorganisationen – Im militärischen Windschatten 171

Konfliktbewältigung ohne private Militärfirmen?
Gewaltmarkt oder Gewaltmonopol 180
Krisenprävention und Friedenssicherung 192

Schlussbemerkungen 204

Anhang
Anmerkungen 210
Weiterführende Literatur 226
Abkürzungsverzeichnis 230
Private Militärfirmen im Internet 233
Personenregister 235
Firmenregister 237
Abbildungsnachweis 239
Zum Autor 240

Vorbemerkung

Private Militärfirmen und »neue Söldner« sind ein wenig bekanntes Phänomen. Man hat davon gehört, weiß aber nicht so recht, warum man sich als Deutscher dafür interessieren sollte. Wenn Amerikaner und Briten in Afghanistan Privatsoldaten einsetzen, weshalb sollte man davon betroffen sein?

Möglicherweise ändert sich das, wenn man erfährt, dass auch deutsche Staatsbürger für US-amerikanische Firmen als Söldner im Irak schießen; dass deutsche Konzerne im Ausland ebenfalls Privatsoldaten anheuern; dass die Bundeswehr Teile ihrer Aufgaben privatisiert; dass Dutzende von ausländischen Militärfirmen auf deutschem Boden tätig sind; dass die »neuen Söldner« schwere Straftaten begehen können, ohne eine Verurteilung befürchten zu müssen. Wie ist das möglich? Gibt es Gesetzeslücken? Und wenn ja, warum wird die Politik nicht tätig?

Bei meinen Untersuchungen fand ich heraus, dass es von diesen Militärfirmen nicht einige wenige, sondern Hunderte gibt, dass nicht ein paar tausend ehemalige Soldaten, sondern Hunderttausende für sie überall auf dem Erdball verstreut arbeiten. Sie kämpfen gegen Guerillas und jagen Terroristen. Sie bedienen und warten die neuesten Errungenschaften der Kriegstechnik und managen das Nachschubwesen. Sie bilden ganze Armeen aus, sichern Ölpipelines, entwickeln Software für Geheimdienste und verhören Gefangene.

Wer sind diese privaten Militärfirmen, woher kommen sie, wer beauftragt sie? Bei den Recherchen trifft man auf gut gestaltete Websites und stellt überrascht fest, dass die Branchenführer an der Börse notiert sind und ihre Kurse in die Höhe schnellten, als alle anderen Aktien nach dem 11. September 2001 in den Keller sackten. Viele erhalten ihre Aufträge von Regierungsstellen, etwa dem amerikanischen oder britischen Verteidigungsministerium. Doch erfährt man offiziell von keiner Seite, welche Verträge im

Einzelnen abgeschlossen wurden. Auch aus den Geschäftsberichten kann man nicht mehr entnehmen. Und Nachfragen bei den Firmenleitungen enden stets mit dem gleichen Satz: »Es tut uns leid, Auskünfte können wir aus Vertragsgründen nicht erteilen.« Selbst parlamentarische Anfragen laufen ins Leere. Mit einem Wort: Je tiefer man bohrt, umso undurchsichtiger wird das Ganze. Trotz Börsennotierungen und Regierungsaufträgen ist die private Militärbranche weiterhin ein geheimnisumwitterter Bereich.

So ist die Faktenlage – was offizielle Dokumente und Papiere anbetrifft – äußerst dünn. Um etwas zu erfahren, ist man auf indirekte Methoden angewiesen, auf Beobachter und Informanten aus den unterschiedlichsten Bereichen, auf Kollegen – und nicht zuletzt auf Glück. Schwieriger noch, als Informationen zu erhalten, ist es, sie zu verifizieren. Dabei helfen mutige Menschen und zähe, akribische Arbeit. Die Fakten in diesem Buch haben viele Personen in der ganzen Welt zusammengetragen; einen Teil habe ich selbst beigesteuert. Auf die Schilderung mancher Ereignisse musste verzichtet werden, weil die Quellen – nicht nur im Irak – inzwischen »verschwunden« sind; andere können nicht gebracht werden, weil sie noch nicht »sicher« genug sind.

Bei der Darstellung habe ich mich vor allem auf den Bereich der äußeren Sicherheit, das heißt auf den militärischen Sicherheitskomplex konzentriert. Zur Kennzeichnung der auf diesem Gebiet tätigen Unternehmen der neuen Dienstleistungsbranche habe ich durchgängig den Begriff »private Militärfirmen« gewählt, der im englischen Sprachraum gebräuchlich ist, während in Deutschland meistens die Bezeichnung »Sicherheitsfirma« verwendet wird. Fragen der inneren Sicherheit, mit denen sich diese Dienstleister ebenfalls beschäftigen, habe ich nur gestreift bzw. nur behandelt, wenn es zum Verständnis notwendig ist.

Auf Sicherheit sind wir alle angewiesen. Sie bereitzustellen, gehört nicht umsonst zu den Kernaufgaben eines demokratischen Rechtsstaats. Sicherheit – äußere wie innere – dem privatwirtschaftlichen Kalkül und Gewinnstreben privater Militärfirmen zu überlassen, erscheint verfassungsrechtlich problematisch. Aber nicht nur das: Wenn diese Firmen der Kontrolle des Staates entgleiten – wie es gegenwärtig der Fall ist –, dann stellt das eine eindeutige Gefährdung der Demokratie dar.

Rom, Januar 2006   Rolf Uesseler

Krieg als Business

Die »neuen Söldner« – Weltweit im Einsatz

*Das, was ist,
kann nicht wahr sein.*

Ernst Bloch

Auf den Kriegsschauplätzen und in den Krisengebieten dieser Welt begegnen dem Chronisten immer weniger Angehörige regulärer Armeen. Dafür nimmt die Zahl der Privatsoldaten rapide zu. Für wen sie kämpfen, wer sie bezahlt, wer sie dorthin geschickt hat, ist selten klar. Ob und wem gegenüber sie verantwortlich sind, weiß niemand so recht zu sagen. Und auch woher sie ihr auf dem neuesten technologischen Stand befindliches Kriegsgerät – Panzer, Kampfhubschrauber, Granaten, Raketen – bezogen haben, will keiner eindeutig beantworten.

Früher nannte man sie Söldner. Heute sind sie Angestellte von Firmen, die Phantasienamen wie *Blue Sky*, *Genric*, *Logicon* oder *Pistris* tragen und bei denen man nicht vermuten würde, dass sich dahinter private Kriegsfirmen verbergen. Diese Privatsoldaten gehören in der Mehrzahl zu keiner nationalen Streitmacht. Ob es sich bei einem kroatischen, pakistanischen, kolumbianischen, irischen oder ukrainischen Kämpfer um einen Angehörigen einer regulären Armee, einen Söldner, einen Rebellen oder um einen Terroristen handelt, wird man weder an der Kleidung noch am Reisepass feststellen können.

Wo einst Abenteuer und Glück suchende Ex-Soldaten oder ehemalige Fremdenlegionäre sich frei verkauften, um für undurchsichtige Auftraggeber Kriege zu führen, sind heute militärisch gut ausgebildete Angestellte von privaten Militärfirmen zur Stelle. Aber solche Firmen beschäftigen nicht nur Personen, die das soldatische Handwerk verstehen. Smarte Manager sind ebenso gesucht wie gewiefte Waffenhändler, auf Kriegsgerät spezialisierte Ingenieure, Computerfachleute oder Übersetzer, erfahrene Piloten und Leute, die profund etwas von Logistik oder Satellitenübertragung verstehen. Das Image vom Rambo beherrscht die Szene nur noch sehr partiell. Heute dominiert die Jobmentalität. Das Kriegshandwerk und alle mit bewaffneten Konflikten zusammenhängenden Tätigkeiten sind zu normalen Dienstleistungen geworden. Was für den Auftraggeber zählt, sind die professionelle Ausführung und der Erfolg; was den Ausführenden interessiert, ist die Bezahlung. Wie buntscheckig das Spektrum der »neuen Söldner« ist, mögen fünf Beispiele veranschaulichen.

Tod eines Anti-Terror-Spezialisten

Fabrizio Quattrocchi, Jahrgang 68, lebte mit seinen Eltern, einem Bruder und seiner Verlobten in Genua. Den Militärdienst schloss er mit einer Spezialausbildung ab. Nach verschiedenen »Abenteuern« und Jobs trat er mit einigen Freunden in die *Ibsa* ein, eine Sicherheitsfirma mit Sitz ebenfalls in der ligurischen Hauptstadt. Einer seiner Freunde war Paolo Simeone, der einen ähnlichen Werdegang wie Quattrocchi hatte. Mit 18 trat Simeone in die Spezialeinheit »San Marco« der italienischen Armee ein. Nach Ablauf seiner Dienstzeit verpflichtete er sich für fünf Jahre bei der Fremdenlegion, mit der er unter anderem in Dschibuti und Somalia stationiert war. 1997 traf man ihn in Angola bei einem Minenräumkommando, 1999 im Kosovo und ein Jahr später wieder in Afrika. Als US-Präsident Bush am 1. Mai 2003 den Irak-Krieg für beendet erklärte und die »Wiederaufbauphase« verkündet wurde, hatte Paolo Simeone schon enge Kontakte zu den zivilen und militärischen Dienststellen der USA geknüpft, unter anderem über deren Botschaft in Rom. Fabrizio Quattrocchi hatte sich inzwischen, nach den Terroranschlägen vom 11. September 2001, zusammen mit einer Gruppe Deutscher, Kanadier und Freiwilliger anderer Nationen in einem Geheimcamp auf den Philippinen im »Kampf gegen den Terror« ausbilden lassen. Bevor Paolo Simeone 2003 in den Irak aufbrach, gründete er noch die *DTS Security* mit Sitz in Nevada, um eine respektable Firmenadresse für amerikanische Aufträge zu haben. Im November desselben Jahres holte er seinen Freund Fabrizio nach (s. Kasten), dann weitere »Kameraden« wie Salvatore Stefio, Umberto Cupertino und Maurizio Agliana, die ähnliche Lebensläufe aufwiesen.

Am Ostersonntag 2004 wurden alle bis auf Simeone von der »Grünen Phalanx Mohammeds« zwischen Bagdad und Falluja entführt. Der arabische Fernsehsender Al Jazeera veröffentlichte einen Tag nach Ostern ein Video mit den Gefangenen und den Forderungen der Geiselnehmer. Diese verlangten unter anderem

Anwerbung eines Privatsoldaten
Die Arbeit sieht folgendermaßen aus:
Wir beschützen das Personal einer amerikanischen multinationalen Firma, die sich mit dem Wiederaufbau der Bürokratie im Irak beschäftigt; wir gelten als BG/CP [bodyguard/close protection].
Ausrüstung
Waffen: Jeder ist bewaffnet mit einer Pistole Beretta 92 S oder Glock 17 mit 4 Ladestreifen oder mit SMG HK MP5 A3 mit 6 Ladestreifen.
Coms: Motorola 380
Kugelsichere Weste (fakultativ)
Bezahlung
6000 USD pro Monat
Die Bezahlung erfolgt bis zum 10. jedes Monats bar vor Ort.
Du erhältst den genauen Text des Vertrages, sobald deine Abreise festgelegt ist.
Kost, Logis und Reise auf unsere Kosten
Lebens- und Unfallversicherung: müssen derzeit von dir besorgt werden, aber wir sind dabei, eine Versicherung mit einer amerikanischen oder englischen Gesellschaft klar zu machen.
Wir sprechen über andere Verträge für schwierigere Aufgaben, für die du sicherlich eingesetzt werden wirst (Personenschutz für amerikanische und andere Politiker und Manager).
In diesem Fall beträgt die Bezahlung 8000/9000 USD, und wir würden in einem Haus untergebracht. [...]

WICHTIG: Der Dienst erfordert höchste Diskretion, also müssen Pistole und SMG [Maschinenpistole] unsichtbar bleiben. [...]

Leider bietet der Markt hier diese Ausrüstung nicht. Wir bitten dich also, die Ausgaben vorzuschießen; das Waffengeschäft in San Luca oder der Stand in Schanghai können dich beraten; sage ihnen einfach, was wir geschrieben haben. ALL DIESE AUSGABEN BEKOMMST DU NACH VORLAGE DER QUITTUNG ZURÜCKERSTATTET; EBENSO WIE DIE REISEKOSTEN.
Reise
Einfaches Ticket nach Amman, Jordanien.
Wir holen dich in folgendem Hotel ab: Hotel Paradise Suite (kostet nicht mehr als 50 USD für Schlafen und Essen). Gegen 1.00 morgens wird dich ein von uns bestelltes Taxi abholen und zur Grenze bringen, wo dich einer unserer Beauftragten abholen wird, um dich nach Bagdad zu bringen (wir werden dafür sorgen, dass du auf dieser Strecke eine Pistole hast).
Amman–Grenze: 5 Std.
Grenze–Bagdad: circa 6–7 Std.

(Auszug aus einem Brief von Paolo Simeone an Fabrizio Quattrocchi, abgedruckt in zahlreichen italienischen Zeitungen, darunter auch in der *Unita* vom 14.4.2004) den Rückzug der italienischen Truppen aus dem Irak und eine Entschuldigung des Ministerpräsidenten wegen der Entsendung von Söldnern in ihr Land. Die Medien in Italien überschlugen sich, das Parlament debattierte in langen Sondersitzungen, der Staatspräsident ergriff das Wort. Selbst der Papst schaltete sich ein und bat um die Freilassung der vier Gefangenen. Nach Rücksprache mit Präsident Bush und gegen den Willen der linken Opposition entschied sich Regierungschef Berlusconi für die harte Gangart und lehnte jegliche Verhandlung ab.

Kaum 24 Stunden später wurde Fabrizio Quattrocchi durch einen gezielten Kopfschuss getötet. Die Hinrichtung wurde auf Video aufgezeichnet, das von Al Jazeera zwar nicht ausgestrahlt wurde, dafür aber im Internet für jeden Interessierten zu finden war. Interessiert war vor allem die Staatsanwaltschaft von Rom – nicht nur wegen des Mordes, sondern auch, weil sie den Verdacht hegte, dass die vier »Söldner« gegen § 288 des italienischen Strafrechts verstoßen hatten. Denn danach hätten die vier gar nicht im Irak sein dürfen, weil es ohne ausdrückliche Genehmigung der Regierung verboten ist, in einem fremden Land für ein fremdes Land zu kämpfen.

Monate später wurden Salvatore Stefio, Umberto Cupertino und Maurizio Agliana nach zähen Verhandlungen doch noch freigelassen. Die Leiche von Quattrocchi, den die »Postfaschisten« in der Regierung sogar zum Märtyrer hochstilisierten, wurde mit einem Staatsakt beigesetzt. Die Untersuchungen der Staatsanwälte verliefen im Sande ungeachtet oder gerade wegen der Tatsache, dass offensichtlich weitaus mehr »italienische Söldner« im Irak tätig waren und sind, ohne offiziell bekannt zu sein. Deutlich wurde nur, dass die italienische Politik nicht im Geringsten daran interessiert war und bis heute ist, den rechtlich dubiosen Status der Privatsoldaten gerichtlich klären zu lassen. In diesem Punkt steht Italien jedoch nicht allein; die meisten Länder (einschließlich Deutschlands) stellen sich bei diesem Problem blind oder taub.

Kriegspilot auf verschiedenen Kontinenten

In den letzten Jahren sind Tausende von »neuen Söldnern« getötet und Zehntausende verwundet worden. Selten erscheinen sie in den Schlagzeilen der Medien, und noch seltener werden ihre Namen bekannt. Selbst die Angehörigen wissen meistens nicht,

Afghanistans Präsident Hamid Karsai wird bei allen öffentlichen Auftritten von Bodyguards der privaten US-Firma *DynCorp* beschützt (links neben der Fahne); hier bei einer Veranstaltung zu den Präsidentschaftswahlen in Kabul am 6. Oktober 2004.

wo sie sich gerade aufhalten und welchem Auftrag sie nachgehen. Nicht nur aus Sicherheitsgründen wollen die Privatsoldaten anonym bleiben (und legen sich häufig einen oder mehrere Decknamen zu), sondern auch die Auftrag- bzw. Arbeitgeber wünschen das oder verlangen es sogar. Denn wer als Person identifizierbar ist, gibt eine leichte Zielscheibe für Repressalien des jeweiligen Feindes ab und ist häufig für den nächsten Job »verbrannt«.

Von diesen Privatsoldaten, die jederzeit von der Waffe Gebrauch machen, sofern es die Situation erfordert, sind allein im Irak rund 30 000 tätig, darunter viele Deutsche. Damit stellen die »neuen Söldner« nach den Amerikanern die zweitgrößte »Armee« und zahlenmäßig mehr Männer als alle anderen Koalitionstruppen zusammen. Aber sie sind nicht nur im Zweistromland aktiv. In Afghanistan schützen beispielsweise Angestellte der amerikanischen Firma *DynCorp* den Präsidenten Karsai, andere Firmen bewachen Regierungsgebäude und Infrastrukturen; in Südostasien und Südamerika kämpfen sie auf verschiedenen Schauplätzen gegen Rebellen, Drogenkartelle und Warlords; in afrikanischen Ländern sichern sie Erdöl- und Diamantenfelder. In über 160 Staaten dieser Erde waren sie in den letzten Jahren tätig, und die Nachfrage nach ihren Dienstleistungen nimmt nicht ab.

Ebenso unterschiedlich wie ihre Aufgabenfelder sind die Männer (und auch immer mehr Frauen), die als »neue Söldner« in der Welt arbeiten. Wladimir P. zum Beispiel, Jahrgang 62, ist Ukrainer und ein erfahrener Pilot. Er kann alles fliegen, was sich in der Luft hält – von zweimotorigen Cessnas über Hubschrauber, Militärtransporter bis hin zum Jagdbomber und zum Kampfjet. Bis zur Auflösung der Sowjetunion war er Berufssoldat in der Roten Armee. Danach traf ihn die Arbeitslosigkeit. Über Freunde bekam er sein erstes Engagement: im Krieg zwischen Eritrea und Äthiopien. Sein Leben, glaubt Wladimir, verdankt er wahrscheinlich einer schnellen Einsicht. Schon bald hätten er und seine Pilotenkollegen erkannt, dass auch in den gegnerischen Militärflugzeugen »alte Kameraden« aus der ehemaligen Sowjetarmee saßen. Von diesem Zeitpunkt an hätten sie es vermieden, aufeinanderzutreffen und sich gegenseitig anzugreifen: Ein Luftkrieg fand bis zum Ende ihres Vertrages in dieser Gegend Afrikas nicht mehr statt.

Der nächste Auftrag von Wladimir P. bestand darin, Transportmaschinen von verschiedenen Flughäfen Westeuropas nach Mali und Burkina Faso in Westafrika zu fliegen. Aus Zeitungsberichten erfuhr er später, dass es sich wohl um Waffenlieferungen gehandelt habe; Waffen, die für die Bürgerkriege in Sierra Leone und Liberia bestimmt gewesen seien. Wladimir vermutet, dass die russische Mafia die Deals eingefädelt hat, da die Verträge mit Burkina Faso in Moskau unterzeichnet worden seien. Doch Genaueres will er nicht wissen oder preisgeben. Die meiste Zeit in den letzten zehn Jahren hat er in Afrika verbracht. Inzwischen arbeitet er für eine private amerikanische Militärfirma, die ihren Sitz an der Westküste der USA hat. Ihr Spezialgebiet: Luftaufklärung. Seine Arbeit besteht in Spionagetätigkeit bzw. im Sammeln von Informationen über Bewegungen oppositioneller Gruppen im nördlichen Südamerika. Die Überwachungsdaten sind Teil eines Sicherheitsschirms, der über die dort tätigen transnationalen Erdölkonzerne aufgespannt ist und von verschiedenen westlichen Ländern finanziell unterstützt wird.

Der Mann, der die privaten Militärfirmen erfand

Der Erfinder der Bezeichnung »private Militärfirma« und einer der ersten großen Unternehmer in dieser neuen Wachstumsbranche ist der Brite Tim Spicer. In seiner Autobiographie *An Unorthodox Soldier. Peace and War and the Sandline Affair* schildert er zunächst seine Erfahrungen als einfacher Soldat in den Reihen der »Scots Guards«, seine Ausbildung in den britischen Spezialeinheiten SAS und an der berühmten Militärakademie Sandhurst. Als Offizier wurde er in den Bürgerkrieg in Nordirland, nach Zypern, zur Rheinarmee in Deutschland, auf die Falklandinseln vor Argentinien und später in den Balkan-Krieg nach Bosnien geschickt. Hoch dekoriert verließ er die Armee Seiner Majestät, um 1995 mit 43 Jahren in die Londoner Investmentfirma Foreign and Colonial als Marketingdirektor für den Nahen Osten einzusteigen. In den folgenden zwölf Monaten jettete er zwischen den Staaten der arabischen Halbinsel und der britischen Hauptstadt hin und her und knüpfte dabei viele Beziehungen. Rund ein Jahr später gründete er seine erste Firma für militärische Dienstleistungen, die *Sandline International*.

Eine der ersten Operationen, mit denen Spicer und seine *Sandline* bekannt wurden, ist die »Affäre Papua-Neuguinea«. Der nördlich von Australien gelegene Inselstaat erlangte 1975 seine Unabhängigkeit. 1989 entbrannte auf der Insel Bougainville, auf der es große Kupferminen gibt, die in englischer und australischer Hand sind, ein blutiger Kampf zwischen der Unabhängigkeitsbewegung Bra und den Regierungstruppen. Der neunjährige Krieg kostete Tausende von Menschen das Leben. 1997 engagierte die Regierung *Sandline*, um die Rebellen zu besiegen, und unterzeichnete einen Dreimonatsvertrag über 36 Millionen Dollar. Dafür sollte die private Militärfirma Söldnereinheiten und Waffen zur Verfügung stellen, Spezialtruppen des regulären Heeres ausbilden und sie sowohl militärisch als auch nachrichtentechnisch unterstützen. Der damalige Regierungschef Julius Chan erklärte, es gebe keine Alternative, als den »privaten Militärsektor« zu Hilfe zu rufen. Die Operation begann im Februar 1997. Aber als der Vertrag durch Indiskretion bekannt wurde, intervenierte Australien, das starke ökonomische Interessen im Inselstaat hat. Auch die Armee von Papua-Neuguinea war gegen die Unterstützung von *Sandline*. Es kam zum Militärputsch, und die 48 Söldner

(Engländer, Südafrikaner und Äthiopier) wurden verhaftet, ihre Waffen – darunter vier Kampfhubschrauber aus Weißrussland – beschlagnahmt. Dann, nur einen Monat nach ihrer Ankunft, wurden sie auf politischen Druck hin ausgewiesen. Tim Spicer ging vor Gericht und bekam Recht: Die neue Regierung von Papua-Neuguinea musste *Sandline* die noch ausstehenden 18 Millionen Dollar zahlen, da der Vertrag als »regelkonform« angesehen wurde.

Die Affäre wirbelte international enorm viel Staub auf. Plötzlich war von einem neuen Söldnertum die Rede, das noch »staatlich gefördert« werde, da – wie Spicer in seiner Autobiographie darlegt – die englische Regierung von der »Operation Bougainville« informiert worden sei. 1998 erschütterte erneut ein politischer Skandal Großbritannien, der den englischen Außenminister Robin Cook fast zum Rücktritt zwang. Auslöser waren wieder Tim Spicer und seine *Sandline,* die trotz eines Waffenembargos der Vereinten Nationen 30 Tonnen Schusswaffen bulgarischer Herkunft mit einer Boing 727 Cargo nach Sierra Leone geschafft hatten, um einen Regierungsumsturz zugunsten von Ex-Präsident Ahmed Kabbah herbeizuführen, der in England im Exil lebte. Spicer wurde angeklagt, erklärte sich für unschuldig und wies darauf hin, dass er seine Regierung nicht nur informiert habe, sondern dass es deren erklärte Absicht gewesen sei, Kabbah wieder an die Macht zu bringen.[1]

Die Skandale ruinierten Spicer nicht, sondern machten ihn berühmt. Er gründete weitere Firmen, darunter *Trident Maritime*. Bekannt wurde sie, weil 2001 der Versicherungsgigant Lloyds die Regierung von Sri Lanka gegen Schäden bei ein- oder auslaufenden Handelsschiffen wegen der gestiegenen Bürgerkriegsrisiken nur dann weiterhin versichern wollte, wenn diese sich der Dienste von *Trident* bediente. Nach dreitägigen Verhandlungen akzeptierte Sri Lankas Regierung angesichts der eskalierenden Kämpfe mit der tamilischen Guerilla und einem drohenden Versorgungskollaps die »Erpressung«. Spicers Firma wurde engagiert, und *Trident* sicherte und kontrollierte die Warenströme zu und von der Insel im Indischen Ozean, die bald wieder zum sicheren Urlaubsparadies erklärt wurde. Inzwischen sitzt Spicer auch der von ihm ins Leben gerufenen *Aegis Defence Services* vor, einem der bedeutendsten Unternehmen in der privaten militärischen Dienstleistungsbranche. Im Irak beispielsweise weist *Aegis* mit 293 Millionen Dollar eines der höchsten Auftragsvolumen überhaupt auf.

Ein Waffenhändler der besonderen Art

Auch im neuen privaten Kriegsuniversum nehmen Waffenhändler eine wichtige Stellung ein. Ohne ihre Tätigkeit könnten Kriege kaum geführt werden. Die Rüstungsindustrie wurde im Westen schon frühzeitig privatisiert, unterlag aber nach dem Zweiten Weltkrieg ebenso wie der Handel strengen staatlichen Kontrollen. Das ist auf dem Papier weiterhin so geblieben. Doch die »Privatisierung des Krieges« hat im Bereich des Waffenhandels faktisch zu einem grundlegenden Wandel geführt. Bis zu zwei Drittel der für die unzähligen Konflikte dieser Welt benötigten leichten Waffen, auf deren Konto rund 90 Prozent der Toten gehen, werden heute an offiziellen staatlichen Kontrollen vorbei von privaten Waffenhändlern vertrieben. Zwar gab es während des Kalten Krieges ebenfalls illegale Waffenhändler, doch waren sie in der Mehrzahl – wie der armenische Adnan Kashoggi oder der deutsche Ernst Werner Glatt – inoffiziell tätig, da sie mit Wissen bzw. Billigung der Geheimdienste und für deren nationale Interessen arbeiteten. Was beispielsweise die USA nicht offiziell im- oder exportieren konnten, wickelten sie (neben anderen Personen) vornehmlich über Glatt und Kashoggi ab.[2]

Heute sind staatliche Stellen nur noch selten darüber informiert, wo und wie private Militärfirmen und Privatsoldaten ihre Bedürfnisse nach Schnellfeuergewehren, Maschinenpistolen oder Granaten decken. Der globalisierte Markt dafür ist riesig und das Angebot ebenso. Wie in einem virtuellen Supermarkt kann man nach Qualität, Marke und Preis das gewünschte Produkt auswählen und erstehen. Für ausreichend Nachschub sorgen inoffizielle, halb- und illegale Netzwerke, die nicht selten Verbindungen zur Organisierten Kriminalität bzw. zu den diversen Mafias haben. Und selbst der Bezahlmodus hat sich geändert. Wie UN-Organisationen in verschiedenen Studien feststellen, werden Waffen heute zunehmend in Naturalien bezahlt: mit Drogen wie Opium oder Kokain, mit Tropenhölzern wie Palisander oder Teak, mit Bodenschätzen wie Bauxit oder Kupfer oder mit Rohdiamanten.

Eine der Personen, die in den Netzwerken des Waffenvertriebs eine bedeutende Rolle spielt und gleichzeitig einen vollkommen neuen Söldnertypus darstellt, ist Leonid Minin, ein israelischer Industrieller, 1948 im sowjetischen Odessa geboren. In der Nacht zum 5. August 2000 wurde er im Mailänder Vorort Cinisello Balsamo verhaftet. Die örtliche Polizei hatte einen Tipp erhalten, dass in Zimmer 341 des Hotels Europa eine »rauschende Kokainparty« stattfinde. Auf dem Revier konnten die Ordnungshüter wenig mit diesem weltmännisch auftretenden und anscheinend steinreichen Mann anfangen. Aus seinem Besitz hatten sie über 30 000 Dollar in verschiedenen Währungen, 58 Gramm Kokain höchster Qualität, einen Aktenkoffer mit unzähligen Dokumenten und geschliffene Diamanten im Wert von einer halben Million Dollar sichergestellt. Auf Nachfrage gab Minin an, das Kokain sei für seinen persönlichen Gebrauch bestimmt, er schnupfe 30 bis 40 Gramm pro Tag und gebe für diese Leidenschaft rund 1500 Dollar täglich aus, was er sich als wohlhabender Mann schließlich leisten könne. Die Diamanten habe er kürzlich mit dem Geld erworben, das er aus dem Verkauf einiger Anteile seiner Firma auf Mauritius erzielt habe. Als Industrieller besitze er verschiedene Firmen unter anderem in Gibraltar, Bolivien, China und Liberia. Er sei gerade aus Sofia gekommen, wo er einen größeren Handel mit liberianischen Tropenhölzern abgeschlossen habe. Obwohl die Beamten sich über die Auskünfte des vor ihnen sitzenden Industriellen befriedigt zeigten, wollten sie ihn doch nicht gleich gegen Kaution auf freien Fuß setzen – zu gravierend erschien ihnen der illegale Drogenbesitz. Der Name Leonid Minin aber sagte ihnen nichts. Sie behielten den unbekannten Mann für den Rest der Nacht ein und leiteten die Anzeige wegen Kokainmissbrauchs an die vorgesetzten Stellen weiter.

Auch der zuständige Staatsanwalt konnte am nächsten Tag mit dem Namen Minin nicht viel anfangen. Erst als die Akte die Polizeizentrale in Rom erreichte, machte sich dort Verblüffung breit, dass ihnen durch Zufall einer der meistgesuchten Männer ins Netz gegangen war. Hier wusste man sehr wohl, wer Leonid Minin alias Wulf Breslav, alias Igor Osols, alias Leonid Bluvshtein, der Mann mit einem israelischen, russischen, bolivianischen, griechischen und deutschen Pass war; den die Schweiz und das Fürstentum Monaco zur Persona non grata erklärt hatten; über den lange Dossiers der französischen und belgischen Sicherheitsbehörden vorlagen. Der italienische Servizio Centrale Operativo hatte selbst einen umfangreichen Bericht über Minin verfasst. Mehr als zwölf Monate hatte eine äußerst komplexe Untersuchung über die italienischen Grenzen hinweg gedauert, um Minin als Kopf einer kriminellen Vereinigung mit engen Verbindungen zur russischen

Mafia auszumachen, die in den illegalen Ölhandel, ins Geldwäschegeschäft, aber auch in den internationalen Drogenhandel involviert war. Ausgangspunkt waren nicht ganz durchsichtige Transaktionen der römischen Firma Galaxy Energy mit Ölprodukten gewesen. Eigentümer des Unternehmens: Leonid Minin.

Doch die vielen Dokumente im Aktenkoffer, den die Polizisten in Cinisello Balsamo sichergestellt hatten, konnte man selbst in der Zentrale in Rom nicht dechiffrieren. Dem Staatsanwalt gegenüber erklärte Minin, der im Gefängnis auf seinen Prozess wegen Drogenvergehens wartete, dass es sich bei den Briefen, Faxen und Verträgen mit Liberia, bei den Waffenkatalogen und Kostenvoranschlägen, bei den von der Elfenbeinküste ausgestellten »enduser«-Zertifikaten für Waffenlieferungen, bei den Preislisten für Waffen, Munition und sonstige Kriegsgüter, bei den Papieren über Lieferbedingungen von mehreren Schiffsladungen Tropenhölzer etc. zum größten Teil um Fotokopien aus allgemein zugänglichen Magazinen handele; ein Teil hätte ein Freund bei ihm im Hotelzimmer liegen gelassen. »Poco credibile«, wenig glaubwürdig, war der lapidare Kommentar des Staatsanwalts. Wegen Drogenvergehens wurde Minin zu zwei Jahren Haft verurteilt. Währenddessen versuchte die italienische Polizei mit internationaler Hilfe, die Dokumente zu verstehen und das Puzzle zusammenzusetzen. Was sich nach monatelanger Arbeit als Bild abzeichnete, war ein Horrorgemälde.

Ohne hier auf die komplexen Einzelaktionen und vielfältigen Überkreuzverbindungen eingehen zu können, ergab sich bei den Untersuchungen Folgendes.[3] Für die grausamsten Bürgerkriege und blutigsten ethnischen Konflikte Ende der 90er Jahre in Liberia und Sierra Leone lieferte Leonid Minin die Waffen zumindest für eine Seite (die Firma *Sandline* von Tim Spicer belieferte in Sierra Leone die andere Seite). Minins Hauptverbündeter war der damalige Diktator Liberias, Charles Taylor, der wiederum mit dem Führer der Revolutionary United Front (RUF) und Vizepräsidenten Sierra Leones, Foday Sankoh, politisch eng liiert war. Die UNO hatte ebenso wie die OAU (Organisation für afrikanische Einheit) ein Waffenembargo über die beiden Länder verhängt, um die Kriegsparteien an den Verhandlungstisch zu zwingen. Taylor und Sankoh hatten zwar kein Geld, um die teuren Waffen zu bezahlen, dafür aber Zugriff auf die Naturschätze ihrer Länder. Die RUF kontrollierte die Diamantenfelder in Sierra Leone, Liberia besaß im Überfluss kostbare Tropenhölzer, auf die vor allem die Holz- und Möbelindustrie in Frankreich, Deutschland und Italien erpicht war. Minin erhielt für seine Dienste Schürfrechte für Diamanten und Holzkonzessionen. In Liberia gründete er die Firma ETTE (Exotic Tropical Timber Enterprises), die zum größten Exporteur des Landes aufstieg. Die Hölzer wurden nach Marseille und Nizza, nach Genua und Ravenna verschifft. Die Diamanten gingen über Israel nach Amsterdam. Außerdem florierten seine Geschäfte mit der »Neftemafija«, der Ölmafia von Odessa, und auch der Kokainhandel über seine Firma in Bolivien.

Mit den Erlösen (selbst nach Abzug von Provisionen und Gewinnen in mehrstelliger Millionenhöhe) aus dem Verkauf von Diamanten, Holz, Öl und Kokain bezahlte er unter anderem über die Schweiz und Zypern die enormen Waffeneinkäufe für die westafrikanischen Länder. Die Rüstungsgüter bezog er vor allem aus den ehemaligen Ostblockstaaten, wie beispielsweise aus der Ukraine von der staatlichen Firma Ukrspetseksport oder aus Bulgarien, in dessen Hauptstadt Sofia er vorzugsweise seine Geschäfte abwickelte. Da Sierra Leone und Liberia vom UN-Waffenembargo – außerdem gab es noch ein Embargo für die sogenannten Blutdiamanten und die Tropenhölzer – betroffen waren, konnten die Waffen nicht direkt an die Empfänger geliefert werden. Minin traf durch Vermittlung verschiedener politischer Stellen gegen entsprechende Provisionen bzw. Schmiergelder Abmachungen mit Regierungsmitgliedern der Nachbarstaaten Burkina Faso und Elfenbeinküste. Über eine Firma in Gibraltar wickelte Minin zusammen mit dem Verteidigungsminister Burkina Fasos die Waffenlieferungen in dessen Hauptstadt Ouagadougou ab, die von dort sofort an Bord von Transportflugzeugen in die Kriegsgebiete weitergeleitet wurden. In Moskau wurden die Verträge mit der Elfenbeinküste abgeschlossen; deren Botschaft in der russischen Hauptstadt war vom damaligen Regierungschef Robert Guei direkt angewiesen worden, die Waffenkäufe zu tätigen. Von Abidjan wurden die erhaltenen Rüstungsgüter nach Monrovia transportiert.

Während die Bürgerkriege auf dem afrikanischen Kontinent unausgesetzt tobten und Minin in einem italienischen Gefängnis saß, liefen seine Geschäfte weiter. Versuche der italienischen Staatsanwaltschaft, ihn unter anderem wegen illegalen Waffenhandels und Bruchs verschiedener Embargobestimmungen der UNO verurteilen zu lassen, schlugen trotz der erdrückenden Beweislast fehl. Da diese Straftaten nicht in ihren Zuständigkeitsbereich fielen, ordnete der Kassationshof, Italiens oberstes Zivilgericht, am 17. September 2002 die Entlassung Leonid Minins aus der Haft an. Der »israelische Industrielle« war wieder ein freier Mann. Gegen diese Art der Geschäfte im neuen Söldneruniversum gab (und gibt) es keine juristische Handhabe.

Als Soldat unterwegs in humanitärer Mission

Auch Zlatan M. ist ein »neuer Söldner« – aber einen krasseren Gegensatz zu Leonid Minin kann es kaum geben. Er ist eine der ungewöhnlichsten Personen im neuen Business der privaten Militärdienstleistungen und lebt in einem komfortablen, aber keineswegs luxuriösen Haus an der dalmatinischen Küste. Die kleine Villa, in die er sich zwischen seinen Einsätzen zurückzieht, ist vollgestopft mit Elektronik. Seine Aufträge bekommt oder holt er sich über speziell abgesicherte Adressen im Internet; seine für die Arbeit nützlichen umfangreichen Detailkenntnisse bezieht er weitgehend ebenfalls aus dem Netz.

Wenn man ihn sieht, glaubt man nicht, dass er erst 1978 in Bosnien geboren wurde. Eher vermittelt er den Eindruck eines Endvierzigers, der viel gesehen, erfahren und durchgemacht hat. Auf seine Nationalität angesprochen, besteht er darauf, Jugoslawe zu sein, obwohl es diesen Staat schon seit geraumer Zeit nicht mehr gibt. Seine Eltern, Großeltern, Onkel und Tanten seien Mazedonier, Kroaten, Serben, Slowenen, Herzegowiner, Bosnier und Kosowaren mit drei verschiedenen Religionen, und deshalb sei er ein geborener »Jugoslawe«. Im Umgang mit anderen Menschen ist Zlatan M. eher zurückhaltend und ruhig; selbst beim ausgelassenen Zusammensein mit Freunden ist er wortkarg. Zwei Dinge jedoch bringen ihn aus der Ruhe und lassen ihn nervös werden: Das eine sind Feuerwerksgeräusche, die an Bomben erinnern, und das andere sind in irgendeiner Weise mit Amerika verbundene Vokabeln. Dann spannen sich seine Gesichtszüge und Muskeln an, und man sieht, welche Willensanstrengung er aufbringen muss, um sich zu beherrschen. Beide Symptome sind die Nachwirkungen eines Traumas, das er als Jugendlicher erlitt, als er die Bombenangriffe der Amerikaner auf Belgrad im sogenannten Balkan-Krieg miterlebte. Trotz psychiatrischer Behandlung hat er sich von den traumatischen Erlebnissen dieses Krieges nie ganz erholen können. Dennoch meldete er sich später zum Militär: als »Schocktherapie für einen Pazifisten«, wie er sagt.

Als Reserveoffizier quittierte er den Dienst und heuerte bei verschiedenen italienischen Sicherheitsfirmen an. Seine Aufgabe bestand in der Bewachung von Golfplätzen im Winter und von Campingplätzen im Sommer. Dann erreichte ihn ein Auftrag, auf den er in seiner freien Zeit hingearbeitet und den er gesucht hatte: die Begleitung einer humanitären Organisation in ein Konfliktgebiet im Zentrum Afrikas. Hier glaubte er, der von Warlords, Rebellen, Milizen und Söldnern geschundenen und gemarterten Zivilbevölkerung helfen und gegen den Krieg, gegen jeden Krieg kämpfen zu können. Was er dabei erlebt hat und stockend erzählt, ist das, was man sich unter der Hölle vorstellt: schlimmste Mordorgien; das Abschlachten von Kranken in Hospitälern; Dörfer, übersät von Leichen alter Männer, junger Frauen und Babys mit zertrümmerten Schädeln, aufgeschlitzten Bäuchen und durchgeschnittenen Kehlen; Flüchtlinge mit abgeschlagenen Händen und Füßen, mit abgetrennten Ohren und Nasen. Die humanitären Helfer, die unter Einsatz ihres Lebens in den ständig wechselnden Kampfzonen arbeiteten und die er gegen die marodierenden »Völkermörder« zu schützen hatte, waren – so sagt er – terrorisiert und verzweifelt.

Wie viele Einsätze er in den verschiedenen Ländern Zentralafrikas hinter sich hat, weiß er nicht; er hat sie nicht gezählt. Aber er weiß viel über die Hintergründe dieser Kriege, denen inzwischen mehr als vier Millionen Menschen zum Opfer gefallen sind, und über die Ursachen, die er mit Hilfe seiner Freunde in den Nichtregierungsorganisationen akribisch recherchiert. Natürlich, sagt er, gehe es auch um Weideflächen und Ackerland, um Wasser und Macht, um Stammesehre und ethnische Konflikte. Das lasse sich von den Medien einleuchtend verkaufen, sei aber oberflächlich und erkläre wenig. Wie überall bei den bewaffneten Konflikten auf diesem Globus gehe es jedoch um noch viel mehr als um Wasser und »ethnische Säuberungen«. Die reichen Länder, die im UN-Sicherheitsrat zuschauten, wie sich die Schwarzen gegenseitig massakrieren, seien vor allem an dem interessiert, was unter dem Land liegt, um das sich die Stämme streiten: an den Unmengen von Erdöl, Gold und Diamanten, an den reichhaltigen Kobaltvorkommen, an den großen Reserven hochwertigen Kupfers, an Silber, Mangan, Zink, Wolfram, Cadmium, Uran, Schwefel, Beryllium oder Coltan. Deshalb, so Zlatan, schickten sie in ein Gebiet von der Größe Westeuropas knapp 6000 Blauhelme, während sie zur »Demokratisierung« des Irak rund 200 000 entsendeten. Eines von vielen Beispielen sei der internationale, teilweise illegale Handel mit Coltan (Columbit/Tantalit), der zum größten Teil über den Auslandsgeheimdienst Ruandas in Kigali laufe. Dieses Doppelmetall ist aufgrund seiner extremen Hitzebeständigkeit gegenwärtig einer der begehrtesten Rohstoffe in der westlichen Welt. Es wird in der Atomindustrie ebenso gebraucht wie bei der Härtung von Weltraumkapseln, Düsenjets oder Raketen; aber vor allem benötigt es die Konsumgüterindustrie. Ohne Coltan gäbe es keine Handys, Videokameras, Computerchips oder Playstations der letzten Generation. Nach seinen langjährigen Erfahrungen im Herzen Afrikas sind die dortigen blutigen Auseinandersetzungen für Zlatan nur vordergründig »Stammeskriege«; eigentlich würden dort Stellvertreterkriege um die politische Hegemonie in dieser Region ausgefochten, bei denen, so seine Einschätzung, »alle Großen dieser Welt mitmischen«; letztendlich handele es sich um eine Verteilungsschlacht der transnationalen Konzerne um die ökonomischen Ressourcen dieser Länder.

Einen Widerspruch zwischen seinem Beruf als Privatsoldat und seiner pazifistischen Einstellung sieht er nicht. Wer helfe denn der Zivilbevölkerung, die am meisten unter den bewaffneten Konflikten zu leiden hat, wenn nicht beispielsweise Organisationen wie Ärzte ohne Grenzen, das Rote Kreuz, die Welthungerhilfe oder die Kinderhilfswerke, und wer schütze diese Helfer vor den Übergriffen der Kriegsfürsten, Stammesmilizen oder marodierenden Soldatesken? Wenn die internationale Staatengemeinschaft diesen Schutz nicht übernehmen könne oder wolle, müssten es eben Privatsoldaten wie er tun. Das ist seine feste Überzeugung. Aus dieser Perspektive gesehen, stellt Zlatan M. ein personifiziertes Dilemma heutiger globalisierter Konflikte und des neuen Söldnertums dar.

Private Militärfirmen – Die neue Dienstleistungsbranche

> *Es gibt Leute, die glauben, alles wäre vernünftig,*
> *was man mit einem ernsthaften Gesicht tut.*
> Georg Christoph Lichtenberg

Andy Melville ist 24 Jahre alt. Der ehemalige britische Soldat ist heute Chef der englischen privaten Militärfirma *Erinys* im Irak, die dort unter anderem vom amerikanischen Verteidigungsministerium einen Auftrag über 50 Millionen Dollar erhalten hat, um Pioniereinheiten und technische Truppen zu schützen. In einem Interview mit dem amerikanischen Fernsehsender PBS erklärte Melville am 21. April 2005: »Was wir tun, ist geheim. Wir wollen nicht, dass andere [...] erfahren, wer unsere Kunden sind, wo wir tätig sind und wie wir tätig sind.« Ähnlich äußerte sich Jason McIntosh, der Sprecher von *Science Applications International Corporation (SAIC)*, einer privaten Militärfirma aus dem kalifornischen San Diego: »Wir hüten uns, über Dinge zu reden, von denen unsere Kunden nicht wollen, dass wir darüber sprechen. Das ist gute Geschäftspolitik.«

Sanho Tree vom Washingtoner Institute for Policy Studies erklärte 2004: »Einer der frustrierenden Punkte bei der Recherche über private Militärunternehmen ist folgender: Sie erfüllen staatliche Funktionen, bekommen Geld der US-amerikanischen Steuerzahler, sie fliegen Flugzeuge, die der US-Regierung gehören, sie nutzen die US-Luftwaffenbasen – sie tun alles, was sie tun, im Namen des amerikanischen Volkes, aber wenn man Informationen von ihnen möchte, dann sagen sie: ›Oh nein, wir sind ein privates Unternehmen, wir müssen nicht mit Ihnen reden.‹ [...] Es ist unmöglich, Antworten zu bekommen.«[1]

Diese drei Aussagen lassen bereits die Schwierigkeit erahnen, die sich ergeben, wenn man versucht herauszufinden, für welche Dienstleistungen genau die einzelnen privaten Militärfirmen angeheuert werden. Neben der Geheimniskrämerei der Beteiligten ist das Hauptproblem rechtlicher Natur. Denn da es sich um Privatverträge im juristischen Sinn handelt, ist eine Einsicht für Dritte nicht möglich, selbst nicht für Parlamentarier. So hat die Bush-Regierung auf Anfragen von amerikanischen Abgeordneten keine vollständige Liste herausgegeben, weder was die Anzahl der von ihr beauftragten privaten Militärfirmen beispielsweise im Irak betrifft, noch welche Aufträge sie im Einzelnen mit welchen Inhalten vergeben hat. Da sie bei Verträgen, die unter einem Volumen von 50 Millionen Dollar liegen, zur Offenlegung gegenüber dem Parlament nicht verpflichtet ist, ist offiziell nur das bekannt geworden, was über dieser Summe liegt. Das betrifft lediglich einen Bruchteil der Aufträge, zumal es üblich ist, sie zu splitten, das heißt, in viele Unteraufträge zu teilen, um das rechenschaftspflichtige Auftragsvolumen nicht zu erreichen.

Auch ein Rückgriff auf die Selbstdarstellungen der privaten Militärfirmen im Internet gibt keine Details preis. Besucht man ihre aufwendig gestylten Websites, findet man meist sehr allgemeine Begriffe wie »Personen- und Sachschutz«, »Risikoanalyse«, »Krisenmanagement«, »Ausbildung und Training«, »Strategische Planung« oder »Flugdienste«. Allenfalls die jeweiligen Bilder, die meist schwerbewaffnete Männer in Aktion zeigen, weisen darauf hin, dass es sich nicht um alltägliche Dienstleistungen handelt, die dort angeboten werden. Andere Firmen sind so spezialisiert, dass sich ein Laie kaum etwas unter dem jeweiligen Angebot vorstellen kann. So wirbt das Unternehmen *SAIC* zum Beispiel mit Ausdrücken wie »Kampfmanagement«, »Elektronischer Kampf«, »Informationskriegsführung«, »Systemen zur Missionsplanung« etc.

Allgemein kann man sagen, dass die privaten Militärfirmen alles an Dienstleistungen inklusive dazugehöriger Ausrüstung anbieten, was in Bezug auf die äußere Sicherheit normalerweise als Aufgabe den nationalen Streitkräften, dem militärischen Abschirmdienst und dem Auslandsgeheimdienst obliegt und im Bereich der inneren Sicherheit von Polizei, Zoll, Grenzschutz und Inlandsgeheimdienst geleistet wird. Ihr Angebot haben die Militärdienstleister im Wesentlichen auf vier Bereiche konzentriert: Sicherheit, Ausbildung, Intelligence und Logistik.

Die breite Palette der Dienstleistungsangebote

Der Bereich Sicherheit ist sehr weit gefächert. Er umfasst Personen-, Objekt-, Anlagen- und Institutionenschutz. Bei gefährdeten Politikern, Unternehmern, VIPs etwa untersuchen die privaten Militärfirmen das Umfeld, erarbeiten Sicherheitskonzepte und spezifische Risikoanalysen, stellen speziell ausgebildete Personenschützer zur Verfügung. Für die Luftfahrt bieten sie Schutz für die

Flugpassagiere und das Flugpersonal in Form von Air-Marshals an, beraten die Fluggesellschaften bei der Vermeidung von Risiken, analysieren die Gefährdungspotentiale in Bezug auf terroristische Anschläge oder Sabotageakte. Im Bereich des nationalen wie internationalen Güterverkehrs erstellen sie Schutzkonzeptionen gegen Unterschlagung oder Raub. Gegen das Hijacking von Schiffen oder Schiffsfrachten offerieren sie Spezialisten. Sie über- und bewachen Landtransporte jeglicher Art. Sie bieten Sicherheitspersonal und -konzepte für staatliche Gebäude und Privatunternehmen an. Schutz vor Entführungen und Geiselbefreiung, Bekämpfung von Organisierter Kriminalität, Geldwäsche oder Menschenhandel gehören ebenso zu ihren Dienstleistungsangeboten wie die Abwehr von Unterwanderung durch »feindlich gesinnte« Personen oder Gruppen, die Bewachung von Botschaften im Ausland und die Absicherung von Elektrizitätswerken oder Erdölraffinerien.

Oft handelt es sich um ganze Dienstleistungspakete. So bietet etwa die amerikanische Firma *Trojan* auf ihrer Website für »alle Krisensituationen zu Land, in der Luft und zur See Sicherheit und bewaffneten Schutz« an. Für den Bereich »maritime Sicherheit« sieht ihre Bedrohungsanalyse folgendermaßen aus: »Die internationalen Trends sind alarmierend. Heute sind auf See operierende Terroristen besser ausgerüstet als traditionelle Piraten, die Messer, Schwert, Revolver oder Pistole benutzten. Heutige Gruppen benutzen Maschinengewehre, rückstoßfreie Panzerfäuste, Radar- und Hochgeschwindigkeitsboote.« Gegen diese Bedrohung offeriert *Trojan* unter anderem: Sicherheitsberatung, Piraten-Abwehr-Situationen, maritimen Anti-Terrorismus, Anti-Schmuggel-Operationen, Unterwasser-Suchteams, Strategien zur Drogenbekämpfung, Bewaffnete Schiffseskorten, maritimes Sicherheitstraining für die Besatzung.

Der Bereich Ausbildung und Training umfasst ebenfalls eine Fülle von Tätigkeiten, die sowohl die Grundausbildung und die vielfältigen spezialisierten Weiterbildungen für die Polizei und das Heer im eigenen Land einschließen als auch Dienstleistungen für ausländische Staaten. Was zum Beispiel in Deutschland normalerweise Soldaten bei der Bundeswehr oder Polizisten in Polizeischulen und auf Polizeirevieren lernen, wird von den Militärfirmen privat angeboten. Das reicht vom Umgang mit Pistolen und Maschinengewehren über die Beherrschung von Panzern bis zum

Pilotentraining. Insbesondere die Ausbildung an neuen Waffen und neu entwickelten Waffensystemen nimmt einen breiten Raum im Dienstleistungsangebot der privaten Militärfirmen ein – ob es sich nun um elektronisch vernetzte Bodenwaffen oder um computergestützte Luftraketen handelt. Im militärischen Bereich decken sie die Ausbildungsprogramme der Sondereinheiten von Heer, Marine und Luftwaffe ab (für die USA etwa sind dies die »Green Berets«, »Seals«, »Delta Forces«), im »zivilen« Bereich die Schulung von Schutz- zu Sicherheitskräften.

Vor allem für die Spezialausbildungen unterhalten die Militärdienstleister ihre eigenen Trainingscenter und Ausbildungscamps. Die amerikanische Firma *International Charter Incorporated (ICI)* beispielsweise betreibt im Nordosten des US-Bundesstaats Oregon ein solches Trainingszentrum, wo unter anderem »unkonventionelle Kriegsführungsoperationen« oder »Fallschirmspringertraining in unwegsamem Gelände« gelehrt und eingeübt werden.[2] Die französische *Secopex* bildet Personal speziell zur Bewachung und Sicherung von Erdölfördergebieten und -anlagen aus. Dazu unterhält sie in Weißrussland ein 16 000 Hektar großes Trainingsgelände mit Ölturm, Flugzeugen, Unterkünften, Transportfahrzeugen und spielt theoretisch wie praktisch 1500 Krisen- und Notsituationen durch. Einige Firmen simulieren Gefahrensituationen bei bewaffneten Hinterhalten und Überfällen von Fahrzeugkolonnen durch Guerillas oder Rebellen, andere haben sich auf die unterschiedlichsten Nahkampftechniken für den Anti-Terror-Kampf spezialisiert. Eine weitere Domäne der privaten Militärfirmen ist die Unterweisung in neuesten Kriegsführungstechniken mit Hilfe von Simulatoren. Die im kalifornischen San Diego beheimatete *Cubic*, bekannt für ihre »Kampfsimulationszentren«, in denen Soldaten unter realistischen Bedingungen Schlachten üben können, hat ein solches Zentrum auf dem Truppenübungsplatz in Hohenfels bei Nürnberg eingerichtet.[3]

Die meisten privaten Militärfirmen, die Ausbildung und Beratung anbieten, verhalten sich bei der Abwicklung ihrer Aufträge – ob in Usbekistan oder Peru, in Sri Lanka oder Nigeria – im Allgemeinen »neutral«. Das heißt, sie halten sich aus dem aktuellen Kriegsgeschehen heraus und fungieren nur als »graue Eminenz« im Hintergrund. Manche kontrollieren aber nicht nur aus der Ferne, sondern auch am Ort der Kampfhandlungen, ob und wie »ihre Schützlinge« die unter ihrer Anleitung erlernten Fähigkeiten einsetzen.[4] Anders als die Söldner alten Typs schießen die Privatsoldaten für gewöhnlich nicht mehr selbst, sondern lassen schießen. Dies wird ihnen durch die elektronische Vernetzung erleichtert, die inzwischen so weit vorangetrieben ist, dass die »neuen Söldner« auf dem Computerschirm das »automatisierte Schlachtfeld« vor sich haben und fernab des eigentlichen Kriegsgeschehens in Echtzeit über die Kampfhandlungen informiert sind. Auf diese Weise können sie in die Kämpfe eingreifen, eventuelle Kurskorrekturen vornehmen und sie als Befehle an die Front weiterleiten.

Parallel zu den staatlichen Militärakademien und -hochschulen haben die Militärfirmen Privatuniversitäten geschaffen, in denen sie Führungspersonal für den militärischen wie zivilen Sicherheitsbereich ausbilden. In Deutschland etwa werden von der Dukes School, einer privaten Hochschule in Freiburg, in Verbindung mit der *EUBSA*, einer deutschen Tochterfirma der *Paladin Risk*, Studiengänge für »Schutzoffiziere« (Professional Protection Officer, PPO) und »Risiko-Manager« angeboten. Die praktische Ausbildung findet in Trainingscamps statt, die sich in England, Israel, den USA und Frankreich befinden.

Ein weiterer Schwerpunkt im Dienstleistungsangebot von privaten Militärfirmen ist der Bereich Intelligence, der Informations- und Spionagetätigkeiten umfasst. Infolge der elektronischen Revolution haben sich Techniken in der Informationsbeschaffung und -analyse entwickelt, die häufig nur von diesen Firmen beherrscht und angeboten werden.[5] Nach inoffiziellen Berechnungen geht inzwischen die Hälfte des 40-Milliarden-Dollar-Budgets für die verschiedenen US-amerikanischen Geheimdienste an private Militärfirmen.[6] Dies betrifft einmal den gesamten Sektor des Abfangens und Anzapfens von Signalen, die auf elektromagnetischer Basis beruhen – seien sie terrestrisch oder satellitar. Dazu gehören der mobile und stationäre Telefonverkehr, die Übermittlungen per Funk, Radar und Radio sowie mittels Laser oder sichtbarem Licht (Lichtsignale). Darin eingeschlossen ist der Internet- und E-Mail-Verkehr. Das betrifft zum anderen den gesamten Sektor des Auffangens von »bildlichen« Daten und Informationen, seien sie fotografischer, elektronischer, infraroter oder ultravioletter Natur, wie sie von Land oder See, vom Luft- oder Weltraum aus gewonnen und weitergeleitet werden. Die Verarbeitung dieser Daten zu Nachrichten und die Analyse dieser Informationen für geheimdienstliche Bedürfnisse machen einen großen Teil im Dienstleistungsangebot der Militärfirmen aus. Sie offerieren aber auch personengestützte Informationsbeschaffung durch verdeckte Ermittler. Diese Angebote beziehen sich sowohl auf den militärischen als auch auf den zivilen Bereich, das heißt, die Firmen bieten ihr Wissen staatlichen wie privaten Stellen gleichermaßen an. Beispielsweise preist die britische Firma *AKE Limited* auf ihren Internetseiten eine umfängliche »Realzeit-Risikoberatung« im Intelligence-Bereich an. Das Paket umfasst unter anderem: persönliche oder fernmündliche »Auf-Abruf-Beratung« durch Intelligence-Analysten, PML(Probably Minimal Lost)-Studien über mögliche Verluste durch Krieg oder Terror, Szenarienplanung durch Geheimdienstanalysten und Sicherheitsrisikospezialisten sowie auf den Kunden zugeschnittene Risikomodelle für Strategieplanung.

Dies bedeutet, dass der Kunde einen privaten Geheimdienst für seine Bedürfnisse mieten kann, der ihm 24 Stunden zur Verfügung steht, ihn betreut, bewacht, beschützt, seine Gefahren und Risiken analysiert, Gegenstrategien entwickelt etc. Dass solche Intelligence-Angebote von Fachleuten geschätzt werden, zeigt das Beispiel der amerikanischen Bundespolizei FBI. Sie ließ sich von der privaten Militärfirma *DynCorp* das neue Computernetzwerk Trilogy aufbauen.[7]

Was die Logistik betrifft, so ist das Angebot der Privaten inzwischen nahezu unüberschaubar geworden: von verschiedenen Sorten von Toilettenpapier bis hin zu den unterschiedlichsten Typen von Transportfahrzeugen. Man kann bei ihnen zwischen unterschiedlichen Qualitäten von Catering (vom einfachen Essen bis zum Galadinner), unterschiedlichen Reinigungsdiensten (Kleidung und Gebäude), unterschiedlichen Unterkünften (vom Zelt bis zur Villa mit Swimmingpool) wählen. Sie bieten im Straßen- und Brückenbau alles an, was dem Militär zweckdienlich erscheint. Sie konstruieren Luftverkehrsbasen, Landebahnen und -plätze; sie errichten Stützpunkte und Kommandozentralen. Nichts, was in Kriegs- und Friedenszeiten von den Truppen an Nachschub benötigt wird, wird von ihnen nicht gemanagt. Sie kümmern sich um ausreichenden Nachschub von Waffen und Munition und darum, dass genügend Benzin zur Verfügung steht. Sie unterhalten und bedienen komplexe Betankungsanlagen – etwa für Flugzeuge, die in der Luft aufgetankt werden müssen –, besitzen eigene Containerdienste und Speditionsfirmen oder leasen sie auf Bestellung. Sie bieten spezielle Lagerhaltungen ebenso an wie Postkurierdienste oder Zentralen für Telefondienste und Fernmeldeverkehr. Sie ziehen – wenn gewünscht, auch in den entlegensten Teilen der Welt – für das Militär Wohnsiedlungen und Elektrizitätswerke hoch oder bohren Brunnen für die Wasserversorgung. Die privaten Militärfirmen agieren mittlerweile so erfolgreich, dass sie in den angelsächsischen Ländern nahezu eine Monopolstellung auf diesem Gebiet erreicht haben. Das staatliche Militär hat dort fast alles ausgelagert, was in den Bereich der Logistik gehört – von der Liegenschaftsverwaltung bis zur Bekleidung, vom Nachschub bis zur Versorgung.

Einen enormen Posten in der Dienstleistungspalette macht die Wartung aus, ganz gleich, ob es sich um Kraftfahrzeuge, Transporter, Panzer, Kampfhubschrauber oder irgendeine Art von Flugzeugen handelt. Das Wartungspersonal für die neuesten Bomber und Jäger, die von den Giganten der Rüstungsindustrie auf den Markt gebracht und von den Streitkräften erstanden werden, wird heute weitgehend von den Privatfirmen gestellt. Die elektronischen militärischen Einrichtungen und die auf Informationstechnologien basierenden Waffensysteme können meistens ebenfalls nur noch von ihren Angestellten gewartet (und zunehmend bedient) werden. Unbemannte Drohnen gehören dazu ebenso wie vernetzte Raketensysteme. Beispielsweise wirbt die private Militärfirma *Fluor* auf ihren Websites mit erfolgreich ausgeführten Aufträgen. Nach diesen Angaben hat sie im Rahmen des Interkontinental-Raketen-Verteidigungsprogramms der USA in Alaska und auf der vorgelagerten Aleuten-Insel Shemya einen Stützpunkt aufgebaut, das multiple Waffensystem Milcon entsprechend den Anforderungen der höchsten Sicherheitsstufe errichtet und dazu ein Anti-Terrorismus-System installiert. Außerdem habe sie ein hochsensibles elektromagnetisches Warnsystem und ein bauliches antiseismisches Schutzsystem eingerichtet, das die Anlage vor Erdbeben sichert.

Praktische Umsetzungen

Dieser kurze Überblick über die Angebotspalette von Dienstleistungen, die auf dem freien Markt offeriert werden, lässt erahnen, wie weit die privaten Militärfirmen inzwischen in ehemals staatliches »Hoheitsgebiet« vorgedrungen sind. In welcher Weise die angebotenen Tätigkeiten in der Praxis im Einzelnen umgesetzt werden, darüber ist wenig und angesichts der Bedeutung viel zu wenig bekannt. Es werden immer nur Bruchstücke öffentlich, zumeist dann, wenn irgendwelche Skandale ans Licht kommen. In der Mehrzahl der Fälle ist man auf indirekte Methoden angewiesen, um aus den vielen sichtbaren Mosaiksteinchen ein verständliches Bild zusammenzusetzen.

Das öffentliche Forschungsinstitut British American Security Information Council (BASIC) hat im September 2004 eine Studie herausgegeben, aus der hervorgeht, dass allein im Irak 68 private Militärfirmen mit unterschiedlichen Verträgen und unterschiedlichen Aufträgen offiziell angeheuert wurden (inoffiziell wird die Anzahl auf über 100 geschätzt).[8] Nach dieser Studie führt zum Beispiel die Firma *AirScan* »die nächtliche Überwachung der Pipelines und Erdölinfrastrukturen mit besonderen Kameras« durch. *Erinys* ist für die Bewachung der Erdölleitungen und Förderanlagen im gesamten Irak am Boden zuständig. *Blackwater* bewachte unter anderem den damaligen Chef der Provisorischen Regierung, Paul Bremer, und stellte »mobile Sicherheitsteams« zur Verfügung. *ISI Group* übernimmt den Personenschutz in der »grünen Zone«, dem Regierungsviertel von Bagdad, und den Schutz einiger staatlicher Gebäude. *Cochise* hat ebenso wie *OS&S* den Auftrag, VIPs zu schützen, und *Centurion Risk* soll Personen von internationalen und humanitären Organisationen sowie Medienvertreter »geistig und praktisch auf Risikosituationen vorbereiten«. *Triple Canopy* wurde für bewaffneten Konvoischutz und bewaffnete Transportbegleitung angeheuert. *Titan* und *WWLR* stellen laut Auftrag Übersetzer und übernehmen Übersetzungsaufgaben und Sprachtraining. Die Firmen *CACI International* und *MZM* schickten »sprachgeschulte Personen, die auch bei Vernehmungen, Verhören und psychologischen Operationen« eingesetzt werden. *Vinnell* soll die neue irakische Armee aufbauen und trainieren, *DynCorp* die Polizei neu organisieren und schulen. *Ronco* ist für die »Entwaffnung, Demobilisierung und Reintegration von Soldaten« der ehemaligen irakischen Armee zuständig. *Group 4 Securicor* (*G 4 S*) stellt laut Auftrag unterschiedliches Bewachungspersonal (Personen-, Objekt- und Gebäudeschützer sowie Air-Marshals). *Combat Support* soll die US-Armee bei Kampfhandlungen sowie die schnellen Kampfeinheiten unterstützen. *ManTech* unterhält eine 44 Personen starke Telekommunikationsbasis

Folterskandal im Gefängnis von Abu Ghraib

Am 28. April 2004 strahlte der amerikanische Fernsehsender CBS Bilder aus, die weltweit für Entsetzen sorgten. Sie stammten aus dem Zellenblock 1-A des irakischen Gefängnisses Abu Ghraib in der Nähe von Bagdad. Auf einem sieht man einen irakischen Gefangenen, den Kopf mit einem Sack verhüllt, auf einer Kiste mit Essensrationen stehen. An seinen ausgebreiteten Armen hängen Kabel, die nach oben führen. Man hat ihm angedroht, sobald er von seiner Unterlage stürze, werde er von Stromschlägen getötet. Ein anderes Foto zeigt eine Militärpolizistin, die einen nackten irakischen Gefangenen auf allen Vieren an einer Leine wie einen Hund hinter sich her zieht. Auf einem dritten Bild sind nackte Männer zu einer Pyramide aufgehäuft. Davor posieren US-Soldaten fröhlich lachend, den Daumen triumphierend nach oben gestreckt.

Wenig später, Anfang Mai, konnte die Öffentlichkeit weitere Einzelheiten über den Folterskandal von Abu Ghraib im *New Yorker* nachlesen. Die Zeitung zitierte ausführlich aus dem 53-seitigen »Taguba-Report«, einem für interne Zwecke gedachten Bericht, der die Verhältnisse im Bagdader Gefängnis schilderte. Im Zellenblock 1-A sollten irakische Gefangene von US-amerikanischen Spezialisten verhört werden. Zwar war es den Befragern offiziell untersagt, den Gefangenen direkt Schmerzen zuzufügen, doch sie durften deren Willen mit »moderaten Unannehmlichkeiten« *(moderate discomfort)* brechen. Gemeint waren damit die Erzeugung von Furcht, Scham, Desorientierung, psychischer und körperlicher Erschöpfung.

Schon bald konzentrierte sich die öffentliche Empörung auf die abgelichtete Soldatin Lynndie England (»die mit der Hundeleine«) und in geringerem Maße auf ihre Kollegen Charles Garner und Ivan Frederick, die auch auf den Fotos zu sehen waren. Fredericks Aussage – »unsere verschiedenen Arten, ihren [der Gefangenen] Willen zu brechen, waren ziemlich erfolgreich; normalerweise gaben sie schon nach wenigen Stunden auf« – wurde immer wieder zitiert. Die drei wurden, wie drei weitere Militärpolizisten, vor Gericht gestellt und zu mehreren Jahren Haft verurteilt.

Nahezu unbekannt blieb jedoch der ebenfalls im »Taguba-Report« genannte Steve Stefanowicz, der den ihm zugewiesenen Reservisten wie England, Garner und Frederick die Aufträge gegeben hatte. »Bereitet ihnen eine schlechte Nacht!«, »Macht sie weich für uns!«, lauteten unter anderem seine Befehle. Später lobte er sie für »die hervorragende Arbeit«, die Frederick und die anderen geleistet hätten: »Wir können sie nun viel leichter abschöpfen.« Und hier eröffnete sich ein zweiter Skandal, der allerdings weit weniger wahrgenommen wurde: Denn Stefanowicz gehörte nicht in die militärische Befehlskette, sondern war ein Verhörspezialist der privaten Militärfirma *CACI International* mit Sitz in Arlington/Virginia. Außer ihm taucht noch ein zweiter im Ermittlungsbericht nicht namentlich genannter »Zivilist«

> auf, ein Angestellter der *Titan Corporation* aus San Diego/Kalifornien. Torin Nelson, der ebenfalls von *CACI* nach Abu Ghraib geschickt worden war, mittlerweile aber der Firma den Rücken gekehrt hat, sagte in einem Interview mit Pratap Catterjee, dem Chefredakteur von CorpWatch, im März 2005, dass gar die Hälfte der 30 Verhörspezialisten in diesem Gefängnis Mitarbeiter der beiden privaten Militärfirmen gewesen seien.
> Was hatten sie dort zu suchen? Angeblich waren sie für Übersetzungsarbeiten engagiert worden. Doch aus den Aussagen vor Gericht geht hervor, dass es Stefanowicz und seine Kollegen von den Militärfirmen waren, die England, Garner, Frederick und den anderen Militärpolizisten die Demütigungen und Foltermethoden befahlen, die sie ablichten ließen und die dann als Skandalbilder um die Welt gingen.

in Bagdad zur Unterstützung der amerikanischen Streitkräfte. *Kellog, Brown & Root (KBR)* ist für den gesamten Bereich der Logistik im Irak zuständig und beschäftigt dazu rund 50 000 Personen vom Maurer bis zum Fahrzeugmechaniker, vom Elektroingenieur bis zum Koch; der größte Teil kommt aus Ländern der Dritten Welt mit einem überproportionalen Anteil von Filipinos.

Private Militärfirmen sind nicht allein im Irak, sondern in fast allen Staaten der arabischen Halbinsel tätig. In Saudi-Arabien etwa decken einige amerikanische Firmen nahezu alle Bereiche ab, die sonst in die Kompetenz des nationalen Militärs oder der Polizei fallen. Dazu gehören unter anderem Terrorbekämpfung, strategische und taktische Planung, Sicherheitsberatung, militärische Ausbildung, Informationsbeschaffung, nachrichten- und geheimdienstliche Tätigkeiten, psychologische Kriegsführung und militärische Logistik; *Vinnell* trainiert und berät die Nationalgarde und sichert »strategisch sensible Anlagen«; *Booz Allen* führt und betreibt die Militärakademie; *SAIC* unterstützt in allen Aspekten und Belangen die luft- und seegestützten Sicherheitssysteme; *O'Gara* beschützt die königliche Familie und bildet lokale Sicherheitskräfte aus; *Cable and Wireless* ist für die Ausbildung von Sicherheitskräften im Anti-Terror-Kampf und in der innerstädtischen Kriegsführung zuständig.[9]

Aber die privaten Militärdienstleister arbeiten nicht nur im Nahen Osten, sie sind auf allen fünf Kontinenten präsent. Überall, dort wo auf diesem Planeten Erdöl gefördert wird, bewachen die »neuen Söldner« die Anlagen und Pipelines: so die *Hart Group* in

Somalia, *DSC (ArmorGroup)* in Kolumbien, *AirScan* im Sudan oder *Military Professional Resources Inc. (MPRI)* in Guinea-Bissau. Militärische und polizeiliche Ausbildung haben sie inzwischen in über 130 Ländern durchgeführt. Sicherheitskonzepte und Risikoanalysen erstellen sie tagtäglich in mindestens ebenso vielen Ländern.

Versuche einer Abgrenzung

Häufig wird von Wissenschaftlern der Versuch unternommen, die neue Dienstleistungsbranche systematisch zu kategorisieren. Nicht selten legen auch Unternehmen darauf Wert, nicht als private Militärfirma (PMF), sondern als private Sicherheitsfirma (PSF) bezeichnet zu werden, weil sie ein negatives Image fürchten. Eine gebräuchliche Gliederung unterscheidet daher Sicherheitsfirmen von Militärfirmen, wobei sie den Dienstleistungen der Ersteren einen »defensiven« bzw. »passiven« Charakter und den Tätigkeiten der Zweiten einen »offensiven« bzw. »aktiven« Charakter zuschreibt. Begründet wird das damit, dass PSF vor allem Individuen und Eigentum beschützen würden, während die PMF vornehmlich in einen kriegerischen Zusammenhang eingebunden seien.

Eine andere verbreitete Klassifizierung orientiert sich an der beim Militär gebräuchlichen »Speerspitzen-Typologie«: Ähnlich wie bei einem Dreieck symbolisiert der enger werdende Raum von der Basis zur Spitze einerseits die Entfernung von der »Etappe« zur »Front«, andererseits die abnehmende Personalstärke. So beträgt in hoch technologisierten Armeen das Verhältnis zwischen dem unmittelbar an vorderster Front stehenden Soldaten und dem übrigen Militärpersonal mitunter 1 : 100; das heißt, 100 Personen – vom Koch bis zum Risikoanalysten – werden benötigt, damit eine Person mit der Waffe in der Hand kämpfen kann. Dementsprechend gering – wenn auch nicht in diesem krassen Verhältnis – ist die Anzahl der privaten Militärfirmen, die direkte Kampfeinsätze anbieten (»militärisch kampfunterstützende Firmen«). Etwas hinter der »Front« ist in diesem Schema die zweite Kategorie, die der »militärischen Beratungsfirmen«, angesiedelt. Sie kümmern sich von der Ausbildung über die Strategieerstellung bis zur Organisation um alles, damit der Einsatz kämpfender Soldaten möglich wird. Noch weiter von der »Front« entfernt befindet sich die dritte Kategorie, die der »militärischen Zulieferungsfirmen«. Ihre Hauptarbeitsgebiete umfassen den gesamten Bereich der Logistik von der Versorgung bis zum Transport.

Andere Modelle heben auf das Kriterium der Tätigkeitsbereiche ab oder differenzieren, ob das eingesetzte Personal überwiegend bewaffnet ist oder nicht. Doch ganz gleich, welche Klassifizierung man bevorzugt: Alle Trennungslinien bleiben unscharf. Was von dem einen als defensive Aktion angesehen wird, kann von anderen als offensiver Akt bewertet werden. So kann die Instruktion über taktische Varianten bei der Kriegsführung in einem Schulungsraum schwerer wiegende Folgen haben als ein Soldat im Kampfeinsatz. Und das Ausspionieren von Sicherheitsdaten durch eine Sicherheitsfirma kann verheerender sein als das Versorgen von Militärbasen mit Toilettenpapier durch eine Militärfirma. Selbst durch eine funktionale Analyse werden die Grenzen nicht schärfer. Dies liegt nicht zuletzt daran, dass die Tätigkeiten dieser Firmen hinsichtlich der Zielstellung je nach Perspektive fast beliebig austauschbar sind. Was für den einen normaler Objektschutz, ist für den anderen die Verteidigung eines strategischen Ziels zugunsten des ökonomischen oder militärischen Gegners. Im Übrigen hat die Branche selbst alles getan, um Trennungslinien zu verwischen. Diejenigen, die sich auf Sicherheit spezialisiert haben, bieten ihre Dienste sowohl dem Militär als auch der zivilen Kundschaft an. Das Gleiche gilt für Ausbildung und Training. Für die privaten Militärfirmen ist die Frage, ob der Schutz einer Gruppe des Roten Kreuzes in Konfliktgebieten eine militärische oder eine sicherheitstechnische Angelegenheit ist, längst zu einem akademischen Problem geworden. Sie treibt vielmehr um, wie das einzugehende Risiko kalkuliert und in Kosten für den Auftraggeber umgerechnet werden kann. Auch die Frage, ob die Bekämpfung von Terroristen oder der Schutz vor terroristischen Anschlägen ein eher innen- oder außenpolitisches Problem ist, also eher in die Kompetenz der Polizei oder in die des Militärs fällt, ist für sie – wenn überhaupt – ein nachgeordnetes Problem. Sie hat im letzten Jahrzehnt nur interessiert, wie das öffentliche Gut »Sicherheit«, für deren Gewährleistung der Staat als Institution die Verantwortung trägt, privatisiert werden kann.

Angesichts der Tatsache, dass die Grenzen zwischen PMF und PSF in den letzten Jahren immer fließender geworden sind, ist das angesehene Stockholmer Institut für Friedensforschung SIPRI zu dem Schluss gekommen, dass eine eindeutige Unterscheidung zwischen beiden nicht mehr möglich ist. Wenn in diesem Buch vorzugsweise die Vokabel »private Militärfirmen« benutzt wird, so liegt das auch daran, dass der Fokus der Betrachtung vor allem auf dem Bereich der äußeren Sicherheit liegt.

Größe und Ausrichtungen

Die privaten Militärfirmen sind vor allem in den Industriegesellschaften beheimatet – dort, wo das Niveau an militärischem Know-how wie an Kriegsgerät am höchsten ist und wo die größte Nachfrage besteht, allerdings nur selten zwecks Einsatzes auf heimatlichem Boden. Ihr abrufbares Personal wird weltweit gegenwärtig auf anderthalb Millionen geschätzt (dazu kommt noch einmal eine fast gleich große Anzahl von Söldnern, die außerhalb der PMF-Strukturen tätig sind; über die Hälfte von ihnen sind »Kindersoldaten«). Der Branchenumsatz lag 2005 bei ungefähr 200 Milliarden Euro.[10] Die umsatzstärksten Firmen findet man mit ihren Stammhäusern unter den ersten 100 der am höchsten notierten Aktiengesellschaften ihrer jeweiligen Länder. Die ausgewiesenen Umsätze der Marktführer bewegen sich zwischen einer und sechs Milliarden Euro. So gab die weltweit zweitgrößte private Militärfirma, die *Group 4 Securicor (G4S)*, für das Rechnungsjahr 2004 einen Umsatz von fünf Milliarden Euro bekannt. Die Einnahmen der Mehrzahl der militärischen Dienstleister liegen unterhalb der Grenze von einer Milliarde Euro.

Die Größe der privaten Militärfirmen variiert enorm – von Einmannbetrieben bis zu Großkonzernen mit mehreren zehntausend Angestellten (*G4S* gibt seine Personalstärke sogar mit 360 000 an). Dementsprechend ändern sich die Rechtsformen: von Personengesellschaften über GmbHs bis zu Aktiengesellschaften. Viele der erfolgreichsten Militärfirmen sind inzwischen Teil riesiger, weit verzweigter Holdings geworden. So gehört *Military Professional Resources Inc. (MPRI)* zum US-Rüstungskonzern Nummer eins, zu L-3 (Lockheed Martin), der neben Hightech-Kampfflugzeugen auch den »flight decoder« oder die »black box« für die zivile Luftfahrt herstellt. *Vinnell*, eine Firma, die nahezu alles managt, was mit Sicherheit, militärischer Ausrüstung und Ausbildung zu tun hat, ist im Besitz eines anderen Giganten aus der Rüstungsindustrie, Northrop Grunman. *DynCorp*, eine Firma, deren Schwerpunkt in der enormen Dienstleistungspalette auf der Elektronik liegt, ist Teil des Computerriesen Computer Sciences Corporation (CSC), der seine lukrativen Geschäfte vornehmlich mit dem Pentagon und der amerikanischen Armee macht. *Kellog, Brown & Root (KBR)* wurde Halliburton eingegliedert und ist eine der größten Logistikfirmen im militärischen Bereich überhaupt. Halliburton stand Richard Cheney nach seiner Amtszeit als Verteidigungsminister unter George Bush vor, ehe er zum Vize von George W. Bush berufen wurde. Diese Aufkäufe und Fusionen erfolgten zum beiderseitigen Vorteil. Die Konzerne erweiterten ihre Angebotspalette um den immer wichtiger werdenden Bereich der militärischen und sicherheitstechnischen Dienstleistungen, die privaten Militärfirmen gewannen Zugang zu nationalen wie internationalen Kapital- und Finanzmärkten. Ed Soyster, US-General a. D. und Sprecher von *MPRI*, drückte es so aus: »Da unser Mutterhaus L-3 an der Börse notiert ist, besteht die hohe Wahrscheinlichkeit, dass jeder, der in den einen oder anderen Pensionsfond einzahlt, ein Investor unserer Militärfirma ist.«[11] Der Umstand, dass die Militärfirmen und ihre Konzerne mehrfach so hohe Börsengewinne abwarfen wie andere Unternehmen (L-3-Aktien stiegen beispielsweise bei allgemeiner Flaute zwischen April 2003 und April 2004 um 64 Prozent), veranlasste viele Rentenfonds, in diesen Markt einzusteigen. So investierten die Manager zweier kalifornischer Rentenfonds – CalPERS für öffentliche Angestellte und CalSTRS für Lehrer – massiv in die börsennotierten Militärfirmen *CACI International* und *Titan Corporation*. Eine unangenehme Überraschung erlebten die Anleger (Lehrer und Angestellte), als sie aus den Medien erfuhren, dass *CACI* und *Titan* in den Folterskandal im irakischen Gefängnis Abu Ghraib verwickelt waren und ihre Pensionsfonds Aktienpakete dieser beiden Firmen besaßen. Zum moralischen Schaden kam der ökonomische noch hinzu, da nach Bekanntwerden der Vorgänge in Bagdad *CACI* und *Titan* in einem Monat Kursverluste von über 16 Prozent hinnehmen mussten.[12]

Ihre Firmenphilosophie verkaufen die privaten Militärfirmen in der Öffentlichkeit offensiv als von politischer Ethik getragene Friedensmissionen, als unermüdlichen Einsatz zur Beendigung von Kriegen und Konflikten, als Beitrag zur Entwicklung humanitärer Zustände. Den Rest an Marketing besorgt eine der einflussreichsten Lobbygruppierungen der Welt, die International Peace Operations Association (IPOA), in der sich die Branchenführer zusammengeschlossen haben.

Die Firma *Blackwater* macht sich sogar zum Bannerträger von Freiheit und Frieden mit ihrem Firmenmotto »In support of FREEDOM and DEMOCRACY everywhere«. Um sich vom alten Image des international geächteten Söldners abzusetzen und den Unterschied zum »illegalen Söldner« hervorzuheben, betonen sie, dass ihre Aktivitäten ausschließlich legalen Charakter hätten, die Beachtung der Menschenrechte ihr oberstes Gebot sei, sie sich nur im Rahmen nationaler wie internationaler Gesetze bewegen und Verträge nur mit völkerrechtlich anerkannten Subjekten abschließen würden. Innerhalb der privaten Militärfirmen herrscht die normale Unternehmensphilosophie: die Unterordnung unter das Firmenziel ist oberstes Gebot, das heißt Umsatzsteigerung, Markterweiterung, Kostensenkung, um die Gewinne möglichst zu erhöhen. In Führungsstil und Management unterscheiden sie sich wesentlich von den alten Söldnertrupps, aber kaum von Unternehmen in anderen Branchen. Die Interieurs ihrer Büros ähneln denjenigen aus der Hightech-Branche, sieht man von einigen militärischen Symbolen oder Bildern mit Schlachtenszenen ab. Sie gestalten und lenken ihre Betriebe wie komplexe Systeme, steuern sie nach den neuesten Wirtschafts- und Marketingtheorien, vertrauen auf ein starkes Lobbying bei der Akquirierung von Aufträgen und treffen ihre Entscheidungen immer mit Blick auf den Share-holder-Value.

Viele der privaten Militärfirmen sind heute Global Players: Sie arbeiten für verschiedene Auftraggeber oder Regierungen, ihre Standorte haben sie über den Globus verteilt, und ihre Einsätze finden auf allen Kontinenten statt. Gegenüber anderen global agierenden Konzernen aus der Dienstleistungsbranche wie Versicherungen oder Banken weist eine nicht unbeträchtliche Anzahl von Militärfirmen jedoch eine Besonderheit auf, die man als »virtuelle Firma« bezeichnen könnte. Aus verschiedenen Gründen haben sie sich bzw. ihre Firmenstandorte dreigeteilt – nicht zuletzt, um die sehr unterschiedlichen gesetzlichen nationalen und internationalen Bestimmungen, Regelungen und Auflagen bei Bedarf umgehen zu können. In nächster Nähe der politischen Entscheidungszentren – zumeist im Umkreis der jeweiligen Hauptstädte oder auch direkt in ihrem Zentrum – unterhalten sie den »Lobby-Sitz«, der gleichzeitig für die Akquirierung lukrativer Aufträge zuständig ist. Ihre »operativen Sitze« werden sowohl aus Gründen der »Kundennähe« als auch einer effizienteren Aufgabenabwicklung wegen über den ganzen Globus verschoben. Ihren »juristischen Sitz« haben sie zumeist in Kleinststaaten oder Steuerparadiesen angesiedelt: zum einen, um Steuern zu sparen und um ihre Konten vor den neugierigen Augen der Bankenaufsicht und Staatsanwaltschaften zu schützen; zum anderen aus Haftungsgründen, um Regressforderungen zivilrechtlicher Art (etwa bei Vertragsverletzungen) besser entgehen zu können; des Weiteren, um bei nicht selten auftretenden Strafrechtsverletzungen vor der Gerichtsbarkeit »starker Rechtsstaaten«, in denen sie meistens »zu Hause« sind, besser geschützt zu sein – was nahezu zwangsläufig der Fall ist, wenn sich der Gerichtsstand zum Beispiel auf den Bismarck-Inseln im Pazifik befindet; und schließlich, um bei Bedarf durch schnellen Wechsel des »Firmensitzes« der Rechenschaftspflicht oder dem rechtlichen Zugriff entgehen zu können.

Die privaten Militärfirmen sind außer durch die Verträge, die sie abschließen, und durch das jeweilige Gewerberecht in keiner Weise gebunden. Anders als die staatlichen Institutionen müssen sie keine Sicherheitskonzepte – weder nationale noch solche, die sich aus Bündnisverpflichtungen ergeben – beachten und keine gesetzlich vorgegebenen öffentlichen Aufträge erfüllen. Auch wenn sie manchmal etwas anderes vorgeben, gehorchen die Militärfirmen ausschließlich den Marktregeln, das heißt dem Gesetz von Angebot und Nachfrage. Da sie sich auf dem globalen Markt bewegen und für den globalen Markt produzieren, können sie sich nationalen Vorgaben, Einschränkungen und Regelungen jederzeit entziehen. Nicht, indem sie Gesetze oder Verordnungen missachten, sondern da Auflagen für sie letztendlich Kosten sind, nehmen sie lieber ein Angebot an, das ihren Handlungsspielraum nicht beschneidet. Diese Handlungsfreiheit auf dem Weltmarkt ermöglicht es ihnen, kundenspezifische Produkte und abnehmerzentrierte Lösungen zu entwickeln. Ihre Dienstleistungen sind sozusagen »Wegwerfprodukte«: Einmal benutzt, sind sie verbraucht; der nächste Kunde bekommt ein anderes »maßgeschneidertes« Produkt. Diese Kundenzentriertheit macht die privaten Militärfirmen für die Auftraggeber so attraktiv. Denn es sind zwar drastische, aber schnelle und effiziente Lösungen, die sie anbieten. Und zwar nach dem Motto: Wenn Sie ein Problem mit bewaffneten Rebellen, mit aufständischen Bevölkerungskreisen, mit fremden Milizen auf ihrem Territorium, mit terroristischen Anschlägen, mit aufsässigen Gewerkschaftern etc. haben, schreiben

Sie einen Scheck aus, den Rest erledigen wir schnell, unbürokratisch und zu Ihrer vollsten Zufriedenheit. Oder mit den Worten von Doug Brooks, dem Präsidenten der IPOA: »Write a cheque and end a war.« Die Qualität der Problemlösungen richtet sich danach, was der Kunde zu zahlen bereit ist: Wer es sich als Staat, Organisation, Konzern oder Individuum leisten kann, bekommt ein luxuriöses Sicherheitspaket, wer nicht, muss sich mit einer abgespeckten oder löchrigen Schutzversion zufrieden geben. Private Militärfirmen sind an ihre Aufträge zwar durch verpflichtende Abmachungen gebunden, können diese aber – da sie Vertragsfreiheit genießen – jederzeit aufkündigen, wenn ihnen ein lukrativeres Angebot winkt oder wenn sich ihre Schutzaufgabe als risikoreicher erweist, als sie angenommen hatten. Was sie dabei in Kauf nehmen, ist im Zweifelsfall eine Vertragsstrafe.

Entsprechend der betriebswirtschaftlichen Logik ist das oberste Prinzip ihres wirtschaftlichen Handelns, dass die Einnahmen aus dem Verkauf der Dienstleistungen nicht nur die Aufwendungen überschreiten, sondern auch noch einen (möglichst hohen) Gewinn abwerfen müssen. Die Militärfirmen verfahren insoweit nicht anders als alle anderen privaten Wirtschaftsbetriebe. Folglich ist ihr Handeln primär darauf gerichtet, die Kosten zu minimieren und die Profite zu maximieren, und allenfalls sekundär darauf, einen bestimmten Qualitätsstandard an Sicherheit zu erreichen. Zahlreiche Beispiele aus dem Kosovo, aus Afghanistan oder dem Irak demonstrieren diese Vorgehensweise: Reguläre Soldaten berichteten, dass der Nachschub an Benzin unzureichend, das Essen minderwertig, die Reinigung ihrer Uniformen mangelhaft waren; Rekruten beklagten die schlechte Ausbildung, was in einem Fall sogar zur Ersetzung einer Privatfirma durch staatliche Instrukteure führte. Amerikanische Medien berichteten wöchentlich von preislich überhöhten Waren und Dienstleistungen. So berechnete die *KBR* dem Pentagon 2,27 Dollar für eine Gallone Benzin, die an irakischen Tankstellen einen Dollar kostete, 45 Dollar für eine Kiste Sodawasser und 100 Dollar für einen Wäschesack; außerdem wurden laut internen Rechnungsprüfungen im Pentagon von derselben Firma 10 000 Mahlzeiten pro Tag zu viel abgerechnet.[13] Solche Meldungen hatten zur Folge, dass sich im Kongress Anfragen an das Verteidigungsministerium häuften und sogar der Rechnungshof mehrfach ungerechtfertigt hohe Ausgaben bemängelte.

Personal- und Kostenstruktur

In den Aufsichtsräten einiger Militärfirmen sitzen mehr Generäle, als in den Armeen ihrer jeweiligen Heimatländer gerade Dienst tun; andere verfügen über mehr Analysten, Computerspezialisten und Nachrichtendienstler als Geheimdienste ganzer Staaten. Der Standard an Spezialwissen und speziellen Fertigkeiten ist in vielen privaten Militärfirmen so hoch, dass reguläre Armeen nach eigenen Aussagen diese Qualitätsstufe gar nicht mehr erreichen können und schon aus diesem Grunde auf die Dienste der Privaten angewiesen sind. Dies gilt im besonderen Maße für kleinere und mittlere Militärmächte, betrifft aber selbst die größte Armee der Welt. Unlängst bekannten Offizielle aus dem Pentagon: »Wir sind heute ohne die privaten Militärfirmen nicht mehr in der Lage, einen Krieg zu führen.«[14]

Das eingesetzte Dienstleistungspersonal weist eine breite Palette von Fähigkeiten auf. Im Afghanistan-Krieg kämpften sie als verdeckte paramilitärische Einheiten gegen das Taliban-Regime und steuerten die »Global Hawks«, die neueste Errungenschaft der US Air Force bei den Überwachungsflugzeugen; im Gefängnis in Guantánamo Bay wie im Irak agierten Verhörspezialisten und auf den Philippinen speziell ausgebildete Anti-Terror-Kämpfer; in Russland sichern sie Erdölfelder; in Kolumbien bekämpfen sie Drogenkartelle – um nur einige Beispiele zu nennen. Was sich gegenüber den früheren Söldnern für die Privatsoldaten durch Einbindung in die privaten Militärfirmen vor allem geändert hat, ist ihr Status. So waren im angolanischen Bürgerkrieg in den 90er Jahren mehr als 80 Militärdienstleister (für beide Seiten) tätig. Ihr Personal hatten sie rund um den Globus rekrutiert: Ehemalige von den »Green Berets« aus den USA, von der französischen Fremdenlegion, der britischen SAS (Special Air Service), den südafrikanischen Spezialtruppen, den nepalesischen Gurkha-Einheiten etc. Obwohl sie nicht viel anderes taten als vorher die belgischen, englischen, italienischen, deutschen oder französischen Söldner bzw. »Glücksritter« (nicht wenige von ihnen waren in die Dienste der privaten Militärfirmen getreten), waren sie zu Angestellten von Firmen avanciert, die ihnen nicht nur ein festes Gehalt garantierten, sondern sie auch durch den Abschluss verbindlicher Verträge mit völkerrechtlich anerkannten Regierungen vor Verfolgung durch die Justiz absicherten. Aufgrund des Angestelltenstatus laufen die von der UNO, der OAU oder einzelnen Ländern verabschiedeten Konventionen und Gesetze zur Ächtung und Illegalisierung von Söldnern ins Leere. Wer also heute – so heißt es in den Kreisen der Privatsoldaten – nach den herrschenden nationalen wie internationalen Gesetzen als Söldner verurteilt wird, der sollte von seinem Anwalt das Geld zurückfordern und diesem raten, sich einen neuen Beruf zu suchen.

Das von den privaten Militärfirmen engagierte Personal ist so bunt zusammengesetzt, wie die Einsatzgebiete unterschiedlich sind. Man trifft Vertreter aller Volksgruppen, Nationalitäten und Hautfarben, alle Altersstufen von 18 bis 65 Jahren, Angehörige nahezu aller sozialen Schichten, Analphabeten und Universitätsabsolventen. Die Militärfirmen werben gerne damit, dass sie ausschließlich hoch spezialisierte und für jedes Problemfeld eigens geschulte Fachleute für sich arbeiten lassen, um hervorzuheben, dass sie Qualifikationen zum Einsatz bringen, die über dem Standard der staatlichen Sicherheitsorgane liegen. Dies ist jedoch nur die halbe Wahrheit; die Realität ist komplexer. Zwar sind die Militärfirmen für ihre hervorragenden Spezialisten bekannt, aber ebenso für ihr brutales Lohndumping. Da sie vor allem auftragsgebunden arbeiten, können sie ihre Unternehmen mit einer relativ kleinen Kernbelegschaft aus Fachkräften betreiben. Je nach Größe und Jahresumsatz pendelt diese zwischen ein paar dutzend und einigen tausend. Selbst dreistellige Millionenbeträge werden mit einem verhältnismäßig geringen Stamm an Betriebspersonal erwirtschaft. Eine der weltweit größten privaten Militärfirmen, die englische *ArmorGroup*, hat weniger als 8000 Mitarbeiter fest angestellt. Die Hauptarbeit erledigen freie Mitarbeiter. Manche Militärdienstleister – wie *DynCorp* – werben sogar damit, dass sie über 50 000 »free-lancer« in ihrer Kartei haben, die sie jederzeit rund um den Erdball abrufen können. Die gezahlten Löhne variieren zwischen 10 und 1000 Dollar pro Tag; aus Gründen der Flexibilität werden Monatslöhne außer für die Kernbelegschaft kaum vereinbart. Spezialisierte freie Mitarbeiter genießen einen Sonderstatus und sind nicht selten wie das Stammpersonal pensionsberechtigt oder werden gar zu Mitaktionären gemacht. Dies hat dazu geführt, dass viele Berufssoldaten den nationalen Dienst quittieren, um als Privatsoldaten das große Geld zu machen.

Um gleichzeitig die Lohnkosten zu senken, rekrutieren die privaten Militärfirmen den größten Teil des Personals am Ort ihrer Einsatzgebiete. Das Verhältnis zwischen hoch spezialisierter Fachkraft, zum Beispiel einem ehemaligen Feldwebel einer Spezialeinheit in westlichen Armeen, und einheimischen Sicherheitskräften beträgt nicht selten eins zu zwanzig oder mehr. Da viele Ex-Soldaten oder -Polizisten in den Ländern der Dritten Welt arbeitslos sind, fällt es den Militärfirmen nicht schwer, billiges Personal zu finden. Dieses ist jedoch meist schlecht vorbereitet und ausgebildet, dadurch sinkt in der Regel die Qualität ihrer Dienstleistungen. In vielen Fällen werden sie von Berufsmilitärs als völlig unzureichend oder unbrauchbar bezeichnet. Doch nicht nur um des Lohndumpings willen greifen die Privaten auf Personal vor Ort zurück. Die fehlenden Sprachbarrieren und die Vertrautheit mit den heimischen Gewohnheiten garantieren ein leichteres und tieferes Eindringen in die Sozial- und Infrastrukturen der Konfliktgebiete, in denen sie ihren Auftrag erledigen. Ob es sich bei einem Iraker um den Angestellten einer privaten Militärfirma oder um einen Angehörigen der irakischen Widerstandsgruppen handelt, ist schwer oder gar nicht zu erkennen. Das Gleiche gilt für verdeckte Agenten in Kolumbien oder für Nachrichtenbeschaffer im Kongo und erst recht für die dort kämpfende Einheiten.

Die Erwerbslosigkeit von Millionen Soldaten nach dem Ende des Ost-West-Konflikts hat der militärischen Dienstleistungsbranche einen Arbeitsmarkt beschert, von dem die übrige Wirtschaft nur träumen kann. Qualifizierte Spezialisten für jede erdenkliche Aufgabe zu finden, stellt für die privaten Militärfirmen kein Problem dar. Selbst für delikate Aufgaben und riskante Einsätze finden sie jederzeit frei verfügbares Personal, und das zu extrem günstigen Preisen und Bedingungen. Hohe Lohnnebenkosten, Tariflöhne, Gewerkschaften, Aufsichtsämter, Kontrollbehörden – mit all dem muss sich die Branche nicht auseinander setzen. Damit sind schon einige Punkte benannt, die die Privatisierung von Sicherheitsaufgaben für den Staat scheinbar billiger machen. Was den Unterschied zwischen nationalen, ständig bereiten Armeen und privaten Militärfirmen ausmacht, ist die völlig unterschiedliche Kostenstruktur.

Das betrifft zum einen die Personalkosten. Was den im nachrichtendienstlichen, logistischen oder waffentechnischen Bereich hoch spezialisierten Soldaten »alter Schule« so teuer macht, ist nicht sein Gehalt, sondern die Tatsache, dass der Staat ihn erst aus einer enormen Personalmasse heraussieben muss. Was bedeutet, Hunderttausende zu rekrutieren, auf Eignung zu prüfen, in mehr oder weniger langen Ausbildungsgängen zu formen, die erworbenen Fähigkeiten in verschiedensten Einsätzen auf ihre Validität zu überprüfen und das Ganze zu bezahlen. Den privaten Militärfirmen entstehen diese Kosten nicht; sie können sich die staatlichen Vorleistungen zunutze machen und den fertigen Spezialisten mit lukrativen Angeboten einfach abwerben. Müssten die Privaten die Vorleistungen – oder wenigstens einen Teil davon – an den Staat zurückzahlen, würde ihre jetzige Kosten-Nutzen-Rechnung in eine arge Schieflage geraten. Hinzu kommt, dass der Staat, anders als die private Militärbranche, seine Soldaten nicht einfach nach Hause schicken kann. Er muss ihre Gehälter auch dann bezahlen, wenn sie momentan nicht benötigt werden. Anders die Militärdienstleister: Sie können ihr Personal auftragsbestimmt kalkulieren und die vielen freien Mitarbeiter projektbezogen über Zeitverträge bezahlen.

Der zweite Aspekt sind die Fixkosten: Ständige Ausgaben einer bestimmten Größenordnung fallen bei den privaten Militärfirmen nicht an, sieht man von den Kosten für die relativ kleinen Kernbelegschaften einmal ab. Anders als der Staat brauchen sie keine Unsummen für neue Rüstungsgüter zu bezahlen, müssen sie keine Flugzeuge, Hubschrauber und Panzer warten, keine Maschinenparks verwalten, kein Geld für den Bau und Unterhalt von Unterkünften, Übungsplätzen, Flughäfen etc. ausgeben. Sie überlassen es entweder dem Auftraggeber, die je nach Einsatz benötigten Waffen zu beschaffen und die Infrastrukturen zur Verfügung zu stellen, oder sie kaufen und bauen sie auf eigene Rechnung und lassen es dann den Kunden bezahlen.

Da die Militärfirmen zwar spezielle, aber dennoch reine Dienstleistungsunternehmen sind, die zivilrechtliche Verträge mit ihren Auftraggebern abschließen, unterliegen sie hinsichtlich Kontrollen faktisch allein dem Gewerberecht, während im »klassischen Militär« alle Vorgänge transparent und öffentlich kontrollierbar sein müssen. Diese und andere sogenannte Overhead-Kosten schlagen beim Staat nicht unwesentlich zu Buche. Eine funktionierende Transparenz und eine effektive Kontrolle des Militärs kosten den Bürger zwar viel Geld, stellen andererseits aber einen effektiven Schutz vor dem Missbrauch dieser Gewalt dar und erhöhen dadurch seine – auch persönliche – Sicherheit. Die Privaten haben hingegen so gut wie keine Overhead-Kosten; sie müssen nur ordnungsgemäß ihre Konten führen und sich bei einer Buchprüfung allenfalls vor Bilanzfälschung fürchten. Verantwortlich sind sie letztlich nur ihren »share-holdern«.

Die völlig unterschiedliche Kostenstruktur bei staatlichen Streitkräften und privaten Militärfirmen macht deutlich, dass die Frage, ob das Privatisieren und Auslagern von Dienstleistungen den Staat billiger kommt, in dieser Form nicht zu beantworten ist. Erstens weil es sich zumeist um zwei verschiedene Leistungen handelt, die daher preislich nicht miteinander verglichen werden können. Zum Zweiten wird selten die gleiche Qualität angeboten, weshalb die Leistungen in einem direkten Vergleich nicht überprüft werden können. Zum Dritten gehen Kosten für Kontrolle und Transparenz in die Bilanzierung nicht ein. Das heißt: Verzichtet der Staat auf die Überprüfung der privaten Militärfirmen – von der Auftragsvergabe bis zur Erbringung der vertraglich vereinbarten Leistungen –, spart er eigene Beamten ein. Für ihn wird das Auslagern billiger. Übt er jedoch die gleiche Kontrolle aus, wie sie für die staatlichen Streitkräfte gesetzlich vorgeschrieben ist, wird das Outsourcing teurer; unter anderem deshalb, weil er es nicht mit einer Institution zu tun hat, sondern mit Dutzenden von unterschiedlichen Firmen.

Der amerikanische Rechnungshof (Government Accounting Office, GAO) kommt auf der Basis von mehreren empirischen Untersuchungen zu dem Schluss, dass aufgrund unzuverlässiger Daten die Kosten und Einsparungen nicht wirklich zu überprüfen sind. Außerdem würden falsche Annahmen über die Höhe der Kosten im Verteidigungsministerium und die Vernachlässigung der Kosten für die Implementierung der verschiedenen sicherheitspolitischen Programme die Identifizierung der präzisen Summe der Einsparungen nicht ermöglichen. Ein ähnliches Resümee zieht eine andere wissenschaftliche Arbeit: »Breit angelegte Studien vergleichen Angebote privater und öffentlicher Akteure, aber, mit wenigen Ausnahmen, verfolgen sie nicht die Durchführung. In anderen Worten, sie schätzen die Versprechen für Einsparungen statt der Ergebnisse ab.« Anhand dieser und anderer Befunde kommt eine deutsche Untersuchung zu dem Resultat: »Es ist erstaunlich, auf welch magerer empirischer Basis weit reichende Entscheidungen getroffen werden, die nicht nur ökonomische Folgen haben, sondern erhebliche gesamtgesellschaftliche Konsequenzen nach sich ziehen.«[15]

Die Auftraggeber – Von »starken Staaten«, Konzernherren und Rebellen

Mors tua, vita mea.
Römisches Sprichwort

Das Spektrum der Auftraggeber für private militärische Dienstleistungen ist extrem uneinheitlich. Betrachtet man sie auf einer moralischen Skala, so reicht es von brutalen Kriegsfürsten und Diktatoren über Rebellengruppen und skrupellose Drogenkartelle bis hin zu souveränen Staaten, angesehenen Wirtschaftsunternehmen und internationalen Menschenrechtsorganisationen.

Ordnet man sie nach dem Auftragsvolumen, so sind die größten Auftraggeber gegenwärtig die sogenannten starken Staaten, das heißt Nationen, die über ein voll ausgebildetes und funktionierendes Rechts-, Kontroll- und Sicherheitssystem nach innen wie außen verfügen. Diese Länder können sich nicht nur gegen eine potentielle Gefahr von äußeren Feinden militärisch erfolgreich verteidigen, sondern sind auch in der Lage, auftretende innergesellschaftliche Konflikte mit friedlichen Mitteln zu lösen. Der inzwischen zweitgrößte Auftraggeber ist die Privatwirtschaft, wobei neben den Global Players mittelgroße Unternehmen ebenfalls die Dienstleistungen der privaten Militärfirmen in Anspruch nehmen. Die dritte Gruppe bilden die »schwachen« und »verfallenden« Staaten, vornehmlich solche aus Konfliktregionen. Als »schwache« Länder werden diejenigen bezeichnet, die nur unzureichend im Innern die Rechtssicherheit garantieren oder nach außen ihre Grenzen verteidigen können. »Verfallende« Staaten sind dadurch charakterisiert, dass sie entweder einen, mehrere oder gar keinen der verschiedenen inneren und äußeren Sicherheitsbereiche aufrechterhalten können. An vierter Stelle, vom finanziellen Volumen aus gesehen, liegt die Gruppe, die aus Bürgerkriegsparteien, terroristischen Netzwerken und Befreiungsbewegungen besteht. Zunehmend mehr Aufträge vergeben internationale und transnationale Institutionen und Bündnisse wie zum Beispiel die UNO, die OAU oder die NATO im Rahmen ihrer »peace-keeping«- oder »nation-building«-Missionen. Sie stellen zusammen mit den unzähligen Nichtregierungsorganisationen, die vermehrt staatliche Aufgaben in Konfliktzonen übernehmen oder übernehmen müssen, die fünfte Gruppe dar. Private Vereinigungen und zivile Einzelpersonen, die sich mit Hilfe von militärischen Dienstleistern beispielsweise gegen Entführung und bewaffnete Gewalt absichern wollen, bilden die kleinste Gruppe auf der Nachfrageseite.

Diese sechs Gruppierungen unterscheiden sich stark sowohl hinsichtlich ihrer Bedürfnisse an Sicherheitsdienstleistungen als auch in den Interessen und Motiven, die hinter den Aufträgen stehen, die sie an die militärische Dienstleistungsbranche vergeben. Die mit den privaten Militärfirmen und ihrer breiten Angebotspalette eröffnete Möglichkeit, Sicherheit auf dem freien Markt einkaufen zu können, nutzen sie daher in sehr unterschiedlicher Weise.

»Starke Staaten« am Beispiel USA und Deutschland

Was die global agierenden »starken Staaten« anbetrifft, so eignen sich die USA als Beispiel in besonderer Weise, um die gegenwärtige Lage auf dem Sektor der militärischen Dienstleistungen zu verdeutlichen. Hier sind einige hundert private Militärfirmen beheimatet, die größte Anzahl in einem einzelnen Land. Die meisten Aufträge bekommen sie vom Staat, in erster Linie von der Bundesregierung in Washington, speziell vom Verteidigungsministerium. Schon in seiner ersten Amtsperiode brachte US-Verteidigungsminister Donald Rumsfeld auf den Punkt, was seine Vorgänger begonnen und seine Amtskollegen in den westlichen Ländern in dieser oder jener Form bereits auf den Weg gebracht hatten: »Alles, was nicht zum Kernbereich des Militärs gehört, muss ausgelagert werden.«[1] Seitdem dreht sich die politische Debatte fast ausschließlich darum, wo dieser Kernbereich anfängt bzw. aufhört und wie diese Handlungsvorgabe am schnellsten und effizientesten umzusetzen ist. Nach Aussagen amerikanischer Berufsmilitärs gibt es inzwischen kaum mehr ein Gebiet im Aufgabenbereich der Streitkräfte, das nicht schon von privaten Anbietern besetzt worden ist.[2] Selbst in sensiblen Bereichen wie Aufklärung und Intelligence werden Aufträge an die privaten Militärfirmen vergeben. Die militärischen Geheimdienste und sogar die größte Spionageinstitution der Welt, die National Security Agency (NSA), haben diverse Aufgaben (wie einen Teil der Datenerhebung, der Netzwerktechnik oder des Sicherheitsmanagements) den privaten Dienstleistern zur Erledigung übergeben.[3] Dabei haben Kostengründe eine Rolle gespielt; aber auch die elektronisch-informationelle Revolution hat dazu beigetragen, dass die staatlichen Institutionen auf dem Gebiet der neuesten Technologien trotz erheblicher Anstrengungen in Forschung und Entwicklung hinter der Privatwirtschaft her hinken und sie deren Dienste einkaufen müssen. Anfang November 2005 erklärte die NSA: »Heute stützt sich die Agentur mehr und mehr auf Lösungen aus der Privatwirtschaft.«[4]

Die personelle Verkleinerung des US-Militärs um ein Drittel und Kürzungen des Verteidigungshaushalts in den 90er Jahren verursachten großes Kopfzerbrechen im Pentagon. Vor allem stellte sich die Frage, wie die militärische Präsenz in über 100 Ländern bei drastisch reduzierten Mitteln aufrechterhalten werden konnte. Die einzige Lösung bestand im Einkaufen von fehlenden Kapazitäten. Um Soldaten von nichtmilitärischen Aufgaben zu entlasten, übertrug man die Versorgung und Wartung der US-Basen privaten Militärfirmen. Eines der ersten Unternehmen, das auf diesem Gebiet tätig wurde, war der Halliburton-Konzern. Sein damaliger Chef Richard Cheney formulierte den Auftrag so: »Wir von Halliburton sind die Ersten, die unsere Soldaten auf den Basen begrüßen, und wir sind die Letzten, die ihnen Adieu sagen.«[5]

Outsourcing wurde zur Zauberformel für die Verantwortlichen im Verteidigungsministerium. Damit glaubte man einen Weg gefunden zu haben, um mit geringerer Personalstärke bei den Streitkräften mehr Aufgaben wahrnehmen und wachsenden Ansprüchen begegnen zu können. Kompetenzen, die bisher beim Militär selbst gelegen hatten, wurden auf die privaten Dienstleistungsfirmen übertragen. Hatte man Anfang der 90er Jahre mit dem Nachschub, der Versorgung und Verpflegung, der Bereitstellung und Instandhaltung von Infrastrukturen begonnen, so stellte man bald fest, dass noch andere Bereiche von der Ausbildung über das Training bis hin zur Nachrichtenbeschaffung ausgelagert werden konnten. Die Deckung der Kosten für die militärische Dienstleistungsbranche stellte jedoch ein Problem dar. Hier zeigten sich die politisch Verantwortlichen in der US-Regierung besonders einfallsreich. Abgesehen von den größten Beschaffungsmaßnahmen für die privaten Militärfirmen – die »Operation Enduring Freedom« und die »Operation Iraqi Freedom« (der Afghanistan- bzw. Irak-Krieg) – wurden vornehmlich zwei Wege beschritten: Zum einen verteilte man anstehende militärische Ausgaben auch auf andere Haushalte (Inneres, Entwicklung, Justiz, Soziales, Familie, Umwelt etc.). So suchten beispielsweise Kongressmitglieder und Medien vergeblich nach einem Vertrag mit dem Pentagon für die Verhörspezialisten der privaten Militärfirma *CACI,* die in den Folterskandal im irakischen Gefängnis Abu Ghraib verwickelt war. Sie fanden ihn nicht, weil es ihn nicht gab. Die Firma stand nämlich auf der Gehaltsliste des Innenministeriums, mit dem sie einen Millionen-Vertrag über die Bereitstellung von »Übersetzern« abgeschlossen hatte.

Zum anderen schuf man »Sonderprogramme«, die man vom Kongress genehmigen ließ, und stockte bestehende Programme auf. Als nach dem 11. September 2001 der globale »Krieg gegen den Terror« verkündet wurde, wurden die bisherigen Maßnahmen nochmals mit zusätzlichen Mitteln versehen. Dieser Krieg »ist ein Vollbeschäftigungsprogramm für die privaten Militärfirmen«, zitierten amerikanische Medien D. B. Des Roches, einen Sprecher des Pentagons.[6] Börsenkreise verwunderte es daher nicht, dass die Aktien der betreffenden Firmen nach dem Terroranschlag auf das World Trade Center in die Höhe schnellten, während alle anderen Papiere in den Keller sackten und sich bis heute nicht richtig erholt haben. Mit Hilfe der Militärdienstleister konnten die USA trotz verringerter Truppenstärke ihre geopolitischen und geostrategischen Interessen militärisch absichern und ausbauen. Nach dem 11. September errichteten die USA in 38 neuen Staaten militärische Stützpunkte und sind somit in über 130 Ländern mit rund 500 000 Soldaten präsent.[7] So wurde etwa an der Südflanke Russlands eine Kette von Militärbasen eingerichtet, die von der Ukraine und Georgien im Westen bis nach Kirgistan und Kasachstan an der chinesischen Grenze im Osten reicht, einem Gebiet, das wegen seiner reichen Energiequellen auch »Erdölgürtel« genannt wird. Dies geschah vor allem, um die Interessen und Investitionen der amerikanischen Ölkonzerne militärisch abzusichern. So stecken Milliarden in der BTC-Pipeline, die von Baku in Aserbeidschan über Tiflis in Georgien zum türkischen Schwarzmeerhafen Ceyhan führt. Exxon Mobil, Total oder Conoco haben Milliarden in Kasachstan investiert, unter anderem in die Ausbeutung des Kashagan-Ölfeldes.[8] Zur Beratung, Ausbildung und zum Training der Streitkräfte in diesen Ländern engagierte man private Militärfirmen wie *DynCorp* und *Vinnell.* Die Aufträge zur Errichtung der Militärbasen sowie für die Wartung der Anlagen und die Versorgung vergab das Pentagon ebenfalls an private Firmen. So erhielt *KBR* einen Auftrag über 22 Millionen Dollar, um das Camp »Stronghold Freedom« bei Khanabad in Usbekistan zu »versorgen«, und *Fluor* in Kasachstan im Jahr 2003 einen »Entwicklungsauftrag« in Höhe von 2,6 Milliarden Dollar.[9]

Eines der bekanntesten Sonderprogramme, aus dem die privaten Militärfirmen seit 1996 Aufträge beziehen, ist das IMET (International Military Education and Training).[10] Unter der Regierung von George W. Bush wurde es finanziell enorm aufgestockt. Dieses Erziehungs-, Ausbildungs- und Trainingsprogramm richtet sich ausschließlich an ausländische »Studenten«, die – so weit möglich – zu Offizieren geformt werden sollen. Im Jahr 2003 betrug das Budget 80 Millionen Dollar, und die Lehrgänge wurden auf 133 Länder ausgedehnt.

Die Programme FMF und FMS (Foreign Military Financing bzw. Foreign Military Sales) sollen in erster Linie ausländischen Militärs und Regierungen ermöglichen, Waffen, Militärservice und weiterbildendes Training in den USA mit Hilfe einer Anschubfinanzierung einzukaufen. Faktisch bedeutet das eine verdeckte Subventionierung der US-amerikanischen Rüstungsindustrie, die sich von ausländischen Käufern die Ausbildung ihres Militärs an den neuen Waffensystemen und auch die Wartung derselben über die Fondsgelder bezahlen lässt. Bei den großen Waffenkonzernen sind es die ihnen angeschlossenen privaten Militärfirmen – wie *MPRI* von Lockheed Martin oder *Vinnell* von Northrop Grunman –, die diese Arbeiten durchführen. Im Rechnungsjahr 2001 wurden allein aus dem FMS-Programm über 381 Millionen Dollar für Ausbildung und Training bereitgestellt.

Unter dem Titel »Anti-Terror Assistance« – beschlossen als »Unterstützung der globalen Kampagne gegen den Terrorismus durch Bereitstellung von Ausrüstung und Training für Koalitionspartner« – wird ein ganzes Bündel von Maßnahmen geführt. Sie sind vor allem auf Länder in Süd- bzw. Südostasien sowie im Mittleren Osten gerichtet, wo regionale Zentren im Rahmen des »Regional Defense Counter-Terrorism Fellowship Program« errichtet wurden, um Anti-Terror-Strategien zu lehren und zu koordinieren. Auf diese Weise konnten überdies die Beschränkungen des US-Kongresses (die sich auf Länder beziehen, deren Militärs Verletzungen der Menschenrechte nachgewiesen werden konnten) für militärisches Training von pakistanischen und indonesischen Streitkräften umgangen werden. Außerdem war die finanzielle

Deckung für die privaten Militärfirmen vorhanden, die die Ausbildung durchführten.

Der seit 1999 wirksame »Plan Colombia« ist ein Programm, das seine Gelder aus verschiedenen Regierungsfonds bezieht. Mit bisher insgesamt 7,5 Milliarden Dollar[11] soll Kolumbien, einer der größten Erdöllieferanten der USA, stabilisiert und zu einem »verlässlichen Partner« gemacht werden. Um eine offene Intervention in dem Bürgerkriegsland zu vermeiden, hat das amerikanische Parlament die Entsendung von US-Militär auf 500 Soldaten aus Spezialeinheiten beschränkt, aber keine Höchstgrenze für das Personal von privaten Militärfirmen (bzw. nur, was US-amerikanische Staatsbürger anbetrifft) festgelegt, von denen gegenwärtig mehr als 30 im Andenstaat arbeiten. Außerdem wird die Regierung in der Hauptstadt Bogotá durch leistungsfähige Informations-, Ausbildungs- und Trainingsprogramme für ihre Militär- und Polizeikräfte unterstützt, deren Realisierung weitgehend den privaten Militärfirmen obliegt. Neben dem Verteidigungs- und Außenministerium sind an dem »Plan Colombia« finanziell die staatliche Entwicklungshilfeinstitution USAID und der Fonds »War on Drugs« beteiligt. Auf diese Weise arbeitet ein Teil der Privatsoldaten offiziell als »Entwicklungshelfer« und »Drogenbekämpfer«, faktisch werden sie von den privaten Militärfirmen aber auch im Kampf gegen die Guerillaeinheiten der FARC (Revolutionäre Streitkräfte Kolumbiens) oder der ELN (Nationale Befreiungsarmee) eingesetzt. Angesichts dieser Massierung urteilte der kolumbianische Journalist Hernando Ospina: »Nirgends sonst außer im Irak betreiben die USA eine so facettenreiche Söldnerpolitik wie in Kolumbien.«[12]

Der Afrikafonds (Africa Regional Fund) soll die amerikanischen Interessen auf dem rohstoffreichen »schwarzen Kontinent« militärisch absichern. Aufbau, Ausbildung, Beratung und Training des Militärs werden von den privaten Militärfirmen zusammen mit den Special Operations Forces (SOF) in einer wachsenden Anzahl von Ländern durchgeführt. Mehr als 10 000 Soldaten im Senegal, in Uganda, Nigeria, Ruanda, Äquatorialguinea, Malawi, Ghana, Mali und Elfenbeinküste haben schon die Lehrgänge der militärischen Hilfsprogramme[13] durchlaufen (offiziell, um für Friedensmissionen gerüstet zu sein); weitere Länder in West-, Ost- und Südafrika wie Guinea, Kenia, Tansania oder Botswana sollen folgen. In Ghana beispielsweise wurden die Lehrgänge ausschließlich von Privatfirmen abgehalten. An der Ausbildung waren unter anderem *MPRI, PA & E, SAIC, DFI, MSS* und *Logicon* beteiligt.

Es gibt noch eine ganze Reihe weiterer Programme, aus denen die privaten Militärfirmen bezahlt werden. Erwähnt seien hier nur das JCET (Joint Combined Excercise and Training), ein militärisches Austauschprogramm, bei dem Spezialtruppen ausländischer Staaten in den neuesten amerikanischen Kampftechniken ausgebildet werden, das CINC (Combatant Commander-in-Chief), eine Art »Reptilienfonds« für die Regionalkommandeure, die die Gelder nach Gutdünken verwenden können, oder das »CIA Training Program«, das für verdeckte oder halbverdeckte militärische Operationen gedacht ist. All diese Programme bedürfen weder der Aufsicht des US-Kongresses noch besteht eine Informationspflicht gegenüber der Öffentlichkeit. Von privaten Militärfirmen ausgeführt, bieten sie für die US-Regierung außerdem den Vorteil, als staatliche Institution nicht selbst in Erscheinung treten zu müssen; im Zweifelsfall kann sie eine gescheiterte verdeckte Operation einer Privatfirma anlasten.

Die USA und Großbritannien nehmen zumeist ein direktes Outsourcing vor, indem Regierungsstellen selbst Verträge mit privaten Militärfirmen abschließen. Viele europäische Staaten, darunter Frankreich und die Niederlande, gehen einen eher indirekten Weg. Auch sie verfolgen das Ziel, einen größeren Handlungsspielraum für politische Aktionen außerhalb der eigenen Grenzen zu gewinnen, den sie militärisch absichern können. Zu diesem Zweck werden die nationalen Streitkräfte zu Kerntruppen (Führungs- und Kampftruppen) aus- und umgebaut sowie alle anderen militärischen Aufgaben in die Hände von Militärdienstleistern gelegt. Außerdem werden kostspielige Spezialdienste und Leistungen, die nur in Sonderfällen benötigt werden, ebenfalls privaten Militärfirmen anvertraut. Um ihre Ziele zu realisieren, gründen diese Länder öffentlich-rechtliche Unternehmen, denen sie die Auslagerung hoheitlicher Aufgaben in die Privatwirtschaft übertragen. Mit dieser Public Private Partnership (PPP), einer Partnerschaft aus Privatwirtschaft und öffentlicher Hand, hat man darüber hinaus eine Finanzierungsstrategie gefunden, die der Exekutive die Möglichkeit eröffnet, Aufträge unabhängig von den Fesseln der vom Parlament beschlossenen Jahreshaushalte (zumeist der für Militär und Polizei zuständigen Ministerien) zu verteilen. Eine solche Verfahrensweise erlaubt zwar einen schnellen Zugriff auf neue

Mit dem Schreckensbild von Osama bin Laden werben private Militärfirmen wie CACI für ihre Dienste; hier das Plakat für ein Anti-Terror-Seminar im September 2004, bei dem neue Sicherheitstechnologien für Häfen, Flughäfen und Bahnhöfe präsentiert wurden.

Technologien, Ausrüstungsgüter oder gerade benötigte Dienstleistungen, bedeutet aber – ähnlich wie beim Leasing oder Ratenkauf – eine Streckung der Zahlung in die Zukunft, die somit von der nächsten Generation geleistet werden muss.

In Deutschland hat das Bundesministerium der Verteidigung die Privatisierung der Gesellschaft für Entwicklung, Beschaffung und Betrieb GmbH (g.e.b.b.) mit Sitz in Köln übertragen, die am 22. August 2000 ihre Tätigkeit aufnahm.[14] Als Ziel ist der 100-prozentigen Tochter des Verteidigungsministeriums vertraglich »die Entlastung der Bundeswehr von möglichst allen Aufgaben, die nicht militärische Kernaufgaben sind«, vorgegeben – ein Auftrag, der im Wortlaut mit dem Ansinnen von Pentagon-Chef Rumsfeld übereinstimmt. Nach Berechnungen der Bundeswehr entfallen von den rund 24,4 Milliarden Euro des Verteidigungshaushaltes im Jahr 2004 etwa 10,5 Milliarden oder 43 Prozent auf sogenannte nichtmilitärische Aufgaben. Im Rahmen der Modernisierung der Streitkräfte verfolgt die g.e.b.b. nach eigenen Angaben die Erbringung von Serviceleistungen durch ziviles Personal, die Schaffung investiver Spielräume und die deutliche Senkung der Betriebskosten wie des gebundenen Kapitals. Dabei überprüft sie die »nichtmilitärischen Aufgaben« dahingehend, inwieweit »eine Privatisierung machbar, wirtschaftlich und sinnvoll« ist. Besonderes Augenmerk wird dabei auf Public Private Partnerships gelegt, die »verstärkt zum Zuge kommen sollen«. Die g.e.b.b. versteht sich dabei als Mittler zwischen der Bundeswehr und der Wirtschaft. Zentrale Modernisierungsfelder sind die Personal- und Standortstruktur der territorialen Wehrverwaltung, die Organisation der Bereiche Bekleidung, Fuhrpark und Verpflegung sowie die Austattung und Vernetzung aller »nichtmilitärischen« Bereiche mit modernen Informationstechnologien.

Als erste Maßnahmen wurden das Transportwesen und die Bekleidungswirtschaft privatisiert und im Sommer 2002 der neu gegründeten Fuhrpark Service GmbH (Hauptgesellschafter ist mit 75,1 Prozent die g.e.b.b., 24,9 Prozent hält die Deutsche Bahn AG) bzw. der Bekleidungsgesellschaft (Mehrheitspartner mit 74,9 Prozent ist das private Konsortium Lion Apparel und Hellmann Logistics, die g.e.b.b. ist mit 25,1 Prozent beteiligt) übergeben. Die Privatisierung der Bundeswehrküchen soll der Catering-Konzern Dussmann vornehmen. Am 3. Mai 2005 wurden der Firma 14 Truppenküchen im Raum München übergeben. Die verbleibenden 51 Küchen werden sozusagen in Konkurrenz dazu »eigenoptimiert« von der Bundeswehr weitergeführt. Im Jahr 2007 wird dann nach einem festgelegten Kriterienkatalog ausgewertet, »wer von beiden der Bessere ist«.

Mit weiteren Projekten soll das erklärte Ziel erreicht werden, »die operative Unterstützung der Bundeswehr bei so genannten Serviceaufgaben […] privaten Partnern zu übertragen«. In diesem Projektstatus befinden sich die Bereiche Ausbildung, Logistik und Informationstechnik. So werden die Kraftfahr-, die U-Boot-, die Luftwaffen- und die Fernausbildung daraufhin untersucht, inwieweit Kooperationsformen mit der Privatwirtschaft möglich sind. Ein kooperatives Geschäftsmodell hat die g.e.b.b. bereits für die Luftwaffe entwickelt; es betrifft die Durchführung der Aus- und Weiterbildung luftfahrttechnischen Personals der Bundeswehr am Standort der jetzigen Technischen Schule der Luftwaffe 1 in Kaufbeuren. Nach Auskunft der g.e.b.b. hätte »die erfolgreiche Durchführung dieses Pilotprojektes Signalwirkung für die gesamte Ausbildungslandschaft«. Im Bereich Logistik, der ein Volumen von rund drei Milliarden Euro umfasst, ist man weniger weit fortgeschritten und befindet sich noch in der Prüfungsphase. Laut Pressemitteilung der g.e.b.b. vom 25. Oktober 2005 wird »zur Zeit für einen Teilbereich mit einem Volumen von 800 Mio. EUR an einem Konzept zur Neuordnung gearbeitet«. Der g.e.b.b. ist bewusst, dass eine Optimierung nur mit ausreichender Transparenz über die gesamte Versorgungskette von Planung über Steuerung bis zur Kontrolle aller Material-, Leistungs- und Informationsflüsse gelingen kann. Diese Transparenz ist allerdings, wie die Firma selbst festgestellt hat, »heute und in naher Zukunft nicht gegeben, da sie im Wesentlichen von der erfolgreichen Einführung von SASPF« (das heißt von Informationstechnologien und -programmen) abhängig ist. Im Bereich Informationstechnik war bisher (seit 1998) der amerikanische Computer- und Rüstungskonzern CSC (die Mutter von *DynCorp*) tätig. Für die Neuordnung und Modernisierung in diesem Bereich (»Herkules-Projekt«) ist vorgesehen, dass die Bundeswehr mit einem industriellen Partner eine IT-Gesellschaft gründet, wobei die Mehrheitsbeteiligung beim industriellen Partner liegen soll. Das Vergabeverfahren »für das IT-Projekt Herkules läuft zur Zeit« (Stand November 2005), wobei ein von Siemens angeführtes Konsortium favorisiert wird.

Für den Transport von Personal bei Auslandseinsätzen in Afghanistan etwa greift die Bundeswehr ebenso wie andere europäische NATO-Länder im Rahmen der Mission »Enduring Freedom« auf private, zumeist ukrainische Luftfahrtunternehmen zurück. Ansonsten beauftragt die Bundeswehr – und, soweit bekannt, auch die Bundesregierung – keine privaten Militärfirmen mit der Wahrnehmung von staatlichen Sicherheitsaufgaben. Die Soldaten sind jedoch bei ihren Einsätzen (vor allem auf dem Balkan und in Afghanistan, wo die größten deutschen Truppenkontingente stehen) auf die Zusammenarbeit mit Militärdienstleistern angewiesen, da die USA und Großbritannien ihre Aufgaben dort in erheblichem Ausmaß solchen Firmen übertragen haben. Dabei stoßen sie sogar auf ehemalige Soldaten der Bundeswehr, die bei privaten (zumeist angelsächsischen) Militärfirmen angeheuert haben. Aber sie können selbst auf Privatsoldaten einer deutschen Firma wie *Baltic Safety Network* bzw. *Delphos* aus Lübeck treffen, die unter anderem Luftsicherheitsassistenten für den Flughafen Priština im Kosovo oder Bodyguards für den Irak ausbildeten.

Insgesamt kann man sagen, dass die »starken Staaten« (vor allem die angelsächsischen Länder) die Auftragsvergabe und die damit verbundene Auslagerung von Kompetenzen auf private Militärfirmen nach außen hin mit der Absicht begründen, die eigenen Sicherheitsstandards zu erhöhen und Geld zu sparen; in erster Linie geht es ihnen jedoch darum, die militärischen Kapazitäten wieder zu erhöhen. Sie ersetzen die Soldaten, die Anfang der 90er Jahre mit der personellen Verkleinerung der Streitkräfte weggefallen sind, nach und nach durch Personal aus den privaten Militärfirmen oder greifen im Bedarfsfall auf deren Dienste zurück. Die USA haben die Reduktion von 2,1 auf 1,5 Millionen Soldaten inzwischen nicht nur kompensiert, sondern mit der Beschäftigung von knapp einer Million Privatsoldaten den Stand vor der Verkleinerung sogar überschritten.[15]

Die Interessen der Privatwirtschaft

Die Privatwirtschaft erkannte schon früh die Vorteile, nicht erst staatliche oder internationale Institutionen um Schutz ihres Eigentums und ihrer Aktivitäten angehen zu müssen, sondern ihn direkt bei Privaten anfordern zu können. So beauftragte der Diamanten-Multi De Beers bereits Anfang der 90er Jahre die private Militärfirma *Executive Outcomes*, verdeckte Operationen in Bezug auf Diamantenvorkommen im südlichen Afrika, vor allem in Botswana und Namibia, für sie durchzuführen.

Mittlerweile sind Wirtschaftsunternehmen zum zweitgrößten Auftraggeber von militärischen Dienstleistern aufgestiegen und engagieren die »neuen Söldner« für Aufgaben selbst in den entlegensten Teilen dieser Erde. Bei der Auswahl der geeignetsten Methoden und Mittel zur Verwirklichung ihrer ökonomischen und Sicherheitsinteressen ließ die Privatwirtschaft den privaten Militärfirmen zunächst weitgehend freie Hand. Gewaltanwendung und Missachtung humanitärer Prinzipien waren dabei jedoch so zahlreich und teilweise so eklatant, dass sie den Protest der Medien hervorriefen. Die Berichte von Menschenrechtsorganisationen wie Human Rights Watch oder Amnesty International, von Gewerkschaften, von der ILO (International Labour Organisation der UN) oder vom International Labor Rights Fund über die illegalen Praktiken der privaten Militärfirmen, die im Auftrag oder mit Billigung der Untenehmen handelten, füllten bald Regale. In ihnen waren zahllose Fälle von Ermordungen und Einschüchterungen, Vergewaltigungen und Verschleppungen, Freiheitsberaubung und Psychoterror aufgelistet. Die unausgesetzte Kritik an dieser Art der Zusammenarbeit von Wirtschaftsunternehmen und privaten Militärfirmen führte schließlich dazu, dass sich im Juli 2000 einige transnationale Konzerne aus aller Welt unter der Schirmherrschaft der Vereinten Nationen zur »Global Compact« zusammenfanden, um allgemeine Verhaltensregeln zu entwerfen.

Bisher konnte noch nicht festgestellt werden, dass mit dieser Absichtserklärung einiger Global Players eine Verbesserung im Verhalten der Wirtschaft allgemein eingetreten ist. Das mag auch daran liegen, dass von »Global Compact« das Problem des Verhältnisses zwischen Wirtschaftsunternehmen und Militärfirmen nicht konkret angegangen wurde. Ohne Sanktionsmaßnahmen für bestimmte Fälle vorzusehen, bleiben Selbstbeschränkungserklärungen in der Regel folgenlos. Hinzu kommt, dass die transnationalen Konzerne – anders als die Nichtregierungsorganisationen – keinerlei Bedenken haben, dass die Grenzen zwischen wirtschaftlichem, politischem, humanitärem und militärischem Handeln in ihrer Zusammenarbeit mit den privaten Militärfirmen verwischt werden könnten. Überlegungen dieser Art sind bisher wenigstens von ihren Vertretern nicht öffentlich geäußert worden. Nichtregierungsorganisationen, die untersuchen, ob die transnationalen Konzerne und andere wirtschaftliche Unternehmen die von den Vereinten Nationen im Jahr 2003 beschlossenen Normen für Menschen- und Arbeitsrechte[16] einhalten, kommen zu negativen, teilweise deprimierenden Ergebnissen.[17] Die Nichtregierungsorganisation Earthrights fordert daher: »Was wir brauchen, sind keine mündlichen Versicherungen von der Wirtschaft. Statt freiwilliger Selbstverpflichtungen sind Gesetze erforderlich, damit die Firmen ihre Handlungen im Bereich der Menschenrechte, der Arbeitsbedingungen und des Umweltschutzes öffentlich und transparent machen.«[18]

Mit Blick auf die Börsenindizes und die Anteilseigner kann es jedoch unter Umständen für die Firmen kontraproduktiv sein, die Gesichtspunkte Sicherheit und Risiko von unternehmerischen Aktivitäten zum Gegenstand öffentlicher Debatten zu machen. Denn bisher hat die Privatwirtschaft die von ihr selbst erhobene »Sicherheitssteuer«, die sich bis 2001 zwischen zwei und acht Prozent bewegte, nicht weiter publik gemacht. Auf diese Sätze belaufen sich die Ausgaben, die Unternehmen als Aufwendungen für Sicherheit in ihren laufenden Haushalten ausweisen. Die mit dem

»Krieg gegen den Terror« hinzugekommenen neuen Kosten für Sicherheit haben sich mittlerweile fast flächendeckend über die Firmen gelegt und die »Sicherheitssteuer« auf inzwischen drei bis 15 Prozent in die Höhe getrieben.[19] Konsumenten können etwa bei Flugreisen feststellen, dass sie manchmal für Flughafengebühren, Steuern etc. mehr bezahlen müssen als für den reinen Beförderungspreis. Vor allem der erste Wirtschaftssektor, das heißt die Agrar- und Rohstoffindustrie, weist überproportional hohe Aufwendungen für Sicherheit auf, wobei die Höhe je nach Risiko in den verschiedenen Weltregionen variiert. Dabei fällt auf, dass die Regionen mit der höchsten Risikorate statistisch gesehen auch die Regionen sind, in denen die höchsten Profite erzielt werden.[20] Die entstehenden Sicherheitskosten, die in einigen Sektoren sogar die Personalkosten übersteigen, werden jedoch nicht von den Wirtschaftsbetrieben allein getragen, sondern überwiegend umverteilt. Konzerne, die beispielsweise im Erdölgeschäft tätig sind, stellen einen Teil der Ausgaben den Ländern in Rechnung, die die Konzessionen vergeben. Ein anderer Teil geht zu Lasten des Steuerzahlers, da der Staat auf vielfältige Weise Sicherheitsleistungen für Unternehmen, die im Ausland tätig sind, direkt und indirekt mitfinanziert. Ein Großteil der Kosten wird vom Konsumenten getragen, weil die Unternehmen sie auf die Preise von Benzin und Heizöl abwälzen. Der Rest wird von den Unternehmen selbst übernommen und von der Steuer abgezogen.

Ein spezifisches Problem in der Zusammenarbeit von Wirtschaftsunternehmen und privaten Militärfirmen stellen die sogenannten Exportproduktionszonen (export processing zones, EPZ) oder »Maquiladora-Industrien« dar. Bei diesen sich rasch über den Globus ausbreitenden Produktionszonen handelt es sich um Industriegebiete, die quasi in exterritorialen Sicherheitsbereichen liegen. Die dort angesiedelten Produktionsstätten verarbeiten im Rahmen globaler dezentralisierter Produktionsnetze zollfrei importierte Halbwaren weiter und exportieren sie als Fertigprodukte in alle Welt. Im Jahr 2005 waren über 3000 Exportproduktionszonen über 116 Länder verteilt, in denen rund 50 Millionen Menschen beschäftigt waren. Ein Drittel davon lag in lateinamerikanischen Staaten. In diesen Sonderwirtschaftszonen lassen nicht nur mittelständische Unternehmen fertigen, sondern fast alle Weltkonzerne wie Nike oder Phillips, aber auch deutsche Unternehmen wie BMW oder Mercedes, Karstadt oder Tchibo.[21]

Der Staat, auf dessen Territorium diese EPZ liegen, bietet den dort produzierenden Unternehmen einen vollständig deregulierten Arbeitsmarkt, weitgehend kostenlose Infrastrukturen und enorme Steuerbefreiung. Innerhalb der lokal abgegrenzten »Industriegebiete« hat der jeweilige Staat alle Hoheitsbefugnisse an die Privatwirtschaft abgetreten; nur die äußere Sicherheit wird von ihm gewährleistet. Die staatlichen Sicherheitsorgane werden auf die Rolle von Wach- und Schließgesellschaften reduziert. Was im Inneren geschieht, wird fast ausschließlich von den dort produzierenden Firmen – in der Regel in Zusammenarbeit mit den privaten Militärfirmen – kontrolliert und diktiert. Unter den Bedingungen dieser »Willkürherrschaft« werden für die abhängig Beschäftigten alle Schutzrechte, wie sie normalerweise das Arbeits-, Straf- und Verfassungsrecht vorsieht, ausgehebelt. Die häufigsten Beschwerden beziehen sich auf nicht eingehaltene Arbeitsverträge, nicht ausbezahlte Löhne, gefährliche und gesundheitsschädigende Arbeitsbedingungen und -plätze, unbegründete Entlassungen, sexuelle Übergriffe bei Frauen. Die extrem niedrigen Löhne (zumeist unter 50 Cent pro Stunde) stellen mitunter die einzige Einkommensquelle für die Bevölkerung dar, die außerhalb der »privatwirtschaftlichen Hoheitszone« lebt. Dennoch kommt es immer wieder zu Konflikten mit den Unternehmen und ihren privaten Militärfirmen. »Wir mögen keine Gewerkschaften, und wir wollen sie auch nicht bei uns haben.« Diese Aussage des Generalmanagers von Vogue-Bekleidung kann als Leitsatz der Firmen in den Exportproduktionszonen gelten.[22] So verbietet beispielsweise die Firma Black & Decker ihren Arbeitern, sich in Gewerkschaften zu organisieren. Gegen den Einzelhandelsriesen Wal-Mart wurde von Arbeitern aus fünf Ländern vor dem kalifornischen Superior Court Anklage wegen nicht gezahlter Mindestlöhne und nicht eingehaltener Arbeitszeiten (Sieben-Tagebzw. 90-Stunden-Woche und 365 Tage Jahresarbeit) erhoben.[23] Und Disney-Kinderbücher werden von jungen chinesischen Arbeiterinnen für einen Wochenlohn von 25 Dollar in gesundheitsschädigender Umgebung hergestellt – in bis zu 14 Arbeitsstunden täglich, sieben Tage die Woche. »Blut, Schweiß und Tränen« kennzeichnen laut Berichten von verschiedenen Nichtregierungsorganisationen die unvorstellbaren Arbeits- und Lebensbedingungen.[24] Bei den »Maquiladora-Industrien« wird besonders deutlich, warum die Privatwirtschaft Aufträge an die privaten Militärfirmen vergibt. Mit deren Unterstützung können sie ihre ökonomischen Ziele verfolgen und notfalls gegen den Widerstand der Beschäftigten durchsetzen, ohne Kompromisse mit der Belegschaft eingehen zu müssen.

»Schwache Staaten« mit Sicherheitslücken

»Schwache« und »verfallende« Staaten beauftragen normalerweise private Militärfirmen, um ihre Sicherheitsmängel kompensieren und Lücken in ihren Sicherheitsapparaten schließen zu können. Mit Hinweis auf die Exportindustrie und das bei ihnen investierte ausländische Kapital werden sie dazu nicht selten von den reichen Ländern aufgefordert und gedrängt. Die Schwäche von und der Mangel an adäquaten Sicherheitsstrukturen geht in diesen Ländern, die überwiegend in der Dritten Welt liegen, weitgehend auf das koloniale Erbe und das des Kalten Kriegs zurück. Fehlende rechtsstaatliche Verfahren, Transparenz und Rechenschaftspflicht gegenüber der Öffentlichkeit haben zu Korruption, Übervorteilung schwacher Schichten, politischer Cliquenbildung, Rechtsunsicherheit etc. beigetragen und die Konfliktpotentiale kontinuierlich ansteigen lassen. In »Notsituationen«, das heißt, wenn die Konflikte in bewaffnete Auseinandersetzungen umzuschlagen drohen, wird die ganze Fragilität des Sicherheitsgebäudes sichtbar. Dann werden »starke Staaten« um schnelle Hilfe angegangen, werden private Militärfirmen gerufen, um das Problem aus der Welt zu schaffen. Zwar können mit ihrer Unterstützung manchmal Staatsstreiche verhindert, korrupte Regime im Amt gehalten, Blutvergießen größeren Ausmaßes vermieden werden, doch die Konflikte bleiben und schwelen unter der Oberfläche weiter, bevor sie erneut ausbrechen.

Der afrikanische Kontinent ist voll von Beispielen dieser Art. Von den unzähligen bewaffneten Auseinandersetzungen und den vielen in sie verwickelten privaten Militärfirmen seien nur ein paar genannt, und auch nur die, in denen solche Firmen direkt von den Regierungen der betreffenden Länder beauftragt wurden, um die eigenen Truppen auszubilden bzw. sie militärisch zu unterstützen: In Ruanda arbeitete *Ronco*, in Uganda *Defense Systems Ltd. (DSL)* und *Saracen*, in der Demokratischen Republik Kongo *Iris* und *Safenet*, in Liberia *MPRI*, in Angola *Omega, Stabilco* und *MPRI*, in Sierra Leone *Executive Outcomes, Sandline,*

PA & E und *ICI,* in Mosambik *Ronco,* und in Botswana, Lesotho, Äthiopien, Sambia, Namibia war wiederum *Executive Outcomes* tätig. Doch in keinem der Fälle ist es gelungen, mit militärischen Mitteln zu einer dauerhaften Friedens- und Konfliktlösung zu kommen. Im Gegenteil, wenn die »schwachen Staaten« zur Verfolgung von Eigeninteressen, die häufig nicht zu trennen sind von den Interessen der Rohstoffindustrie in den reichen Ländern, private Militärfirmen mangels eigener Sicherheitskräfte und -strukturen einsetzen, so machen sie sich dadurch noch schwächer. Und zwar auf dreifache Weise: Zum einen wird der Eindruck von Sicherheit erweckt, die aber nur von kurzfristiger Dauer ist. Zum anderen handelt es sich um eine militärische Sicherheit, die ungleich über die Gesellschaft verteilt ist und bestenfalls staatliche Institutionen – einschließlich politischer Führungsschichten – schützt. »Sicherheit für den Bürger ist auf dem afrikanischen Kontinent (südlich der Sahara) eine weitgehend unbekannte Größe.«[25] Zum Dritten werden die staatlichen Sicherheitsorgane ausgehöhlt, ihrer Legitimation beraubt und ihre Funktion auf ausländische Stellen übertragen (»importierter Neo-Kolonialismus«). Dadurch wird jeder zukünftigen internen Konfliktlösung der Boden entzogen, weil jegliche allgemein anerkannte staatliche Autorität fehlt, die als Mittler zwischen den Parteien auftreten könnte. In allen, selbst in den besten Fällen ist der Hauptleidtragende der bewaffneten Auseinandersetzungen die Zivilbevölkerung. Und nahezu immer werden humanitäre Gesichtspunkte bei der Konfliktlösung außer Acht gelassen, Menschenrechte mit Füßen getreten. Der Einsatz von privaten Militärfirmen dient nicht den Interessen »schwacher« oder »verfallender« Staaten, sondern Partikularinteressen innerhalb dieser Länder – handele es sich dabei um politische Eliten oder wirtschaftliche Pressuregroups, die aus der Kriegsökonomie ihren Nutzen ziehen.

Rebellengruppen und Befreiungsbewegungen

Die Interessen nichtstaatlicher Gewaltakteure – wie Rebellengruppen, Kriegsfürsten, Befreiungsbewegungen etc. – richten sich auf den Nachschub mit Waffen, auf weiterführendes militärisches Training, auf taktische Beratung und auf Unterstützung mit moderner Kriegstechnologie speziell im informationellen Bereich. Des »guten Rufs« wegen sind häufig nur kleinere Militärfirmen bereit, Aufträge von solchen Gruppierungen offiziell anzunehmen. Sollten jedoch mächtigere Interessen im Spiel sein, steigen auch große und angesehene Firmen in das Geschäft ein. Dabei kann es dann sogar dazu kommen, dass sich alle am Kampf beteiligten Parteien der Unterstützung der militärischen Dienstleister versichern. So versuchten in Zaire Privatsoldaten die Regierung Mobutu mit Zustimmung Frankreichs zu stützen, während private Militärfirmen und Rebellen mit Unterstützung der USA einen Umsturz herbeiführen wollten, was ihnen letztendlich gelang.[26] Es war der Anfang einer der blutigsten Kämpfe auf diesem Kontinent, der von einigen Kommentatoren als erster Weltkrieg Afrikas bezeichnet wurde.

In den Jahresberichten des Anti-Söldner-Beauftragten der Vereinten Nationen, Enrique Ballesteros, wird wiederholt hervorgehoben, dass auf dem deregulierten, offenen Weltmarkt die privaten Militärfirmen eine immer größere Rolle bei der Vermittlung von Waffenkäufen und Kriegsdienstleistungen spielen.[27] Bei diesen Aktivitäten treten sie meistens nicht selbst in Erscheinung, sondern vergeben die Aufträge an Subunternehmen, häufig sind es sogar ihre eigenen. Bei »besonders heiklen Missionen« werden sie von den Subunternehmern noch einmal auf kleinere Firmen verteilt, so dass am Ende nicht mehr auszumachen ist, wer beispielsweise für die Lieferung von Waffen an Guerillatruppen oder terroristische Netzwerke die Verantwortung trägt. Deshalb wird nur selten öffentlich, welche private Militärfirma von welcher Rebellengruppe oder welchem Warlord mit welchem Auftrag betraut wurde. So gehört es zu den Ausnahmen, wenn bekannt wurde, dass im angolanischen Bürgerkrieg die Rebellen der UNITA von *Executive Outcomes* unterstützt, die Rebellen im Kongo um ihren Chef Kabila von *Omega* beraten und mit Waffen versorgt wurden und die Aufständischen der Revolutionary United Front in Sierra Leone Waffen von israelischen Firmen erhielten.

Internationale Organisationen im Sicherheitsdilemma

Die Bedürfnisse und Interessen in der fünften Gruppe – internationale, regionale und humanitäre Organisationen – sind sehr unterschiedlich. Die Vereinten Nationen haben bis jetzt nur in Ausnahmefällen Aufträge an die militärische Dienstleistungsbranche vergeben. Es hat auch mit dem Ansehen und der Glaubwürdigkeit dieser Institution – die viele als Weltregierung ansehen möchten – zu tun, dass sie sich mit der Beschäftigung von privaten Militärfirmen extrem zurückhält. Nach jahrzehntelangem Ringen war es ihr gelungen, 1979 eine Konvention gegen »die Anwerbung, den Einsatz, die Finanzierung und die Ausbildung von Söldnern« zu verabschieden und 2001 in Kraft treten zu lassen. Sogar ein »Sonderberichterstatter für das Söldnerwesen« wurde eingesetzt, um die Einhaltung des Verbots zu überwachen und die Entwicklung auf den Kontinenten zu beobachten. Private Militärfirmen mit UNO-Aufgaben zu betreuen, hätte bedeutet, das moderne Söldnertum durch die Hintertür zu legitimieren: ein offensichtlicher Widerspruch.

Wenn die Vereinten Nationen dennoch vereinzelt als Auftraggeber in Erscheinung treten (wie bei den Friedensmissionen in Ost-Timor oder in Somalia), so hat dies mehrere Gründe. Die Kritik an ihren Friedensmissionen wird von politischer und öffentlicher Seite immer lauter, vor allem seit sich die IPOA als mächtige Lobbyorganisation der privaten Militärfirmen aggressiv in die Diskussion eingeschaltet hat. So wirft sie der UNO unter anderem Unfähigkeit bei der Durchführung von Friedensmissionen und Verschwendung von Geldern vor.[28] »Mit 750 Millionen Dollar können die privaten Militärfirmen dagegen alle Kriege in Afrika beenden«, erklärte Anfang 2003 IPOA-Präsident Doug Brooks.[29] Außerdem fließen die Mitgliedsbeiträge immer spärlicher, so dass die Vereinten Nationen kaum noch in der Lage sind, ihre ständigen Aufgaben zu erfüllen. In einer solchen Situation treffen die Angebote der privaten Militärfirmen auf offene Ohren, Friedensmissionen bis zu einem Zehntel der bisherigen Kosten durchzuführen. Besonders dann, wenn die internationale Presse gleichzeitig auflistet, in wie vielen Fällen die UNO mit ihren Missionen in den letzten Jahren versagt hat, wie viele Menschenleben hätten gerettet werden können, wenn die »Friedenstruppen« nicht von so schlechter Qualität und ineffizient gewesen wären. Bei einer kritischen Betrachtung könnten dem Mängelkatalog noch unzählige Punkte hinzugefügt werden. Was bisher jedoch fehlt, ist eine Fehleranalyse, die benennt, wie und warum es zu dieser Situation gekommen ist. Um eine positive Wende einleiten zu können, ist es nicht ausreichend, mit den privaten Militärfirmen eine Ad-hoc-Lösung zu präsentieren, selbst wenn eine militärische Intervention auf den ersten Blick in vielen Fällen zwingend und logisch erscheinen mag; denn dass sie keineswegs eine Erfolgsgarantie bedeuten, zeigen die Ereignisse in Somalia, Afghanistan und neuerlich im Irak. Die UNO steckt also in einem Dilemma: Einerseits wächst der Bedarf an Blauhelmeinsätzen (im Sudan, in Haiti, Burundi, Myanmar und anderswo), andererseits ist keiner der »starken Staaten« bereit, qualifiziertes Personal zu stellen und die Finanzierung zu übernehmen. In dieser Situation beschränkt sich die UNO darauf, ihre Unterorganisationen wie UNICEF, UNDP, das World Food Program oder den Hochkommissar für das Flüchtlingswesen in stark gefährdeten Gebieten von privaten Militärfirmen beraten und schützen zu lassen, etwa durch die britische *Defense Systems Ltd.* (*DSL*), die einer der »Hauptauftragnehmer der humanitären UN-Organisationen [ist], um deren Personal und Einrichtungen zu schützen«[30].

In einer ganz anderen Lage befinden sich transnationale Organisationen und Bündnisse wie die OAU oder die NATO. Im Allgemeinen haben sie weder legitimatorische noch finanzielle Schwierigkeiten, um Aufträge direkt oder über ihre Mitgliedsländer an private Militärfirmen zu vergeben – die OAU beispielsweise in West- und Zentralafrika, die NATO durch die USA und Großbritannien auf dem Balkan und in Afghanistan. Sie sehen keinen Grund, weshalb sie die Privatsoldaten nicht zumindest als Hilfstruppen in ihre Strategie einbinden sollten, obwohl die Übertragung von staatlichen Sicherheitskompetenzen auf private Gewaltakteure diese nicht nur legitimiert, sondern mit der Legitimierung privater Gewaltausübung auch die Grundlagen des staatlichen Gewaltmonopols angetastet werden.

Die meisten Nichtregierungsorganisationen beauftragen dagegen nur äußerst widerwillig private Militärfirmen oder lehnen ihren »Schutz« sogar strikt ab. Die Gründe dafür sind vielfältigster Natur. Das Internationale Komitee vom Roten Kreuz (IKRK) etwa hat Bedenken, weil dadurch die Grenzen zwischen humanitärem, politischem und militärischem Handeln verwischt werden.[31] In manchen Fällen werden die Nichtregierungsorganisationen jedoch gezwungen, die Dienste der Privaten in Anspruch zu nehmen, weil sie sonst – wie im Irak – nicht die Erlaubnis erhalten, in Konfliktgebieten zu operieren. In anderen Fällen nehmen sie – wie in Ruanda – die Militärdienstleister in Kauf, um ihre Arbeit fortsetzen zu können und das Land nicht verlassen zu müssen. Trotz ihrer kritischen Haltung werden zunehmend häufiger »neue Söldner«

von Hilfsorganisationen eingesetzt, nachdem in manchen Regionen bewaffneter Auseinandersetzungen mehr humanitäre Helfer als reguläre Soldaten getötet wurden.[32] Das Rote Kreuz arbeitete daher schon in Somalia unter bewaffnetem Schutz einer privaten Militärfirma ebenso wie im Kongo, in Afghanistan oder im Irak; Medico International ließ ihre Gebäude in Angola bewachen; *DSL* – eine Tochterfirma von *ArmorGroup* – hat zahlreiche humanitäre Organisationen in vielen Krisenländern bewaffnet begleitet. Angesehene Forschungs- und Politikberatungsinstitute wie das Centre for International Studies in Toronto oder das Londoner Overseas Development Institute empfehlen inzwischen den Nichtregierungsorganisationen, »die Privatisierung der Sicherheit für humanitäre Ziele« in Betracht zu ziehen.[33] Die IPOA hat diese Empfehlung dankbar aufgegriffen und wirbt in aller Welt für den Einsatz der privaten Militärfirmen. In einem Interview drückte es ihr Präsident Doug Brooks so aus: »Hunderttausende von unschuldigen Zivilisten sterben jedes Jahr in Kriegen, die gestoppt werden könnten, wenn der Westen zuverlässige Friedenstruppen einsetzen würde. Private Firmen sind dazu bereit, diesen Bedarf zu decken, und zwar transparenter, verantwortungsvoller und professioneller als UN-Truppen. Wer private Unternehmen und deren Mitarbeiter, die ihr Leben riskieren, um solche Kriege zu beenden und Zivilisten zu schützen, als Söldner bezeichnet, ist schlecht informiert und gefühllos.«[34] Da in die ablehnende Haltung der internationalen und humanitären Organisationen die ersten Breschen geschlagen sind und die Stimmen der Warner vereinzelter werden, erhofft sich die private militärische Dienstleistungsbranche wachsende Aufträge aus diesem Bereich.

Privatpersonen auf der Suche nach Sicherheit

Private Vereinigungen und zivile Einzelpersonen machen, gemessen am Umsatz, die kleinste Klientel für die privaten Militärfirmen aus, selbst wenn der Markt stärker expandiert. Die ungelösten sozialen Konflikte in den armen wie in vielen reichen Ländern führen zu einer zunehmenden Aufsplitterung der Gesellschaft, die sich auch territorial bemerkbar macht. Viele Gründe, und nicht nur finanzielle Engpässe, führen zu einer ungleichen Verteilung von staatlichen Sicherheitsleistungen. Die Folge sind Zonen mit unterschiedlicher Sicherheitsqualität, die in städtischen Ballungsgebieten häufiger sichtbar sind als in ländlichen Gegenden und die Reichtumsverteilung innerhalb der Gesellschaft widerspiegeln. Dabei können die Bereiche der Privatwirtschaft (Produktionsanlagen, Werksgelände) und die halböffentlichen Räume wie Flughäfen, Bahnhöfe oder Shopping Malls, die von Public-Private-Partnership-Unternehmen betrieben werden, den höchsten Sicherheitsstandard für sich verbuchen.[35]

Ein Klima diffuser Bedrohung hat vor allem seit den Anschlägen vom 11. September 2001 in den Ländern des Westens zugenommen, was bei vermögenden Gesellschaftsgruppen und Einzelpersonen zu einem verstärkten Bedürfnis nach Sicherheit und zu einer steigenden Nachfrage nach professionell angebotenem Schutz führt. Spezifische Risikoanalysen und bewaffneter Begleitschutz gehören inzwischen zum festen Bestandteil an Aufträgen, die bei den privaten Militärfirmen wie *ArmorGroup*, *Rubicon* oder *Steele Foundation* eingehen, um Personen in krisengeschüttelten Regionen zu begleiten oder Diplomatenkinder vor Entführungen zu bewahren. Und immer mehr Privatleute erbitten ihre Hilfe: Dann analysieren Beraterteams die Sicherheit im Wohnbereich und am Arbeitsplatz des Kunden, durchleuchten alle alltäglichen Abläufe (Post, Besucher, Zugangskotrolle zur Wohnung, Fahrzeuge) auf Risiken und entwickeln daraus Krisen- und Notfallpläne. Die private Militärfirma *Paladin Risk* gibt auf ihrer Internetseite ein Beispiel aus ihrer Praxis. »Ein Manager eines westeuropäischen Unternehmens hat in Osteuropa Geschäftsbeziehungen aufgebaut. Es wurden Schutzgelder von einer Mafia gefordert. Die Behörden wurden eingeschaltet. Der Manager und seine Familie wurden anschließend massiv bedroht. Die Polizei ›konnte nicht eingreifen, weil noch nichts passiert ist …‹. Das Übliche. – Der Manager hatte aber keine Wahl und musste seine Geschäfte fortsetzen. Er und seine Familie wurden von *Paladin* abgeschirmt und ›umgesiedelt‹, ein Umzug stand ohnehin an. *Paladin* hat dies aber so koordiniert, dass niemand mehr feststellen kann, wohin die Familie gezogen ist. Für die Familie wurde eine abgeschirmte, sehr sichere Umgebung geschaffen, in der sie heute ruhig leben kann. Die Erpressungen gegen die betreffende Person hörten auf.«

Globale Gewaltmärkte – Militärfirmen in Aktion: Drei Fallstudien

> *Travel the world, enjoy the adventure,*
> *meet interesting people, and kill them.*
> Soldiers of Fortune

Auf der internationalen Bühne haben sich die bewaffneten Konflikte verändert. Es sind primär nicht mehr Nationalstaaten, die gegeneinander Kriege führen, sondern die gewaltsamen Auseinandersetzungen haben sich auf eine andere, niedrigere Ebene verlagert. »Neue Kriege« oder »Low-intensity-conflicts« werden sie von Experten genannt.[1] Selbst die Kriege, die die reichen Staaten führen (wie in Afghanistan oder im Irak), haben eher den Charakter einer Polizei- oder Strafaktion als den eines »klassischen Kriegs«. Heutige Konflikte werden auf der einen Seite immer stärker entnationalisiert und auf der anderen Seite zunehmend internationalisiert. Im Zuge dieser Veränderung hat sich ein Markt für militärische Gewalt herausgebildet, der weltweite Dimensionen angenommen hat; die Anwendung von bewaffneter Gewalt ist zum globalen Business geworden. Transnationale Gewaltakteure, etwa terroristische Netzwerke, bestimmen zusammen mit privaten Gewaltakteuren wie Kriegsfürsten und Waffenhändlern in zunehmendem Maße die Austragung von lokalen, nationalen oder internationalen bewaffneten Auseinandersetzungen. In diesem Szenario spielen auch die privaten Militärfirmen eine immer größere Rolle. Anhand der Aktivitäten von drei solcher Unternehmen sollen einige Aspekte aufgezeigt werden, die dies verdeutlichen.

Military Professional Resources Inc. (MPRI)

Ihren ersten Inlandsauftrag bekam *MPRI* – die als Tochter von Lockheed Martin, dem größten Rüstungskonzern der Welt, beste Verbindungen zum Pentagon unterhält – 1996 vom amerikanischen Staat: Es war ein Pilotprojekt, das die Ausbildung von Reserveoffizieren in 15 Militärakademien vorsah. Nach erfolgreichem Probelauf hatte die Firma bald die Ausbildung in 200 Akademien übernommen. Heute ist das ROTC-Programm (Reserve Officer Training Corps) vollständig in der Hand von Privatfirmen. Neben Reserveoffizieren bildet *MPRI* die Civil Air Patrol (den zivilen Arm der US-Luftwaffe) aus, hält Kurse für Fortgeschrittene in Fort Sill, Fort Knox, Fort Lee ab und betreibt die Managementschule der US-Army in Fort Leavenworth. Zwar treten ihre Angestellten mit Erlaubnis der Armee in Uniform vor die Kadetten, doch die nächste Generation von amerikanischen Offizieren wird ihr Wissen und ihre Fähigkeiten ausschließlich von Privatlehrern der privaten Militärfirmen erworben haben.

Nachdem das Pentagon daran gegangen war, Ende der 90er Jahre auch im Ausland die Berufsoffiziere durch private Ausbilder und Berater zu ersetzen, bekam *MPRI* ihre ersten diesbezüglichen Aufträge außerhalb der Landesgrenzen. In Taiwan und Schweden referierte sie über die kriegstechnischen Lehren, die aus dem ersten Golfkrieg zu ziehen waren. In Nigeria schulte sie Truppen, die in Friedensmissionen eingesetzt werden sollten. Außer *MPRI* schwärmte mehr als ein Dutzend privater Militärfirmen – wie *Vinnell, Trojan Securities, Pistris, DynCorp, SOC-SMG, Olive Security, Meyer & Associates* – in alle Welt aus, um Armeen anderer Länder auf den neuesten Stand amerikanischer Kriegsführung zu bringen.

Das Ausbildungs- und Beratungsangebot der Militärfirmen besteht nicht nur aus Kasernendrill und theoretisch-organisatorischen Ausführungen. Sie zeigen befreundeten Militärs unter anderem, wie man mit Boden-Luft-Raketen oder panzerbrechenden Waffen umgeht, sie üben mit ihnen Nahkampftechniken und psychologische Kriegsführung ein, reorganisieren und modellieren die Streitkräfte um, lehren sie, neue Strategien zu entwickeln, und lassen sie an Simulatoren in Computerzentren aktuelle Kriegstechniken üben. Außerdem machen sie sie mit den neuesten US-Waffen vertraut, was in der Folge zumeist zu entsprechenden Aufträgen für die amerikanische Rüstungsindustrie führt. Dies war ein nicht unwesentlicher Aspekt, den der militärisch-industrielle Komplex beim Drängen auf Privatisierung im Auge gehabt hatte. Manche Experten wie Elke Krahmann sind sogar der Meinung, dass die Möglichkeit der Rüstungsindustrie, über die privaten Militärfirmen für ihre Produkte Marketing zu betreiben, der wichtigste Grund für das Outsourcing war.[2]

Obwohl der militärischen Dienstleistungsbranche mit dem »Krieg gegen den Terror« nahezu ein Vollbeschäftigungsprogramm offeriert wurde, drängte sie auf neue Betätigungsfelder. Die Firmen selbst begaben sich auf die Suche, um weitere Bedrohungsfelder für die amerikanischen Interessen auszumachen. Mit Hilfe von Lobbygruppierungen, die sich mal auf Erdölkonzerne oder andere Rohstoffindustrien, mal auf ausländische Regierungen oder auf dem Westen wohlgesonnene Rebellenbewegungen stützen konnten, begannen sie, Druck auf ihre Regierung auszuüben, damit in den von ihnen indizierten Ländern militärische Ausbildungs- und Beratungsprogramme implementiert werden würden. In den meisten Fällen (wie beim »Plan Colombia« oder bei den militärischen Hilfsprogrammen ACRI bzw. ACOTA) hatten sie Erfolg. Die US-Administration nahm diese »Anregungen« auf und sorgte durch Sonderprogramme und andere Haushaltstitel für die finanzielle Absicherung zu ihrer Realisierung.

MPRI ist außerdem ein Beispiel dafür, dass »militärische Ausbilder und Militärberater [...] heute das Kriegsgeschehen in gleichem wenn nicht höherem Maße als die kämpfenden Truppen selbst«[3] bestimmen. Bevor das Pentagon die Firma mit der Ausbildung amerikanischer Reserveoffiziere betraute, hatte sich *MPRI* bereits im Balkan-Krieg ihr weltweites »Ansehen« verschafft. Die Unabhängigkeitserklärung der jugoslawischen Teilrepubliken Slowenien, Kroatien und Bosnien hatte zum Ausbruch bewaffneter Auseinandersetzungen mit der Zentralregierung in Belgrad geführt. Nicht zuletzt wegen der anhaltenden Greueltaten, die von allen Seiten begangen wurden, verhängte die UNO 1991 ein Verbot weiterer Kriegshandlungen sowie ein Embargo über das gesamte ehemalige jugoslawische Staatsgebiet. Dieses untersagte nicht nur Waffenlieferungen an die beteiligten Kriegsfraktionen, sondern auch militärische Ausbildung und Beratung. Kroatien und Bosnien wandten sich um Hilfe an den Westen – vor allem an die USA. Obwohl beide Länder zu »Partnern des Friedens« seitens der NATO-Länder gemacht wurden, war eine direkte bzw. offizielle Einmischung zu ihren Gunsten nicht möglich, ohne die UN-Resolution zu verletzen. Mitte 1994 gab das amerikanische Außenministerium der kroatischen Regierung nach längeren Verhandlungen grünes Licht, mit einer privaten Militärfirma einen Vertrag abschließen zu können. Die Wahl fiel auf *MPRI;* das Auftragsvolumen betrug 75 Millionen Dollar. In wenigen Monaten formte die militärische Privatfirma aus Angehörigen der kroatischen Organisierten Kriminalität, paramilitärischen Gruppen, irregulären Milizen, Polizisten und einigen regulären Soldaten (die zuvor als »kroatische Armee« eine vernichtende Niederlage durch die serbischen Streitkräfte erlitten hatten) eine schlagkräftige Truppe. Eine militärische Führungsgruppe wurde aufgebaut und mit den neuesten Formen und Methoden westlicher Kriegsführung vertraut gemacht. Auf der Adria-Insel Brioni wurden im Juli 1995 in zehn Treffen zwischen der *MPRI*- und der kroatischen Armeeführung noch einmal die Details der geplanten Offensive gegen die serbischen Truppen in der Krajina durchgesprochen. Fünf Tage nach dem letzten Treffen begann am 3. August – während in Genf eine kroatische Regierungsdelegation mit den Serben aus der Krajina verhandelte – die »Operation Sturm«. In Blitzaktionen wurden die Kontrollsysteme auf serbischer Seite eliminiert, ihre Kommandozentrale außer Gefecht gesetzt und mit massiv eingesetzten Truppenverbänden die »Serbische Republik Krajina« innerhalb weniger Tage erobert. Noch zum Zeitpunkt der Kämpfe, am 4. August 1995, äußerte US-Außenminister Perry Verständnis für das kroatische Vorgehen, und der deutsche Außenminister Kinkel wies am selben Tag auf die Zugehörigkeit der Krajina zu Kroatien hin. Die Folgen des »Blitzsieges« waren verheerend: Zum ersten Mal wurden in großem Stil »ethnische Säuberungen« vorgenommen, ganze Dörfer bombardiert und in Brand gesetzt, Hunderte von Zivilisten wurden brutal ermordet, über 100 000 Menschen mussten flüchten.

MPRI bestritt zwar, direkt in die »Operation Sturm« personell verwickelt gewesen zu sein, doch alle Militärexperten waren sich darin einig, dass ohne die Mitwirkung und Unterstützung der privaten Militärfirma eine solche Operation »wie aus dem NATO-Handbuch« nicht hätte durchgeführt werden können.[4] Nur drei Monate später hatte sich Rest-Jugoslawien mit den Fakten abgefunden und unterzeichnete mit Kroatien und Bosnien das Friedensabkommen von Dayton. Bis zuletzt hatte der bosnische Präsident Izetbegovic seine Unterschrift von der Zusicherung abhängig gemacht, dass *MPRI* den Auftrag für den Aufbau seiner Landesarmee bekomme. Die schon in Kroatien so erfolgreiche Firma erhielt den Zuschlag mit einem Volumen von rund 400 Millionen Dollar. Die Summe für das »muselmanische Bruderland auf dem Balkan« wurde durch Vermittlung der USA von Saudi-Arabien, Kuwait, Brunei, den Vereinigten Arabischen Emiraten und Malaysia aufgebracht und beim amerikanischen Außenministerium zur jederzeitigen Verfügbarkeit durch die Militärfirma deponiert.[5] Das lukrative Engagement von *MPRI* auf dem Balkan ging nach

Bosnien mit Mazedonien weiter, erlitt aber 1999 einen Einbruch, als öffentlich bekannt wurde, dass sie die Aufständischen der UÇK (Befreiungsarmee Kosovo) unterstützte. Ihre Ausbildungs- und Beratungstätigkeit in Kroatien und Bosnien führt sie bis heute weiter.

In der Folge verlegte *MPRI* den Schwerpunkt ihrer Aktivitäten nach Afrika. In vielen, vor allem den rohstoff- und erdölreichen Ländern, zu denen die USA nur geringe oder gar keine offiziell ausgebauten Kontakte hatten – wie beispielsweise Äquatorialguinea (das »Kuwait Afrikas«) oder Angola –, engagierte sich die Firma militärisch nach dem von ihr auf dem Balkan erprobten Modell. Für die dortigen Regierungen entwarf sie neue Verteidigungspläne, baute den bewaffneten Küstenschutz auf, formte schlagkräftige Armeen und sichere »Palastwachen«, übernahm die Ausbildung und das Training der Polizeieinheiten. Im April 2000 beispielsweise begann sie mit einem Auftragsvolumen von sieben Millionen Dollar, die Armee von Nigeria »auf einen professionellen Standard zu bringen«.[6] Der gesamte Kontinent wurde ihr Ausbildungscamp; für 120 afrikanische Präsidenten, Regierungschefs und Parteiführer entwickelte sie Sicherheitskonzepte und führte die Trainingsprogramme durch. Im Rahmen des ACOTA-Programms hat sie die Armeen von Benin, Äthiopien, Ghana, Kenia, Mali, Malawi und des Senegal ausgebildet. In Südafrika arbeitet sie eng mit dem Verteidigungsministerium zusammen. Die Firma stieg auch in den »Plan Colombia« ein; sie war es sogar, die die Bedarfsstrukturen analysierte sowie die Sicherheits- und Militäraspekte des Programms erarbeitete. In Taiwan bildet sie das Militär aus; in Südkorea unterstützt sie die dort stationierten US-Truppen; in Indonesien trainiert sie die Marine und entwirft mit Hilfe von Simulationsprogrammen am Computer »maritime Sicherheitsstrategien«.[7]

Mit dem Krieg der USA in Afghanistan und im Irak hat sich ein Großteil ihres Engagements in diese Gegend verlagert. In Afghanistan entwickelt *MPRI* unter anderem den nationalen Sicherheitsplan und unterbreitet Vorschläge, wie das zukünftige Verteidigungssystem des Landes aussehen soll. In Kuwait lehrte sie die US-Soldaten, wie man im Irak am sichersten Konvois auf Versorgungsrouten fährt oder wie man sich am besten gegen Hinterhalte, Landminen, Straßenbomben, Sprengstoffanschläge oder von Aufständischen provozierte Verkehrsunfälle schützt. Die Provisorische Regierung der Koalitionsmächte (CPA) wurde von ihr im Auftrag des Pentagons technisch und personell unterstützt. Außerdem hat sie sich beim Aufbau der neuen irakischen Armee und deren Ausbildung sowie beim Aufstellen von neuen irakischen Polizeitruppen engagiert. Das Auftragsvolumen für diese Arbeiten beläuft sich auf mehrere Milliarden Dollar.

Nach Ansicht von Vorständen anderer privater Militärfirmen – und sarkastisch stimmen kritische Beobachter aus amerikanischen Nichtregierungsorganisationen dieser Auffassung zu – hat *MPRI* die beste Arbeit mit der Abfassung des »Field Manual 100-21« geleistet. Von der für Ausbildung und Satzungsfragen zuständigen Kommandoabteilung der US-Armee (TRADOC) mit Sitz in Fort Monroe, Virginia, hatte sie den Auftrag erhalten, Richtlinien für die Verträge zwischen dem amerikanischen Staat und den privaten Militärfirmen zu entwerfen.[8] Herausgekommen ist ein Verfahrenskatalog für Regierungsstellen, wie beim Engagement von und bei Auftragsvergabe an private Militärfirmen »als zusätzliche Ressource zur Unterstützung der vollen Handlungsfähigkeit [der US-Streitkräfte] bei militärischen Operationen« vorzugehen ist. Das Werk fand die Zustimmung des Pentagons und wurde am 3. Januar 2003 regierungsamtlich veröffentlicht – kurz bevor die USA mit ihren Verbündeten in den Irak einmarschierten. Seitdem bekommen die militärischen Dienstleister ihre Aufträge und ihre Entlohnung entlang der Regeln, die *MPRI* ausgearbeitet hat.

Kellog, Brown & Root (KBR)

Neben Ausrüstung und Personal stellen Logistik, Versorgung und Wartung den größten Ausgabenposten beim Unterhalt der Streitkräfte dar. Es sind Milliardenbeträge, die hier laufend zu Buche schlagen. Die Auslagerung dieses Bereichs auf die private Militärbranche hat dieser mehrstellige Millionengewinne beschert.

Einer der Marktführer auf diesem Gebiet ist *Kellog, Brown & Root (KBR)*, eine Tochterfirma von Halliburton, die nach eigenen Angaben im Jahr 2005 über 60 000 Mitarbeiter in 43 Ländern beschäftigte. In den letzten Jahren hat das Unternehmen Milliardenaufträge aus dem Pentagon erhalten. Beispielsweise weist die Firma im Rechnungsjahr 2003 Einnahmen für Dienstleistungen in Afghanistan und im Irak-Krieg von 3,9 Milliarden Dollar aus. Für 2005 ist ein Vertrag über Versorgung, Ausstattung und Wartung im Irak in Höhe von 13 Milliarden ausgewiesen. Eine Summe, die zu laufenden Preisen gerechnet ungefähr zweieinhalbmal so hoch ist, wie der erste Golfkrieg gekostet hat, und die dem entspricht, was die USA für alle ihre Kriege von der Unabhängigkeit bis zum Ersten Weltkrieg ausgegeben haben. Dazu kommt, dass auch die englische Regierung ihre gesamte Logistik im Irak *KBR* übertragen hat.

Ähnlich wie bei *MPRI* begann der Aufstieg von *KBR* als eine auf Logistik spezialisierte private Militärfirma mit den Kriegen auf dem Balkan. Den ersten Auftrag über 6,3 Millionen Dollar bekam die Firma 1994 für die nicht näher spezifizierte »Versorgung« des Luftwaffenstützpunktes im italienischen Aviano, von dem aus die Überwachungsflüge in Jugoslawien gestartet wurden.[9] Ein Jahr später wurden 20 000 US-Soldaten im Rahmen der von der NATO geführten IFOR-Truppen zur Friedenssicherung auf den Balkan verlegt. Die Logistik wurde *KBR* übertragen, die dafür über 546 Millionen Dollar erhielt – die bis dahin höchste Summe in der Geschichte der Branche. Anschlussverträge in Millionenhöhe folgten in den Jahren bis 1999 für Dienstleistungen in Kroatien und Bosnien.

Einen weiteren Qualitätssprung verzeichnete die Firma mit dem Ausbruch des Kosovo-Krieges im März 1999. Auf die enormen Flüchtlingsströme der albanischen Kosowaren Richtung Mazedonien und Albanien waren weder die humanitären Hilfsorganisationen wie das Rote Kreuz noch die NATO eingestellt. Der logistische Aspekt des Problems wurde von Seiten der Vereinigten Staaten *KBR* übertragen. Die Militärfirma erhielt einen Fünfjahresvertrag mit einem Volumen von knapp einer Milliarde Dollar (180 Millionen per annum), die wegen »unvorhersehbarer Ereignisse« aber schon nach einem Jahr verbraucht war. Die Gelder wurden aufgestockt, denn schnell wurde klar, dass der gesamte Kosovo-Krieg mit seinen humanitären Aktionen und die ab Juni 1999 anlaufende Friedenssicherung von Seiten der USA vollkommen von einer privaten Militärfirma abhängig war: Ohne ihre Hilfe konnten keine Angriffe auf militärische und zivile Ziele geflogen, keine KFOR-Truppen in der Krisenregion stationiert, keine Zeltlager für die Flüchtlinge aufgebaut und versorgt werden. Allein die amerikanischen Soldaten belieferte *KBR* mit über einer Milliarde warmer Mahlzeiten, über 200 Milliarden Liter Wasser, über einer Milliarde Liter Benzin und entsorgte knapp 90 000 Kubikmeter Müll. Die Dienstleistungen umfassten das Bau-, Transport- und Ingenieurwesen, die Wartung von Gebäuden und Ausrüstung, den Straßenbau, die Elektrizitäts-, Wasser-, Benzin- und Lebensmittelversorgung, die Kleiderreinigung und Postzustellung. In fast allen Bereichen war die US-Armee zu 100 Prozent auf die Dienstleistungen der texanischen Firma angewiesen.[10] Ohne *KBR* konnten die Soldaten weder essen noch schlafen, hatten sie weder Kraftfahrzeuge noch Benzin, waren sie ohne Waffen und Munition. Es ist daher keine Übertreibung zu sagen, dass die gesamte Mission der USA im Kosovo und ihr Gelingen von den Fähigkeiten und Kapazitäten einer privaten Militärfirma abhing. Aber nicht nur das Gelingen war von *KBR* abhängig, sondern auch die Verteilung der Hilfeleistung. Die Firma gestaltete die Lebensumstände der Flüchtlinge je nachdem, wer die Firma bezahlte: So erhielten manche Flüchtlinge Fünf-Sterne-Zeltlager, weil das Geld von den Ölscheichs kam, andere mussten sich mit kargen Zelten zufrieden geben, weil die Hilfsgelder aus ärmeren Ländern stammten.[11]

Ihr »Meisterstück« im Rahmen der Kosovo-Mission hat *KBR* nach Meinung vieler Beobachter mit der Errichtung von Camp Bondsteel geliefert. Es ist weniger ein Militärcamp als eine Kleinstadt, die von Bergen umgeben auf hügeligem Land in der Nähe des Örtchens Ferizaj im südöstlichen Kosovo liegt. 360 000 Quadratmeter umfasst das Gelände, und man muss knapp elf Kilometer zurücklegen, um diese Stadt einmal zu umrunden und um alle neun hölzernen Wachtürme gesehen zu haben. Geteilt ist die Stadt in »North Town« und »South Town«, weil mitten durch das Lager die AMBO-Pipeline (Albanien-Mazedonien-Bulgarien-Oil) verläuft. Diese wird von einem amerikanischen Konsortium betrieben, das seit 1994 die US-Regierung auf die Realisierung des Projekts drängte und am 27. Dezember 2004 in Sofia die erfolgreiche Inbetriebnahme proklamierte. 250 holzverschalte Wohnhäuser im südostasiatischen Stil (mit umlaufender Terrasse und jeweils sechs geräumigen Zimmern samt Dusche) stehen in der Stadt, die von breiten gepflasterten Straßen durchzogen wird. Zwei ausgezeichnete Restaurants mit großer Auswahl stehen den dort stationierten Soldaten neben einem Burger King, Anthony's Pizza und einer Cappuccinobar zur Verfügung. Außerdem gibt es einen 24-Stunden-Service für kalte Platten und Getränke. Zwei Einkaufszentren bieten von Lebensmitteln über die neuesten DVDs und Kleidungsstücke bis zu Souvenirs alles, was den Aufenthalt angenehm gestalten kann. Für Freizeit und Erholung gibt es eine Volleyball- und Basketballhalle sowie ein ausgedehntes Fitness-Center; man kann Billard, Bowling, Tischtennis oder unzählige Video-Games spielen. Computerräume mit Internet-Anschlüssen und Fernsehzimmer mit Filmbibliotheken sind ebenso vorhanden wie ein Saal für Video-Telekonferenzen. Wie alles in Bondsteel in zweifacher Ausführung existiert, stehen auch zwei Kirchen auf dem Gelände: eine für die »North Town«, eine für die »South Town«. Einzig das Gefängnis, das Krankenhaus und das Laura Bush Education Center (benannt nach der Ehefrau von US-Präsident George W. Bush), in dem man unter anderem Sprachkurse in Albanisch, Serbisch oder Deutsch absolvieren kann, sind nur ein Mal vorhanden. Was es in Camp Bondsteel nicht gibt, sind Spirituosen; alkoholfreies Bier ist aber erlaubt.[12]

Die Erfolgsgeschichte von *KBR* ist allerdings getrübt, weil die Firma schon mehrfach in die Schlagzeilen geraten ist: wegen Bilanzmanipulationen, undurchsichtiger Verträge (Vizepräsident Cheney soll seiner ehemaligen Firma an öffentlichen Ausschreibungen vorbei Aufträge besorgt und Millionen kassiert haben), überhöhter Rechnungen an das Pentagon, einkassierter Gelder trotz nicht erbrachter Leistungen. Der Direktor des angesehenen World Policy Institute, William D. Hartung, ist der Meinung, dass *KBR* mit ihrem Mutterkonzern Halliburton der größte Profiteur des »Kriegs gegen den Terror« ist und die Klientelwirtschaft mit *KBR* seit 2001 nie gekannte Ausmaße angenommen hat. Eine Analyse des Geschäftsgebarens hat er Anfang 2004 in einem Buch mit dem provokanten Titel *»Wie viel verdienst Du am Krieg, Papa?« Ein schneller und schmutziger Leitfaden des Kriegsgewinnlertums in der Bush-Administration* vorgelegt. Viele amerikanische Medien sind inzwischen der Meinung, dass der »Filz« und eine seltsame Auffassung vom Preis-Leistungs-Verhältnis zum Markenzeichen der militärischen Dienstleistungsfirma *KBR* geworden sind. Belegt sind solche Anschuldigungen durch hochrangige Zeugen aus der Armee selbst: Bunnatine Greenhouse etwa war der ranghöchste Offizier für Rechungsprüfung des »Corps of Engineers« der US-Armee (vergleichbar mit dem Wehrbeschaffungsamt der Bundeswehr) und zuständig für die Überprüfung der Pentagon-Verträge mit privaten Militärfirmen, bevor sie die Machenschaften von *KBR* bekannt machte und entlassen wurde. Eine andere

Zeugin kommt mit Marie de Young aus der Firma selbst. Die Logistik-Spezialistin wurde nach Kuwait entsandt, wo sich das Hauptquartier von *KBR* für den Irak befand, um interne Buch- und Vertragsprüfungen vorzunehmen. Aufgrund ihrer Untersuchungen wurden nicht nur überhöhte Rechnungen an das Pentagon entdeckt, sondern auch, dass *KBR*-Manager ihren Subunternehmern Bestechungsgelder in Millionenhöhe abverlangten, die dann auf Schweizer Nummernkonten deponiert wurden; die Firma 73 Millionen Dollar pro Jahr für Zimmerkosten in den luxuriösesten Hotels von Kuwait für ihre leitenden Angestellten abrechnete; *KBR* Dutzende der teuersten Limousinen – darunter BMW und Mercedes – importierte, um »Inspektionsfahrten« durch den Irak zu unternehmen, aber keine sieben Dollar teuren Luftfilter für die Transportlastwagen anschaffte, die dann in der irakischen Wüste unbrauchbar liegen blieben. Diese und andere Zeugen bildeten die Grundlage der Untersuchungen, die der demokratische Abgeordnete Henry A. Waxman durchführte, der Öffentlichkeit bekannt machte und die dann durch die Medien in aller Welt gingen.[13]

Executive Outcomes (EO)

Executive Outcomes war in mehrfacher Hinsicht ein Pionier und Trendsetter für die militärische Dienstleistungsbranche. Zum einen war sie eine der ersten Militärfirmen überhaupt: Sie wurde 1990 in Südafrika gegründet und zwei Jahre später offiziell in Johannesburg und London registriert. Zum anderen war *EO* eine Neuerung, weil um sie herum ein Firmenimperium konstruiert wurde. Zum Dritten war *EO* eine zwar kleine, aber komplette autonome Privatarmee. Sie war komplett, da sie von den kämpfenden Einheiten und dem militärisch-strategischen Know-how (Ausbildung und Beratung) bis zur Logistik die gesamte Kette militärischer Leistungen abbildete. Und sie war autonom, weil sie über eigene Waffen, ein eigenes Aufklärungssystem, einen eigenen Spionagedienst, eigene Nachschubbasen und ein eigenes Transportsystem verfügte. Ihr Stammpersonal bestand aus 2000 hoch spezialisierten Soldaten (Infanterie, Artillerie, Luftwaffe), die im Schnitt einen Sold von 3000 Dollar (Piloten bis zu 7500 Dollar) erhielten. Zum »Fuhrpark« gehörten Schützenpanzer BMP 2 und amphibische Transportpanzer vom Typ BTR 60. Die unternehmenseigene Luftwaffe bestand aus sieben Kampfhubschraubern sowie acht Flugzeugen der Typen MiG 23 (Allwetter-Abfangjäger), MiG 27 (Jagdbomber) und SU 25 (Kampfflugzeug gegen Bodenziele, Luftunterstützungsflugzeuge), die zumeist aus den Beständen der ehemaligen Sowjetarmee stammten. Innerhalb des Firmenimperiums von *Executive Outcomes* war *AES* für Spionageabwehr, *Saracen* für den Waffenhandel zuständig; *El Vikingo* kümmerte sich um die Informationssysteme und *ASC* um Telefon-, Radio und Satellitenkommunikation. *Ibis Air* und *Capricorn Air* waren die beiden Luftlinien der Firmengruppe und führten Truppentransporte und Aufklärungsflüge durch.[14]

Wer *Executive Outcomes* anheuerte, bekam eine äußerst erfahrene moderne Kleinarmee geliefert, die billig und effizient war. Schon nach ihren ersten Einsätzen im südlichen Afrika – Namibia und Angola – verbreitete sich der Ruf, dass die Nationalarmeen in den Ländern der Dritten Welt gegen diese mit modernsten Waffen und Hightech ausgerüstete private Militärfirma nicht den Hauch einer Chance hätten. Weitere erfolgreiche Interventionen in Mosambik, Malawi und Sambia bestätigten, dass die Gegner von *EO* es nicht mehr mit einer Söldnertruppe alten Stils zu tun hatten. Im Laufe seiner fast zehnjährigen offiziellen Existenz war die Firma an fast allen Konflikten beteiligt, die auf dem afrikanischen Kontinent ausgetragen wurden: von Botswana im Süden über Madagaskar, Zaire, Kenia, Uganda, Kongo, Sierra Leone bis nach Algerien im Norden.

Lange Zeit haben die Analysten – und zum Teil tun sie es noch heute – die Erfolge der südafrikanisch-englischen Firma allein ihrer militärischen Effizienz und Durchschlagskraft zugeschrieben. Ebenso wichtig, wenn nicht wichtiger waren jedoch die wirtschaftlichen Interessen, die sich um *Executive Outcomes* gruppierten. Zum einen war es die Mineralien-, zum anderen die Energieindustrie, auf die das Augenmerk der Eigentümer von *EO* (die Südafrikaner Eben Barlow und Nick van der Bergh, die Engländer Anthony Buckingham und Simon Mann) gerichtet war. Um die beiden dominierenden Bereiche »Diamanten« und »Erdöl« wurden verschachtelte Firmengebäude errichtet. Den verschiedenen Stufen im Produktionsprozess – vom Abbau der Bodenschätze bis zum Handel mit den Rohstoffen – wurden einzelne Firmen zugeordnet. Für den Bereich der Mineralien waren die Firmen der Branch Group, für Energie die der Heritage Group zuständig.

Firmenimperium von Executive Outcomes (EO)

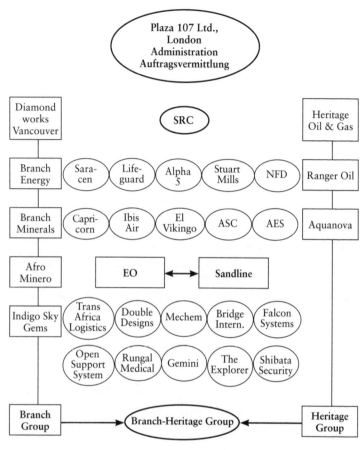

Diamond works Vancouver – Diamantenhandel
Branch Energy – Diamantenabbau
Branch Minerals – Mineralienabbau
Afro Minero – Diamantenabbau in Angola
Indigo Sky Gems – Diamantenhandel
SRC (Strategic Resources Corporation) – Dachholding
Saracen – Waffenhandel
Lifeguard – Anlagenbewachung
Alpha 5 – Sicherheitsdienste
Stuart Mills – Sicherheitsdienste / Minenräumung
NFD – Anlagenbewachung, Erdöl
Capricorn – Lufttransporte
Ibis Air – Luftlinie
El Vikingo – Informationssysteme, Kommunikationsdienste, Kryptographie
ASC (Advanced System Communication) – Telefon-, Radio- und Satellitensysteme
AES (Applied Elctronic Services) – Spionageabwehrtechnik
Trans Africa Logistics – Zollorganisation, Import und Export
Double Designs – Ingenieurwesen
Mechem – Minenräumung
Bridge International – Infrastruktur, Logistik
Falcon Systems – Unterstützungsleistungen für NROs

Open Support System – Investitionen und Anlageberatung
Rungal Medical – Medizinische Assistenz/Feldlazarette
Gemini – Werbeagentur/Werbefilme
The Explorer – Tourismus
Shibata Security – Sicherheit für UN-Dienste

Heritage Oil & Gas – Erkundung von Öl- und Gasreserven/Förderung
Ranger Oil – Ölförderung
Aquanova – Geophysikalische hydrogeologische Gutachten/Wasserbohrungen

Die Klammer um die beiden Firmengruppen bildete die Branch-Heritage Group (BHg) mit juristischem Sitz auf den Bahamas. Für den gesamten militärischen und sicherheitstechnischen Bereich, in dessen Zentrum *Executive Outcomes* stand, wurde mit der Strategic Resources Corporation (SRC) eine Dachholding gebildet, die ebenfalls auf den Bahamas beheimatet war. Administrativ gemanagt und geleitet wurde der gesamte Firmenkomplex (das heißt sowohl der ökonomische als auch der militärische Teil) von der Firma Plaza 107 Ltd., benannt nach der im Plaza-Gebäude gemieteten Büroetage 1.07 an der Kings Road 535 im Londoner Nobelstadtteil Chelsea.

Betrachtet man die Fülle der Interventionen von *Executive Outcomes,* so ist noch heute kaum auszumachen, ob der wirtschaftliche oder der militärische Aspekt die treibende Kraft hinter ihren Aktivitäten war. Einige Beobachter sehen in der »Gier« nach Diamanten, Gold und Erdöl das Leitmotiv, andere schreiben das Handeln von *EO* in erster Linie ihrer »Söldnermentalität« zu, die sich dann mit Bodenschätzen vergüten ließ. Die Frage ist deshalb schwer zu klären, weil es keine Dokumente gibt, ob zum Beispiel die Konzessionen für Erdöl oder die Abbaugenehmigungen für Diamanten an die Firmen der Branch-Heritage Group vergeben wurden, bevor Konflikte in den jeweiligen Rohstoffländern ausbrachen bzw. eine bestimmte Intensität erreichten, oder ob sie nach Eingreifen von *EO* in die Konflikte quasi als Bezahlung für die Dienste der privaten Militärfirma vorgenommen wurden. Die Eigentümer Barlow und Buckingham haben sich zumindest nie dazu erklärend geäußert. Was Ursache und was Wirkung war, ist in diesem Zusammenhang nicht entscheidend, weil das Ergebnis faktisch das gleiche blieb. Das heißt, ob Konzessionen verteilt wurden, weil *EO* intervenierte, oder Genehmigungen gegeben wurden, damit *EO* intervenierte, machte für Betroffene wie Nutznießer letztlich keinen grundlegenden Unterschied. Dies vor allem, weil die einzelnen Fälle in der Realität sehr viel komplexer lagen. Zwar bezahlten viele das Eingreifen von *Executive Outcomes* direkt oder indirekt mit ihren Rohstoffen,[15] doch zumeist erst dann, nachdem sich die Machthaber dieser Staaten ihren Anteil an der Ausbeutung der Bodenschätze über Anteilsscheine bei Firmen der SRC oder der BHg abgesichert hatten. Nur zwei Beispiele: Der frühere Präsident Kenias, Moi, und seine Familie waren mehrfach mit *EO* verbunden, unter anderem als Teilhaber bei der Firma *Ibis Air (SRC);* in Uganda war der Halbbruder des früheren Präsidenten, General Saleh, zu 45 Prozent an *Saracen Uganda* und zu 25 Prozent an *Branch Energy Uganda* (beides Firmen von SRC bzw. BHg) beteiligt und profitierte damit direkt an der Ausbeutung der Goldvorkommen seines Landes durch diese Firmen; wobei *Branch Energy* der Goldabbau und *Saracen* die Sicherung der Goldminen oblag.

Das Ende von *Executive Outcomes* kündigte sich an, als Südafrika auf Vorschlag von Präsident Nelson Mandela 1999 ein restriktiv gefasstes Anti-Söldner-Gesetz verabschiedete, das in verschiedenster Hinsicht auch die diversen Aktivitäten von *EO* betraf. Um einer strafrechtlichen Verfolgung zuvorzukommen, löste sich *EO* nur kurze Zeit später offiziell auf. Einige Tätigkeitsfelder übernahm die Militärfirma *Sandline* von Tim Spicer, die zur selben Eigentümergruppe gehörte, andere wurden vorhandenen Firmen von SRC übertragen, weitere wurden unter neuem Firmennamen angeboten. In den letzten Jahren ist das gesamte Firmen-, Konzern- und Holdinggebäude – einerseits dem Trend der militärischen Dienstleistungsbranche und andererseits der öffentlichen Kritik hinsichtlich der engen Verzahnung von wirtschaftlicher und militärischer Macht folgend – grundlegend organisatorisch wie finanziell umgebaut worden. An den dahinterstehenden Interessen der inzwischen weit verzweigten Eigentümergruppe hat sich aber nichts Grundlegendes verändert. Nach Recherchen von ICIJ handelt es sich bei den Eigentümern um einen Querschnitt durch die einflussreichen Schichten der Londoner City wie Banker, Börsenmakler, Geheimdienstler, Elitemilitärs, Verleger, Versicherungsmanager.[16] Unter ihnen befindet sich der Bestsellerautor Frederick Forsyth, der mit seinem Söldnerroman *Die Hunde des Krieges* und mit dem Buch *Der Schakal* berühmt wurde.

Globalisierung und »neue Kriege«

Geschichte der privaten Kriegswirtschaft – Ein Abriss

*Der Mensch ist unfähig, Wahrheiten zu erkennen,
wo er gegenteilige Programmierungen hat.*
Konrad Lorenz

Das Söldnertum ist so alt wie die Zivilisation selbst. Seine Geschichte zu schreiben, hieße, Bibliotheken zu füllen. Seit vor etwa sechs- bis achttausend Jahren sesshaft gewordene, Ackerbau und Viehzucht treibende Gesellschaften zur Verteidigung ihrer Interessen Kriege führten, haben sie Fremde angeheuert, damit sie gegen Belohnung mit ihnen oder für sie die Waffen gegen den Feind richteten. Jede Epoche danach kannte Söldner in dieser oder jener Form, deren Dienste Herrscher jeglicher Couleur für sich nutzbar zu machen versuchten.

Im Verlauf der Jahrtausende hat es gewaltige Unterschiede im Söldnerwesen gegeben, nicht nur im Aussehen oder in der Bewaffnung, sondern auch im Charakter und in der Funktion. Der ständige Bedeutungswandel der Söldner war äußerlich gut am Image abzulesen, das ihnen jeweils anhaftete. Mal waren sie geächtet (wie in der heutigen Zeit), mal galten sie als effizient, tapfer, verlässlich und billiger als die eigenen Soldaten. Obwohl die »neuen Söldner« der Gegenwart, die Angestellten der privaten Militärfirmen, mit ihren Vorläufern nur noch bedingt vergleichbar sind, können Beispiele aus der Historie doch hilfreich sein, um den Blick für die Entstehungsbedingungen des Söldnertums zu schärfen und um negative wie positive Folgen besser zu verstehen, die mit der Privatisierung von innerer und äußerer Sicherheit einhergehen.

Biblische Banditen und griechische Hopliten

Lange bevor die jüdische oder griechische Geschichtsschreibung Einzelheiten über das Söldnerwesen festhielt, hatten Fußtruppen, Bogenschützen und Streitwagenfahrer schon für fremde Herren gearbeitet, ob in den Reichen des Zweistromlandes zwischen Euphrat und Tigris, in China oder im Ägypten der Pharaonen. Die im Alten Testament bei Samuel ausführlich erzählte Geschichte von David (um 1000 v. Chr.) ist wohl das erste überlieferte Zeugnis eines Mannes aus niederem Stand, der zum Höfling aufstieg, nachdem er den Philister Goliath getötet hatte, dann bei König Saul in Ungnade fiel und floh, eine »Söldnertruppe« aufbaute, mit der er raubend und plündernd durchs Land zog; zu militärischem Ansehen gekommen, ging er zum Gegner über, bei dessen König Achis er mit seinen Mannen die Leibwache stellte, um sich schließlich selbst zum König von Israel aufzuschwingen, indem er die Reste der alten israelischen Königsfamilie beseitigen ließ. Biographien dieser Art waren damals nichts Außergewöhnliches, und es geschah nicht selten, dass die an die Macht gelangten Söldnerführer als von Gott – oder den jeweiligen Göttern – Auserwählte vom Volk gepriesen wurden.

Die Motive der Söldner waren damals – wie auch später – nicht in erster Linie Abenteurertum und Aussicht auf große Schätze, sondern die Sorge ums nackte Überleben. »Und es sammelten sich bei ihm [David] allerlei Männer, die in Not und Schulden und verbitterten Herzens waren, und er wurde ihr Oberster; und es waren bei ihm etwa vierhundert Mann« (Sam. 1,22). Ihre Bezahlung erfolgte in Naturalien, manchmal in Gold und Silber, häufig jedoch durch Aufteilung dessen, was beim Feind erbeutet worden war. »Und sooft David in das Land einfiel, ließ er weder Mann noch Frau leben und nahm mit Schafe, Rinder, Esel, Kamele und Kleider und kehrte wieder zurück« (Sam. 1,27). Über das, was jeder von der Beute beanspruchen konnte, gab es häufig Streitigkeiten, die zumeist vom Anführer – sofern er genügend Autorität besaß – geregelt wurden. »Wie der Anteil derjenigen, die in den Kampf gezogen sind, so soll auch der Anteil derjenigen sein, die beim Tross geblieben sind; jeder soll den gleichen Anteil haben. Und so blieb es weiterhin von diesem Tag an; und er [David] machte es zu Satzung und Recht für Israel bis auf diesen Tag« (Sam. 1,30).

Ob – wie der berühmte griechische Historiker Herodot zu berichten weiß – die Lyder, ein Volk im westlichen Teil der heutigen Türkei, um 560 v. Chr. das Geld erfunden haben, um ihre »Tempelhuren« zu bezahlen, oder ob – wie andere behaupten – ihr legendärer König Krösus die nachweislich ersten Münzen prägen ließ, um seine Söldner zu entlohnen, ist nicht mehr zu klären. Die beiden wohl ältesten Gewerbe der Welt können also weiterhin darum streiten, wem das Primat zukommt, Anlass oder Grund

Eine der frühesten Söldner-Darstellungen: Im Auftrag zahlender Herren (links und rechts im Bild) kämpfen in der griechischen Antike schwer bewaffnete Hopliten gegeneinander; für die Rüstung musste jeder Kämpfer selbst aufkommen (7. Jahrhundert v. Chr.)

für die Erfindung des Geldes gewesen zu sein. Fest steht, dass ein halbes Jahrtausend vor unserer Zeitrechnung damit begonnen wurde, angeheuerte Krieger mit einem bestimmten Geldbetrag zu bezahlen. Diese Maßnahme war vor allem deshalb notwendig geworden, weil die von überallher kommenden Söldner auf »Konvertibilität« ihres Lohns drängten; denn Krösus hatte keine Beute zu verteilen, sondern die fremden Krieger angeworben, um seine Reichtümer vor dem Zugriff neidischer Nachbarreiche zu schützen.

Rund 150 Jahre später schrieb Xenophon – Schriftsteller, Geschichtsschreiber und Schüler Sokrates' – sein Werk *Anabasis*. Darin schildert er das Leben der griechischen Söldner, die sich von Kyros hatten anheuern lassen, um dessen Bruder Artaxerxes II. vom persischen Thron zu stürzen. Bei Kunaxa in Babylonien kam es zur Entscheidungsschlacht, die Kyros verlor und bei der er getötet wurde. Xenophon, selbst Söldner, übernahm die Führung der überlebenden griechischen »Männer aus Erz«. In wochenlangen zermürbenden Fußmärschen, behindert durch Hunger, Kälte und schroffe Gebirge, gelang es ihm, über 10 000 Söldner ins mehr als 1000 Kilometer entfernte Trapezunt (heute Trabzon) am Schwarzen Meer in Sicherheit zu bringen. Der »Marsch der Zehntausend« ist in die Annalen eingegangen. Xenophon nahm an weiteren Heerzügen teil, auch an denen des Spartanerkönigs Agesilaos. Dessen Krieg gegen Theben, das mit Athen verbündet war, kostete Xenophon die Verbannung aus seiner Heimat, weil er »auf der falschen Seite« gekämpft hatte. Er ließ sich in Olympia nieder.

Das massenhafte Auftreten griechischer Söldner in allen Heeren jener Zeit – manchmal kämpften sie sogar auf beiden Seiten – ist vor allem auf zwei Gründe zurückzuführen: zum einen auf die spezifische Sozialstruktur, die sich in Griechenland herausgebildet hatte, zum anderen auf eine neuartige Kampftechnik, die die Griechen entwickelt hatten. In Attika und auf dem Peloponnes entstanden Stadtstaaten (Poleis), die gegeneinander in harten Kämpfen ihr Territorium absicherten und dabei jeweils so stark waren, dass der andere sie nicht unterwerfen konnte. Im Innern bildete sich eine wohlhabende Schicht aus großen Bauern-, Handwerker- und Händlerfamilien heraus, die für ihre eigenen Interessen kämpfte und reich genug war, um sich aufwendige Kriegsausrüstungen zu leisten; zugleich konnten sie die Bevölkerung von den relativ dürftigen Böden nicht ausreichend ernähren, ohne ein »Zubrot« in der Fremde zu verdienen – so boten sie die im Kampf zwischen den Poleis erworbenen Fähigkeiten nun Herrschern außerhalb Griechenlands an, auf Zeit und gegen Bezahlung.

Dieser völlig neue Söldnertypus wurde Hoplit genannt, nach dem mit Eisen beschlagenen Rundschild (»Hoplon«), der zu ihrer Ausrüstung gehörte. Dazu kamen Helm, Brustpanzer, Beinschienen und eine etwa zwei Meter lange Lanze. Gekämpft wurde in einer normalerweise acht, manchmal bis zu 25 Glieder tiefen Phalanx (»Walze«). Diese »schwere Infanterie« trug nicht mehr wie bisher defensiven Charakter, sondern rückte selbst unaufhaltsam vor. Dabei stimmten die Hopliten ihren Schlachtgesang (»Paian«) an und steigerten langsam ihre Vorwärtsbewegung, die auf den letzten 100 Metern in einen Sturmlauf mit vorgestreckten Lanzen überging. (Die meisten klassischen olympischen Disziplinen spiegeln die Fähigkeiten wider, die bei dieser Art Kriegsführung benötigt wurden.) Der Zusammenstoß war furchtbar. Die ersten Reihen wurden durchstochen, niedergetrampelt und erdrückt, und selbst die eigenen Leute wurden von den immerfort mit hoher Geschwindigkeit vorrückenden Reihen regelrecht niedergewalzt. Dem Aufprall dieser speerstarrenden und gepanzerten Phalanx konnte niemand widerstehen. Nicht selten kam es daher vor, dass Heere, die zum ersten Mal von Angesicht zu Angesicht der massierten Truppenkraft der Hopliten gegenüberstanden, vor dem Aufprall der »Walze« ihr Heil in der Flucht suchten.

Die griechischen Infanteristen waren bald die begehrtesten Söldner für die Herrscherreiche zwischen Indus und Karthago, zwischen nubischer Wüste und Italien. Vor Großaufträgen (ob aus Persien oder Ägypten) konnten sie sich kaum retten; sofern es die Pflichten auf der heimischen Scholle verlangten, konnten sie es sich sogar leisten, selbst lukrative Angebote abzulehnen. Die Hopliten waren zum Markenartikel geworden, den kleine Herrscher manchmal erfolgreich zu nutzen wussten, indem sie ihre eigenen Soldaten in griechische Uniformen steckten und dem Gegner vorgaukelten, sie würden das Original in die Schlacht schicken.

Eine relative Überbevölkerung – und damit ein Überhang an einsatzfähigen Soldaten – sowie eine qualitative Neuerung in der Kriegstechnik waren es also gewesen, die die Austragung bewaffneter Konflikte revolutioniert hatten.

Römisches Volksheer gegen Karthagos Söldnerheer

Mit Rom, dessen Imperium für mehr als ein halbes Jahrtausend das größte der damaligen Welt werden sollte, begann eine andere Entwicklung. Die Stadt am Tiber war mit an Geiz grenzender Sparsamkeit, einem hohen Sinn für Pragmatismus, produktiven Bauern und einem aus den eigenen Bürgern gebildeten Volksheer groß geworden. Im Unterschied zu den Griechen einige Jahrhunderte zuvor gelang es ihnen, die Nachbarn als Verbündete zu gewinnen, ihr Einflussgebiet sukzessive zu erweitern und Angriffe auf ihr prosperierendes Staatswesen abzuwehren. Die Römer führten es auf ihre Tugenden und auf die Bürgerarmee zurück, dass sie selbst einen kühnen und intelligenten Feldherrn wie Hannibal mit seinen enormen Söldnerheeren schlagen und in den punischen Kriegen letztlich über die führende Macht im Mittelmeer obsiegen konnten. So schrieb der römische Historiker Polybios: »Die Karthager verwenden fremde Söldnertruppen, während das römische Heer aus Landeskindern und Bürgern besteht. Auch insofern verdient das römische Staatswesen größeres Lob als das karthagische. Denn hier hängt die Freiheit der Stadt an dem Mut von Söldnern, dort beruht sie auf der eigenen Tapferkeit und dem Beistand der Bundesgenossen. Wenn daher die Römer zu Anfang auch einmal eine Niederlage erleiden, nehmen sie den Kampf sofort mit ganzer Kraft wieder auf, die Karthager nicht. Da jene für ihre Vaterstadt und für ihre Kinder fechten, kann ihre Entschlossenheit niemals nachlassen, sondern sie kämpfen auf Tod und Leben, bis sie der Feinde Herr geworden sind.«[1]

Doch mit der rasanten Ausbreitung des Staates zu einem Imperium konnte die ursprüngliche Konzeption und Organisationsform der römischen Gesellschaft nicht mithalten. Die Republik zerfiel, das Kaiserreich wurde installiert. Rom erhielt erst eine Berufsarmee, dann eine Streitkraft, die vornehmlich aus Legionären zusammengesetzt war: eine rund 500-jährige Entwicklung von einem – relativ gesehen – demokratischen Staatswesen über einen Obrigkeitsstaat zu einer Militärdiktatur. Solange die fernen Provinzen genügend Reichtümer abwarfen und Kriegszüge über die Grenzen genug Beute einbrachten, konnten Soldaten (von lat. solidus = Münzeinheit, dann soldato = bezahlt) und später Söldner (von altdt. solt/sold) ausreichend entlohnt werden, um sich ihre Loyalität zu sichern. Das frühe Kaiserreich konnte prosperieren und zu neuer Blüte aufsteigen. Gleichzeitig aber wurde der Mittelstand, der die verhältnismäßig kleine Republik getragen hatte, immer dünner, die unteren Schichten immer breiter und die herrschenden Oberschichten ökonomisch immer belastender. »Das Dach eines Tempels kann nicht auf den Fundamenten ruhen«, sagte man in Rom; das hieß: Ohne tragende Säulen gibt es keinen Tempel. Indem jedoch nach und nach die produktiven Mittelschichten wegfielen und damit auch ein entscheidender Anteil an Steuern und Abgaben, die den Staatshaushalt zusammenhielten, schrumpften die »tragenden Säulen« des römischen Imperiums immer mehr zusammen. 476 n. Chr. hoben die germanischen Söldner Odoaker auf den Schild und machten ihn zum König von Italien; das weströmische Reich hatte aufgehört zu existieren.

Söldnerverbände im Mittelalter

Doch die neue imperiale Kraft kam nicht aus Germanien, sondern aus den östlichen Grenzzonen des alten römischen Reiches. Von der arabischen Halbinsel kommend, breitete sie sich – mit Ausnahme von Byzanz – schnell über den gesamten Mittelmeerraum aus. Mit einer für nomadische Stammeskulturen abgewandelten und in einigen Bereichen (vor allem im Sozialen) weiterentwickelten Form des Juden- und Christentum präsentierten die arabischen

Stämme, die den Kern der herrschenden und kämpfenden Schichten bildeten, eine neue religiöse Ideologie, die rasch wachsenden Anklang fand: den Islam. Doch bereits im siebten Jahrhundert, also nur wenige Jahrzehnte nach Mohammeds Tod, mussten die Araber auf Fremde und damit auf Söldner zur Sicherung ihres Einflussgebietes zurückgreifen.

Die äußere Sicherheit des arabischen Imperiums stützte sich fast vollständig auf Söldnerverbände, die sie überwiegend aus eingefallenen zentralasiatischen Nomadenstämmen rekrutierten und deren Loyalität durch große finanzielle Zugeständnisse und Teilhabe an der Macht erkauft werden musste. Zunehmende soziale Unruhen, die immer wieder in Aufständen kulminierten, machten es notwendig, auch für die innere Sicherheit vermehrt Söldner einzusetzen. Mit wachsender militärischer Macht und politischem Einfluss ausgestattet, ergriffen diese nicht selten selbst die Herrschaft – wie die Seldschuken im Iran und im Irak oder die Mamelucken in Ägypten und in Syrien. Es waren wiederum Söldner oder ehemalige Söldnerverbände, die Osmanen – benannt nach Osman, der ein bunt zusammengesetztes Gemisch aus Balkan-, Schwarzmeer-, Kaukasus- und asiatischen Steppenvölkern vereinigt hatte –, die dem arabischen Imperium und dem byzantinischen Reich fast gleichzeitig den Todesstoß versetzten und über weite Teile ihrer Gebiete das neue osmanische Reich aufrichteten.

Was die Aufrechterhaltung von Sicherheit mit militärischen Mitteln anbetrifft, sah es nach dem Ende des weströmischen Reichs für lange Zeit in Westeuropa nicht viel anders aus als im Osten; mit dem einzigen Unterschied, dass es im Westen um einiges ärmer zuging. Karl der Große errichtete sein Reich, das spätere »Heilige Römische Reich Deutscher Nation«, mit Unterstützung von Söldnern. Mit ihrer Hilfe wurden die Araber aus Frankreich vertrieben, mit ihnen wurden die Kreuzzüge geführt, mit ihnen schlug Kaiser Barbarossa seine Schlachten gegen Aufständische, ging der Papst gegen Abtrünnige vor, und ohne sie hätten die Ordensritter nicht Preußenland und das Baltikum erobert. Der Hauptgrund dafür, dass während des gesamten Mittelalters Könige, Kaiser, Päpste, Fürsten und Ritter sich auf die Dienstleistungen der Söldner stützten, war die hochgradige Ineffizienz des feudalen Militärsystems. Und das in dreierlei Hinsicht: Erstens stand nur eine begrenzte Zahl von Soldaten für kurze Zeiträume zur Verfügung (zumeist ausgehobene Bauern); zweitens waren sie militärisch kaum ausgebildet und erst recht nicht spezialisiert (Lanzen, Armbrüste, Bogen); und drittens mussten die Machthaber das Personal bei den Lehnsherrn, also ihren Vasallen anfordern, gegen die sich aber häufig ihre militärischen Aktionen zur Aufrechterhaltung der inneren und äußeren Ordnung richteten. Söldnertruppen waren daher das verlässlichere Instrument für eine erfolgreiche Kriegsführung.

Von Kumpanen, »freien Lanzen« und Condottieri

Die Söldner gewannen noch an Bedeutung, als sich aus den vagabundierenden Soldaten, die ohne Heimstatt und Beruf waren, im zwölften Jahrhundert langsam »Freie Kompanien« (von lat. cum pane = mit Brot) bildeten. Diese Organisationen hatten die Funktion, Beschäftigung für alle »Kumpanen« zu suchen, ein gemeinschaftliches Auskommen zu finden und sich gegenseitig Schutz und Unterstützung zu gewähren. Auf der Suche nach immer neuen Aufträgen zogen sie gemeinsam mit ihrem Tross, zu dem auch Frauen und Kinder gehörten, durch die europäischen Lande, proviantierten in der Regel auf Kosten der Stadt- und Dorfbevölkerung und boten jedem Territorialherrn, der es sich leisten konnte, ihre »freien Lanzen« (ins Englische als »free-lancers« übergegangen) für den Krieg an. Der Meistersinger Michael Beheim aus Württemberg hat sie so beschrieben: »Wer ihnen gab am meisten/dessen Dienst waren sie bereit zu leisten./Hätte unser Herr im Himmelreich/mit dem Teufel Krieg geführt desgleich/und der Teufel hät ihnen gegeben mehr/sie wären zu ihm gezogen her.«[2]

Mit der Frührenaissance im 14. Jahrhundert vollzog sich ein grundlegender Wandel im militärischen Bereich auf der einen und im Bedürfnis nach verbesserten Sicherheitsleistungen auf der anderen Seite. Diese doppelte Veränderung auf der Angebots- wie auf der Nachfrageseite zeigte sich besonders im Italien der aufblühenden Städte. In Venedig, Florenz, Genua oder Mailand hatte sich der produktive Mittelstand enorm entwickelt: Handwerk, Gewerbe, Handel, Agrar-, Bank- und Gesundheitswesen waren zu den beherrschenden Faktoren der städtischen Gesellschaften geworden. Auf deren Reichtum konnten sich die Oberschichten stützen, um ihre Herrschaft zu festigen und auszudehnen – aber nur, wenn sie sichere Rahmenbedingungen für die Aktivitäten der Privatwirtschaft gewährleisten konnten. Das auf dem Ritterwe-

Söldner im Mittelalter: Holzstich von Hans Burgkmair zu Beginn des 16. Jahrhunderts.

sen aufbauende Schutzsystem der Adligen war brüchig geworden (zum Teil sogar lächerlich, wie es Cervantes im *Don Quichotte* trefflich zu schildern weiß) und offenbarte beständig seine Ineffizienz. Es waren die unternehmerischen Gilden, die bei den Fürsten auf Änderung, auf die Anheuerung von professionellen Militärverbänden drangen. Aus ihrer Sicht war diese Forderung nicht nur berechtigt, sondern es erschien ihnen ökonomisch ebenfalls sinnvoll, die Modernisierung des Sicherheitsbereichs den Oberschichten zu überlassen, die daraus unter anderem ihre Existenzberechtigung zogen. Es lag im Interesse der Wirtschaft, eine Mobilisierung der gesamten Gesellschaft zu vermeiden und sich selbst wie ihre Arbeitskräfte von den unprofitablen Belastungen des Wehr- und Kriegsdienstes freizuhalten. Und ihre Forderung war in ihren Augen umso vernünftiger, als mit den Condottieri ein professionelles Angebot zur Verfügung stand.

Denn auf den Bedarf nach neuen Sicherheitsleistungen hatte sich sehr schnell auch das Söldnerwesen eingestellt. Arbeitslos gewordene, aus dem feudalen Privilegiennetz gefallene Kleinadlige griffen auf die nach Engagement suchenden »Freien Kompanien« zurück und formten aus ihnen private Kampfverbände, an deren Spitze sie sich selbst stellten. Grundlage ihrer Zusammenarbeit war nicht mehr die Aussicht auf Beute, sondern ein festgelegter Sold, der in einem speziellen Mietvertrag, der sogenannten *condotta* (von lat. conducere; exercitus conducticius = gemietetes Heer), festgehalten wurde: Auf der einen Seite stand der vereinbarte Geldbetrag, auf der anderen Seite waren die zu erbringenden Leistungen aufgelistet. Mit der Zeit wurden sogar Vertragsverletzungen, Vertragsbruch und die damit verbundenen Sanktionen schriftlich fixiert. Ein ähnlich spezifizierter (Miet-)Vertrag wurde mit dem Auftraggeber abgeschlossen. (Für denjenigen, der auf Seiten der Söldner die Verträge – *condotta* – aushandelte und verantwortlich zeichnete, bürgerte sich der Ausdruck Condottiere ein.) Die Vereinbarungen waren bald so kompliziert, dass Spezialisten mit der schriftlichen Niederlegung betraut wurden. Zusammen mit der Ausarbeitung von Kauf- und Handelsverträgen bildete sich im Gefolge ein neuer Berufsstand, die Rechtsanwälte. Unter den ersten Condottieri waren die Deutschen Konrad von Landau, Werner von Urslingen (oder Herzog Guarnieri), der Engländer John Hawkwood, der als Giovanni Acuto Florenz verschiedene Siege über Mailand, Pisa und Bologna bescherte und dessen

Bildnis noch heute im Dom von Florenz zu bewundern ist; dazu gehörten die Italiener Erasmo da Narni, Jacopo da Todi, Braccio da Montone oder Federico da Montefeltro, der ein Vermögen verdiente, zum Herzog aufstieg und als Kunstmäzen weltberühmt wurde. Muzio Attendolo gewann in den Städten, von denen er beschäftigt wurde, allmählich so großen Einfluss, dass sein Sohn Francesco in Mailand die Macht an sich reißen konnte.

Schweizer Garden und deutsche Landsknechte

Den Condottieri erwuchs bald Konkurrenz aus dem Norden: erst mit den Schweizer Garden, dann mit den Landsknechten. Das Kriegshandwerk war ein richtiger Exportschlager des kleinen Alpenlandes, dessen Kantone nur eine Regel für den Verkauf festlegten: Schweizer dürfen nicht gegen Schweizer kämpfen. Drohte ein Aufeinandertreffen, hatte derjenige mit einem zeitlich früher datierten Vertrag den Vorrang, der andere musste den Vertrag mit seinem Auftraggeber auflösen, konnte nicht in die Schlacht ziehen, erhielt aber auch keinen Sold. Die Schweizer Garden besaßen eine enorme innere Geschlossenheit und eine außerordentliche Durchschlagskraft. Die Gruppen bestanden jeweils aus jungen Männern des gleichen Dorfes oder Alpentals und hatten als schwere Infanterie mit ihren Spießen eine Technik entwickelt, die der griechischen »Phalanx« sehr ähnelte. Da sie selbst Kavallerieregimentern trotzen konnten, engagierte man sie, weil sie billig waren. Ihre Erfolge auf den Schlachtfeldern Europas machten sie zum Markenzeichen wie später Schweizer Uhren. Die verschiedensten Könige und Fürsten heuerten sie an, Papst Julius II. füllte 1506 massiv seine Truppen mit ihnen auf – eine Tradition, die bis heute im Vatikan fortbesteht.

Die Landsknechte waren anfangs nur eine schlechte Kopie des Schweizer Originals und diesem regelmäßig unterlegen. Sie übertrafen erst ihr Vorbild – in der Schlacht von Bicocca 1522 –, nachdem sie ihr Angebot ausgeweitet hatten: spezielle Einheiten für spezifische Kampfhandlungen, Einbeziehung von neueren Waffen und damit Waffengattungen, Verwendung von Artillerie etc. Danach waren sie überall anzutreffen – vom hohen Norden bis zum Bosporus und Tejo im Süden.

Mit der Entdeckung des Seewegs nach Indien und Südostasien auf der einen und Amerikas auf der anderen Seite erweiterte sich das Betätigungsfeld für deutsche Söldner langsam über den gesamten Globus. Als Cortéz Mexiko eroberte, waren außer einem Waffenmeister Johann noch vier weitere deutsche Söldner beteiligt; als Pizarro das Inkareich zerstörte, befanden sich der Landsknecht Jost Hammer und Barthel Blümlein aus Nürnberg bei ihm; Kasimir Nürnberger war als Söldnerführer in Venezuela tätig; ganze Einheiten von Landsknechten beteiligten sich an der Suche nach der sagenumwobenen Stadt Eldorado; die Karibikinseln wimmelten von ihnen, und der Landsknecht Ulrich Schmidel, Patriziersohn aus Straubing, zog zum Rio de la Plata und gründete mit anderen »Kumpanen« Buenos Aires. Viele andere verdingten sich als Söldner in Amsterdam oder Lissabon, zogen nach Osten und erlagen dem »Zauber Ostindiens«.

Die Ausformung von staatlichen Gebilden und das Geld, das aus den eroberten Gebieten Amerikas und Asiens floss, machten es sinnvoll und wirtschaftlich möglich, größere feste Armeen zu schaffen, zu bezahlen und sie der Oberaufsicht der Souveräne zu unterstellen. Über eine Sondersteuer unter Kaufleuten war König Karl VII. von Frankreich der Erste, dem dies 1445 gelang. Nach und nach wurden alle freien Söldnerverbände in stehende Heere aufgelöst. Deutsche Landsknechte, Schweizer Garden, italienische Kavalleristen, englische Infanteristen, spanische Artilleristen taten fortan für festen Lohn, Kost und Logis sowie eine zugesicherte Lebensstellung Dienst für die unterschiedlichsten Länder. Die Streitkräfte Englands, Schwedens, Frankreichs etc. waren zu großen »Fremdenlegionen« geworden. Nur im habsburgischen Reich überlebten die freien Söldnerunternehmer noch bis ins 17. Jahrhundert. Einer der letzten war Albrecht von Wallenstein, der in Böhmen die größte bis dahin gesehene private Kriegsmaschinerie (Heeresverbände einschließlich Waffenproduktion) aufbaute und durch seine lukrativen Verträge mit dem deutschen Kaiser Ferdinand II. zum reichsten Mann Europas wurde. Doch mit dem freien Unternehmertum im Bereich der militärischen Dienstleistungen war es nach dem Ende des Dreißigjährigen Krieges – an dem Wallenstein bis zu seiner Ermordung noch kräftig verdient hatte – vorbei. Der Westfälische Friede von Münster und Osnabrück 1648 sanktionierte endgültig das Gewaltmonopol des Staates. Fortan, und daran hat sich bis heute nichts verändert, ist es ohne ausdrückliche staatliche Genehmigung untersagt, Kriegsdienste und Waffen privat anzubieten.

Die Ostindische Kompanie

Eine Ausnahme bildeten in gewisser Weise die Verhältnisse in den Kolonien Amerikas, Afrikas, Asiens und Ozeaniens. Die Mutterländer versuchten zwar, die militärische Gewalt in ihren Händen zu konzentrieren, doch die Macht der Pflanzer und Handelsleute war groß genug, um ihren eigenen Interessen notfalls mit Waffen Geltung zu verschaffen. Der Import von billigen Arbeitskräften in Form von Sklaven tat ein Übriges, um das Gewaltmonopol nur auf dem Papier existieren zu lassen.

Eine andere Besonderheit stellten die großen Handelsgesellschaften der Holländer (Westindische und Ostindische Kompanie – WIC bzw. VOC) und der Engländer (East Indian Company und Hudsons Bay Company) dar. Die East Indian Company wurde 1599 gegründet und überlebte bis 1857, die VOC begann als erste Aktiengesellschaft der Welt 1602 und schloss, kurz bevor sie Konkurs anmelden musste, 1799 ihre Pforten. Diese Unternehmen waren lange Zeit die größten Auftraggeber für Söldner überhaupt, und noch 1780 war die Armee der englischen Handelsgesellschaft um ein Beträchtliches größer als die, über die die englische Königin in ihrem Empire verfügen konnte.

Die holländische VOC, deren Spuren heute noch in den Niederlanden unübersehbar sind, verdankte ihren Aufstieg zur größten und mächtigsten Handels- und Militärmacht jener Zeit zum einen dem Gewürzmonopol, zum anderen einer brutalen Militär- und Gewaltpolitik. Wirtschaft und Gewalt gingen in der VOC eine jahrhundertelange Symbiose ein. Einer ihrer erfolgreichsten Vorsitzenden, Jan Pieterszoon Coen, der Gründer Batavias (dem heutigen Jakarta) auf Java, brachte fast die gesamte Inselwelt Südostasiens unter die Herrschaft der VOC und dehnte ihren Einfluss nach Norden bis Japan aus. Die Handelsstützpunkte wurden durch Forts und militärische Anlagen gesichert. Eine mobile Streitmacht konnte im Falle von Unruhen und Aufständen jederzeit an jedem Ort eingesetzt werden. Der größte Teil des Militärs bestand aus deutschen Söldnern, die sich in Amsterdam bei »seelenverkoopern« für fünf Jahre verkauften, um mit den Handelsschiffen von Texel aus in die, wie sie glaubten, »Märchenwelten Ostindiens« zu segeln.

Auf den Molukken errichtete Coen das erste Monopol für die in Europa äußerst begehrte Muskatnuss, indem er den Widerstand der lokalen Herrscher brach – er ließ alle Männer über 15 Jahre abschlachten und stellte ihre abgeschlagenen Köpfe auf langen Stangen zur Schau. Auf den Inseln der Banda-See reduzierte die VOC auf ähnliche Weise innerhalb von 15 Jahren die einheimische Bevölkerung auf fünf Prozent. Als Ersatz wurden Arbeitskräfte importiert – zum größten Teil in Form von Sklaven. Die VOC requirierte Land, errichtete Plantagen und verbot bald in ihrem gesamten Einflussgebiet der einheimischen Bevölkerung den Anbau und die Ernte von Gewürzen. Auf Zuwiderhandlungen standen schwerste Strafen, Folter und Tod. Muskatnussbäume, Nelkenbäume etc., die sich außerhalb der Pflanzungen befanden, wurden abgeholzt und niedergebrannt. Mit solchen Methoden war die VOC schon 1670 zum reichsten Wirtschaftsunternehmen aufgestiegen. Ihren Aktienbesitzern zahlte sie eine Dividende von 41 Prozent; sie beschäftigte 50 000 Angestellte und ebenso viele Söldner, und sie ließ 200 bewaffnete Schiffe unter ihrer Flagge fahren. Das ökonomische »Geheimnis«, das man in der fernen Heimat hinter Erfolg und Reichtum sah, war also simpel: Der hohen Nachfrage zu Hause stand ein (militärisch) geschütztes und (mit Gewalt) kontrolliertes Angebot gegenüber. Die Handelsgesellschaft nutzte ihr Militär also auf doppelte Weise: einerseits zum Schutz ihres Personals in den von ihr besetzten Gebieten, ihrer 30 Handelskontore, ihrer Waren und Plantagen, zum anderen als Repressionsinstrument gegen die kolonialisierte Bevölkerung.

Mit dem steigenden Widerstand der Einheimischen gegen das skrupellose und zuweilen höchst blutige Regime wuchsen jedoch die Militärausgaben. Die Folgen waren sinkende Dividenden, die Mitte des 18. Jahrhunderts im Durchschnitt nur noch zwölf Prozent erreichten. Als die Sicherheitskosten begannen, an die 70 Prozent der Einnahmen zu verschlingen, war das Ende nahe. Hinzu kam, dass die Franzosen das Nelkenmonopol gebrochen hatten, indem sie mit aus Ostindien gestohlenen Pflanzen auf Sansibar und den Seychellen große Plantagen errichteten. Nach der Schließung der VOC 1799 wurde die Kontinuität jedoch gewahrt, weil der niederländische Staat das Erbe der Ostindischen Handelsgesellschaft antrat.[3]

Das – historisch gesehen – Entscheidende an der VOC (wie an der britischen East Indian Company) war, dass für rund 200 Jahre privates Kapital, ausgestattet mit enormer militärischer Macht – wenn auch fernab der Heimat –, über Krieg und Frieden entscheiden, über das Leben und den Tod Einzelner bestimmen, Gesetze und Regeln erlassen konnte. Kurz: In ihren Einflussgebieten waren die Handelsgesellschaften der absolute Souverän, dem jegliche andere Macht – selbst die staatliche – untergeordnet war.

Die Französische Revolution und der Niedergang des Söldnerwesens

Der Westfälische Friede bedeutete in Europa zwar das Ende der alten privaten Söldnerverbände, nicht aber das Verschwinden der Söldner selbst; denn dem Staat – als Inhaber des Gewaltmonopols – stand es frei, entweder Söldner oder eigene Untertanen für sein Heer einzustellen. Mit dem wachsenden Bedarf an Soldaten für die stehenden Heere erlebte der Söldnerstand sogar einen ungeahnten Boom. Die preußischen Könige bestückten ebenso wie die anderen großen europäischen Mächte ihre Armeen vornehmlich mit »Legionären«, obwohl beispielsweise Friedrich (genannt der Große) der Meinung war, dass Söldner weder Courage noch Corpsgeist, noch Selbstbewusstsein, noch Opferbereitschaft, noch Loyalität besäßen. Zwischen Mitte des 17. und Ende des 18. Jahrhunderts stieg »Krieg« zur größten Industrie auf dem Kontinent auf, die jetzt in den Händen des Staates lag, der sie aufbaute und leitete und deren Gewinne in seine Kassen flossen. Die einen kauften Söldner, die anderen (meist kleineren) Staaten verkauften sie an den Meistbietenden – wie Hessen, das einen schwunghaften Handel mit seinen Landeskindern betrieb. England war einer der Hauptabnehmer und kaufte beispielsweise zur Unterdrückung der amerikanischen Unabhängigbestrebungen 1775 gleich 30 000 Söldner auf einmal in Hessen ein. Das kleine Fürstentum Schaumburg-Lippe errichtete in Ermangelung von verkaufbarem Personal eine angesehene internationale Militärakademie, in der Offiziersanwärter aus aller Herren Länder bei anerkannten Militärexperten ihr Handwerk lernten.

Die absolutistischen Staaten verdienten gut an der Kriegsindustrie und an den Kriegen. Zwar konnten sie die äußere Sicherheit mit ihren großen stehenden Heeren mit wechselndem Glück zufriedenstellend garantieren, doch die innere Sicherheit wurde in einigen dieser Staaten immer brüchiger. Vor allem die mittleren – aber auch die unteren – Schichten waren der Meinung, dass die Aufrechterhaltung profitabler Rahmenbedingungen für ihre Aktivitäten und die Privilegien der herrschenden Schichten zu große

Reichtümer verschlangen und zu viel dringend benötigtes Kapital nutzlos banden. Die permanente Unsicherheit bei der Einhaltung von Abmachungen und Vereinbarungen (»von oben« konnten jederzeit Verträge ausgehebelt werden) tat neben den nicht gerade idyllischen Lebensverhältnissen ein Übriges, um Unmut anwachsen und Konflikte schärfer werden zu lassen.

Die Französische Revolution von 1789 leitete nicht nur das Ende des absolutistischen Zeitalters ein, sondern auch das des Söldnerwesens. Am 28. Februar 1790 beschloss die Konstituierende Versammlung, die Beschäftigung von Söldnern auf französischem Boden zu verbieten. Das hinderte Napoleon zwar nicht daran, selbst Tartaren und Mamelucken in seine kaiserliche Garde aufzunehmen und seine Feldzüge kreuz und quer durch Europa mit immensen Söldnerbataillonen zu führen – in der Schlacht von Waterloo standen 350 000 Söldner auf Napoleons, 40 000 auf Wellingtons Seite –, doch dies waren nur noch Nachwehen. Innerhalb weniger Jahrzehnte führten die anderen europäischen Nationen ebenfalls nach französischem Vorbild die allgemeine Wehrpflicht ein und stiegen auf Volksarmeen um: Zum einen waren sie billiger, zum anderen hatte sich nicht zuletzt in den verschiedenen Befreiungskriegen gezeigt, dass eigene Soldaten »für Volk und Vaterland« eher bereit waren, in den Tod zu gehen, als Söldner für einen mageren Sold. Der Söldner, eben noch allseits geschätzt, wurde nun als »vaterlandsloser Geselle« tituliert. Die meisten Länder verboten fortan ihren Bürgern, sich von ausländischen Staaten anwerben zu lassen und für sie zu kämpfen. Zahlreiche nationale Gesetze und internationale Konventionen wurden gegen das Söldnerwesen verabschiedet. Bis zum Ausgang des 20. Jahrhunderts sollte der Söldner nur noch eine marginale Rolle spielen.

Wer sich daher in den letzten 200 Jahren noch als Söldner verdingen wollte, den trieb die internationale Ächtung meist in weite Ferne. Das galt auch für die deutschen Söldner. Nach Ausrufung des Deutschen Reichs kämpften deutsche Legionäre unter anderem in China, gegen und für die Türken sowie im Süden Afrikas; nach dem Ersten Weltkrieg fanden sie sich in der Sowjetunion freiwillig und unfreiwillig sowohl auf Seiten der »Roten« wie der »Weißen« zwischen Minsk bis Wladiwostok; einige agierten sogar als Piraten im Gelben Meer. Nach dem Zweiten Weltkrieg gingen mehrere hundert Männer der Waffen-SS in die Fremdenlegion und kämpften in Indochina; Reste des Afrikakorps zog es

> **Lied der Hessischen Söldner**
>
> Frisch auf, ihr Brüder, ins Gewehr,
> 's geht nach Amerika!
> Versammelt schon ist unser Heer,
> Vivat, Viktoria!
> Das rote Gold, das rote Gold,
> das kommt man nur so hergerollt,
> da gibt's auch, da gibt's auch, da gibt's auch bessern Sold!
> [...]
> Adchö, mein Hessenland, adchö!
> Jetzt kommt Amerika.
> Und unser Glück geht in die Höh',
> Goldberge sind allda!
> Dazu, dazu in Feindesland,
> was einem fehlt,
> das nimmt die Hand.
> Das ist ein, das ist ein, das ist ein anderer Stand!
>
> Quelle: kriegsreisende, Kap. 5: Absolutismus. Der Soldatenhandel,
> S. 2 (www.Kriegsreisende.de)

in die arabischen Länder, wo sie als Waffenbauer und Militärberater tätig waren; andere heuerten in den USA an und betrieben unter der schützenden Hand der CIA ausgedehnten Waffenhandel; der Gestapo-Chef von Lyon, Klaus Barbie, ging wie viele seiner »alten Kameraden« nach Südamerika und half mit seiner Söldnertruppe aus europäischen Neofaschisten, den »Verlobten des Todes«, Todesschwadrone aufzubauen und Militärputsche zu organisieren; wieder andere trieb es ins Afrika südlich der Sahara wie den Eisernen-Kreuz-Träger Siegfried Müller (»Kongo-Müller«) oder den Rechtsterroristen Horst Klenz (»Söldnerboss von Pretoria«). Und in den 90er Jahren kämpften sie auf dem Balkan zu Hunderten in den Kriegen zur Aufteilung Jugoslawiens.

Aus dem kurzen, notwendigerweise fragmentarischen historischen Überblick wird deutlich, dass es keine geradlinige Entwicklung im privaten Militärwesen von den Anfängen bis heute gegeben hat – weder quantitativ noch qualitativ. Das gilt insbesondere für das Verhältnis zur »staatlichen Kriegswirtschaft«. So hing beispielsweise die äußere Sicherheit (und die militärische Stärke) nicht davon ab, ob eigene Soldaten oder Söldner eingesetzt wurden;

wichtiger war die Stärke der Macht, die das militärische Personal einsetzte und kontrollierte. Es gab »starke Staaten« mit Söldnerheeren und »schwache Staaten« mit Volksheeren und umgekehrt. Festzustellen ist jedoch, dass Söldner – und besonders, wenn sie als organisierte Einheiten bzw. »Firmen« auftraten – einer stärkeren Kontrolle bedurften als das aus den eigenen Bürgern rekrutierte Militär; die kontrollierende Macht war also relativ umfangreicher und der dazugehörige Kontrollapparat finanziell aufwendiger. Wurde die Kontrollmacht (in Form eines Fürsten mit seiner adligen Entourage oder in Form staatlicher Institutionen) schwächer, usurpierten die Söldnerführer häufig die Macht, oder die Gesellschaft rutschte in eine Militärdiktatur ab. Charakteristisch ist ebenfalls das sprunghafte Ansteigen des Angebots an Söldnern – und in der Folge eine gewisse Erhöhung der Nachfrage –, wenn die Arbeitslosigkeit von Soldaten aus welchen Gründen auch immer zunimmt, die Lebensverhältnisse unter ein bestimmtes Niveau absinken (zum Beispiel bei auftretenden Hungersnöten) oder umgekehrt die Aussicht auf immensen Reichtum lockte (Kaperfahrten, die Suche nach Eldorado etc.).

Die Konsequenzen, die sich aus der Rekrutierung von Söldnern ergaben, hingen davon ab, wie die Systeme für innere und äußere Sicherheit aufgebaut, gestaltet und geführt wurden. Waren sie funktional für die jeweilige Gesellschaftsform; standen sie in einem ausgewogenen Verhältnis zum produzierten Reichtum, das heißt, waren sie nicht zu teuer und zugleich nicht unterdimensioniert, um sofort die Begierde der Nachbarn auf leichte Beute zu wecken? Waren sie effektiv oder im Gegenteil ineffektiv wie das Militärsystem im Feudalismus? Wurden sie adäquat kontrolliert und geführt, oder konnten sie sich verselbständigen und »zum Staat im Staate« werden? Eine generalisierbare Aussage über die Auswirkungen des Söldnerwesens für die jeweilige Gesellschaft lässt sich mit Blick auf die Geschichte nicht treffen – außer der Tatsache, dass die bloße Anwesenheit von Söldnern im Lande stets eine außerordentliche Gefahr für das Gemeinwesen darstellte.

Das Ende des Ost-West-Konflikts – Veränderte Rahmenbedingungen für militärische Dienstleistungen

*Die neue Weltordnung:
Frieden im Westen, Kriege im Rest der Welt.*
Unbekannter Autor

Waren es nach dem Zweiten Weltkrieg nur Einzelkämpfer oder kleine Gruppen, die in den ehemaligen Kolonien – vor allem in Afrika – Abenteuer, Glück und Geld suchten, so begannen sich die Söldner nach dem Ende des Kalten Krieges in Unternehmen bürgerlichen Rechts zusammenzuschließen. Die Zeit der privaten Militärfirmen begann. Nach knapp 200 Jahren der Stigmatisierung und Marginalisierung erlebte das Söldnerwesen wieder einen rasanten Aufschwung.

Abgesehen von Zulieferfirmen der US-Armee waren Südafrikaner und Engländer die Ersten, die private militärische Dienstleistungen anboten. Beide Gruppen – die Südafrikaner auf ihrem eigenen Kontinent, die Engländer darüber hinaus auf der arabischen Halbinsel und in Asien – hatten Erfahrungen als Söldner gemacht und waren mit dem Ende des Apartheidregimes bzw. des Ost-West-Konflikts arbeitslos geworden. Einige unter ihnen sahen voraus, dass mit dem Rückzug der Blockmächte aus ihren Einflusssphären eine Sicherheitslücke entstehen würde. Und sie waren überzeugt, dass dieses Vakuum privatwirtschaftlich profitabel genutzt werden könnte.

Leute wie die Südafrikaner Eben Barlow und Nick van der Bergh oder die Briten Tony Buckingham und Simon Mann, die Gründer und Eigentümer von *Executive Outcomes,* beschlossen, das Söldnerwesen, also das Anbieten von militärischen Dienstleistungen, als seriöses Geschäft aufzuziehen, samt bürgerlichem Rechtsstatus und Gewerbeschein. Tim Spicer, der etwas später auf Drängen seines Freundes und Militärkameraden Simon Mann ebenfalls mit von der Partie war, kreierte mit Unterstützung einer Londoner Marketingexpertin für die Unternehmen dieses neuen Dienstleistungsgewerbes den Begriff »Private Military Company« (private Militärfirma). Der Name sollte in kurzer Zeit zum Markenzeichen der Branche werden. Damit setzten sie sich nicht nur vom herkömmlichen Söldnerimage, sondern auch von den Sicherheitsfirmen alten Schlages ab, die Gebäude und Geldtransporte bewachten.

Die Entwicklung der wirtschaftlichen und politischen Lage gab ihnen Recht: Die Nachfrage war riesig, die Auftragslage gut, die sich einstellenden Erfolge beeindruckend. Die militärische Dienstleistungsbranche expandierte in atemberaubendem Tempo. Mit Hilfe von smarten Managern und cleveren Finanzmaklern gelang in kürzester Zeit mühelos der Sprung an die Börse. Jeder wollte Papiere von diesen Unternehmen zeichnen, die höhere Wachstumsraten aufwiesen und um ein Vielfaches höhere Dividenden zahlten als die Besten im Aktienindex an der New Yorker Wall Street oder in der Londoner City.

Die Zeit, in der Söldner oder auf bewaffnete Einsätze spezialisierte Sicherheitsfirmen im Halbdunkel operieren mussten, war vorbei. Nun schlossen die privaten Militärfirmen reguläre Verträge mit Staaten, Regierungen, Hilfs- und Friedenorganisationen, sogar mit der UNO. Aus Söldnertruppen waren – zumindest nach außen hin – seriöse, betriebswirtschaftlich hart kalkulierende Unternehmen geworden. In wenig mehr als einem Jahrzehnt haben sich von der großen Öffentlichkeit weitgehend unbemerkt Hunderte solcher Firmen herausgebildet.

Je nachdem, von welchem Blickwinkel aus man diese Entwicklung betrachtet, wird man zu unterschiedlichen Schlussfolgerungen gelangen. Natürlich drängen sich politischen Beobachtern in der Dritten Welt, die die Aktivitäten der privaten Militärfirmen im eigenen Land erleben, andere Schlussfolgerungen auf als jenen in der Ersten Welt, die in der Privatisierung militärischer Aufgaben eher ein Instrument zur Kostensenkung sehen, um zu Hause die Haushaltsausgaben für Bildung und Soziales zu stabilisieren, oder eine Möglichkeit, um den Handlungsspielraum für die eigenen Streitkräfte zu erweitern. Generell kann man einige, teilweise eng miteinander verkoppelte Komplexe ausmachen und sie als Rahmenbedingungen fixieren, die den Aufstieg der privaten Militärfirmen teilweise begünstigt, teilweise erst ermöglicht haben. Es handelt sich dabei um vier allgemeine Voraussetzungen und um vier davon abgeleitete Bedingungen. Die erste Voraussetzung war das Ende des Ost-West-Konflikts, die zweite die Globalisierung der Weltwirtschaft, die dritte (ab 2001) die neue »Nationale Energiepolitik« (NEP) der USA und ihrer Alliierten und die vierte die technologische (elektronische) Revolution. Die vier davon abgeleiteten Bedingungen waren: die weltweite Reduktion der Verteidigungshaushalte, die Ausweitung der Sicherheitskonzepte über die bloße Landesverteidigung hinaus, die sprunghafte Zunahme internationaler, nationaler und lokaler Konfliktfelder, -regionen und -akteure sowie die abnehmende Bereitschaft vor allem der Industrienationen, sich in Friedensmissionen zu engagieren.

Ende des Kalten Krieges und Globalisierung

Mit dem Ende des Kalten Krieges blieb nur eine Supermacht übrig – die USA. Damit wurde eine neue Asymmetrie in der internationalen Machtverteilung geschaffen: Waren vorher die Interessen der einzelnen Staaten auf einen der beiden Pole ausgerichtet, begannen sich nach 1989 immer stärker zentrifugale Kräfte durchzusetzen und zu verselbständigen. Die Folge war eine Zersplitterung der Interessensphären. Vor allem die Länder des ehemaligen Ostblocks einerseits und diejenigen der Dritten Welt, die sich auf den Beistand und die Hilfe der Sowjetunion gestützt hatten, andererseits suchten nach neuen Partnern und Allianzen.

Der plötzliche »Wegfall des Feindes« und das sich ausbreitende Gefühl in den Bevölkerungen, von einer unmittelbaren Bedrohung befreit zu sein, übte einen starken Druck auf die Regierungen aus, die Militärausgaben zu verringern. Fast alle Länder – nicht nur die des ehemaligen Warschauer Pakts und der NATO – fuhren ihre Verteidigungshaushalte enorm zurück. Die Folgen waren unter anderem eine drastische Verkleinerung der nationalen Streitkräfte und der Waffenarsenale sowie eine Redimensionierung aller Bereiche, die mit der äußeren Sicherheit zusammenhängen (Standorte, Übungsplätze etc.). Die weltweite Reduzierung der Streitkräfte machte rund sieben Millionen Soldaten arbeitslos, die auf Jobsuche den Arbeitsmarkt über alle nationalen Grenzen hinweg überschwemmten. Darunter war nicht nur »einfaches Fußvolk«, sondern die Entlassungen aus dem Militärdienst hatten gleichermaßen Piloten und Wartungstechniker, Angehörige von Spezialeinheiten wie Fachleute im Fernmelde- oder Spionagebereich betroffen. Das Überangebot an Personal führte zum Absinken der Preise und damit dazu, dass sich auch nichtstaatliche Gewaltakteure – von Kriegsfürsten (wie Adid im Sudan) über die Netzwerke der Organisierten Kriminalität (wie die verschiedenen Mafias in den Ländern der ehemaligen Sowjetunion, etwa die

»Odessa-Mafia«) bis hin zu Terrorgruppen (wie Al Qaida) – spezialisierte Kriegsdienste leisten und auf den offenen, globalisierten Märkten ankaufen konnten. Fast zeitgleich mit der Verringerung des Personals reduzierten die Armeen in Ost und West ihre Waffenarsenale. Was nicht bei befreundeten Staaten untergebracht werden konnte, wurde auf dem freien Markt in öffentlichen Auktionen an den Meistbietenden verscherbelt. Nahezu alles beispielsweise aus den Beständen der ehemaligen Nationalen Volksarmee der DDR war dort zu haben, ebenso wie russische Militärmaschinen, Maschinenpistolen aus chinesischer oder belgischer Produktion, französische Panzer oder amerikanische Kampfhubschrauber. Selbst ganze Waffensysteme standen frei verkäuflich zur Auswahl. Kurz: Der Weltmarkt wurde in den 90er Jahren mit Waffen geradezu überschwemmt.

Außerdem begannen vor allem die westlichen Industrienationen, neue Sicherheitskonzepte zu entwickeln, die sie sowohl national als auch in übernationalen Institutionen wie NATO, EU oder UNO verankerten. Im Mittelpunkt stand die Ausweitung der Aufgabenfelder durch ein verändertes Verständnis von staatlicher Souveränität, humanitärer und ökologischer Verantwortung und damit einhergehender ausgeweiteter Interventionsstrategien. Der immense Aufgabenkatalog der neuen Sicherheitskonzepte konnte bei verringerter Personalstärke am einfachsten abgedeckt und in die Realität umgesetzt werden, wenn ein Teil der alten Anforderungen aus den nationalen Streitkräften (und anderen staatlichen Sicherheitsorganen) ausgegliedert und Privaten übertragen wurde. Die neuen Aufgaben und der verbliebene Rest der alten – wie Landesverteidigung, die Sicherung der nationalen Grenzen – sollten durch neu strukturierte Streitkräfte und neu formierte Sicherheitsorgane wahrgenommen werden.

Die Zerstörung des »Eisernen Vorhangs« hatte es möglich gemacht, dass die ganze Erde wieder zu einer Welt geworden war, mit immer durchlässigeren Grenzen. »Globalisierung« avancierte zum wichtigsten Thema der 90er Jahre. Die Entfesselung der Kräfte des Weltmarktes, die totale Unterwerfung unter diesen Markt und die damit einhergehende teilweise Entmachtung des Nationalstaates war für die meisten Nationen ein »erzwungener Vorgang, dem sie sich nicht entziehen«[1] konnten. Die Öffnung aller Märkte, der frei fluktuierende Warenverkehr, die ohne Grenzen fließenden Finanzströme, kurz: die Liberalisierung und Deregulierung aller ökonomische Bereiche hatten nicht nur Vorteile gebracht, sondern in einem gnadenlosen Konkurrenzkampf und Ausleseprozess die Schwächsten verdrängt, die davon Betroffenen arbeits- und mittellos gemacht und ganze Bevölkerungen an die Schwelle des Existenzminimums getrieben. Dies traf vor allem auf Länder der Dritten Welt zu.

Außerdem fielen mit dem Ende der Bipolarität der Schutz durch die Blöcke ebenso wie die finanzielle Unterstützung bzw. der Ressourcentransfer in deren Einflusszonen zum Teil abrupt weg. Dies bekamen nicht nur die Bevölkerungen in den »schwachen Staaten« zu spüren, sondern im Rahmen der Globalisierung der Weltwirtschaft auch die westlichen Konzerne. Besonders empfindlich traf es jene Branchen, die auf Rohstoffe oder Halbprodukte außerhalb der Landesgrenzen angewiesen waren. Deren Abbaugebiete bzw. Fertigungsstätten lagen zumeist in Dritte-Welt-Ländern und damit häufig in Konfliktzonen. Wachsende Verarmung, zunehmende gewaltsame Auseinandersetzungen und abnehmender Schutz führte zu einem rapiden Anstieg der Sicherheitsrisiken. Diese Unternehmen waren daher unter den Ersten, die den vorher gewährten staatlichen Schutz durch den der privaten Militärfirmen ersetzten.

Neue Konflikte in der Dritten Welt

Die neue »Weltsicherheits-Unordnung«, die sich mit dem Wegfall der von den Supermächten gewährten Sicherheitsschirme und der Globalisierung der Weltwirtschaft entwickelte, erzeugte vor allem in Afrika, aber auch in Asien und Lateinamerika ungelöste interne Verteilungskonflikte sowie ethnische und religiöse Auseinandersetzungen. Weder der Osten noch der Westen hatten zuvor Wert darauf gelegt, dass sich in ihren Einflusssphären demokratische Staaten mit einem soliden rechtsstaatlichen Unterbau entwickelten. Wichtiger war deren »richtige Einstellung« und Loyalität gegenüber dem jeweiligen Block gewesen. Mit geringerer Sicherheit auf sich allein gestellt und mit weniger Geld für die Staatshaushalte ausgestattet, schlitterten viele Länder der Dritten Welt allmählich in die Katastrophe.

Hinzu kam, dass die Staaten der Ersten und Zweiten Welt immer seltener den politischen Willen aufbrachten, mittels Friedensmissionen konfliktmindernd einzugreifen oder sich ordnungsstiftend zu engagieren.[2] Schon US-Präsident Clinton hatte nach der gescheiterten Mission »Restore Hope« in Somalia 1994 betont, dass Washington friedenserhaltende Maßnahmen im Rahmen der Vereinten Nationen künftig nur noch dann unterstützen werde, wenn diese der internationalen Sicherheit nützten oder im nationalen Interesse der USA seien. Der südafrikanische Militärexperte Phillip van Niekerk konstatierte: »Ab den neunziger Jahren hielten sich die westlichen Regierungen immer mehr zurück, nationale Truppen in die Konfliktregionen der Dritten Welt zu schicken, vor allem wenn sie zu Hause nicht populär waren. Der allgemeine Tenor war, dass diese Länder es nicht wert waren, dass für sie das Blut von Amerikanern, Briten oder Franzosen vergossen werde.«[3] Verstärkt wurde diese Haltung durch eine mangelnde Akzeptanz seitens der eigenen Bevölkerung in den reichen Staaten,[4] schwindende materielle und personelle Ressourcen bei den Vereinten Nationen und durch divergierende Vorstellungen innerhalb der Großmächte über die neuen Einflusssphären.

In dieses Vakuum international (und nationalstaatlich) nicht gewährter Sicherheiten für weite Bevölkerungskreise in der Dritten Welt stießen zunehmend tatsächliche oder selbst ernannte Protektoren, unter anderem in Form von Rebellenorganisationen, Aufständischengruppen, aber auch terroristischen Netzwerken – dies vor allem in Gebieten, die von den Auswirkungen der Globalisierung wirtschaftlich und sozial besonders betroffen waren. Die Folgen waren innergesellschaftliche Konflikte, die immer häufiger zu bewaffneten Auseinandersetzungen oder regelrechten Bürgerkriegen eskalierten. In vielen Fällen begann ein Teufelskreis: Durch die Einbeziehung von zivilem Personal in die Kämpfe und durch die Bindung von finanziellen Mitteln für Waffenkäufe wurden die wirtschaftliche Produktion geschwächt und der Krieg unterstützt; der Krieg machte durch die Zerstörung von Land und Sachmitteln, durch Tote und Verwundete die Bevölkerung ärmer; und die Armut bzw. die sich verschlechternden Lebensverhältnisse heizten wiederum den bewaffneten Konflikt an. In vielen Ländern etablierten sich so regelrechte »Kriegsökonomien«, in denen lokale Truppenführer den Krieg zum lukrativen Geschäft ausbauten. Die Einnahmequellen waren vielfältiger Art: Dazu gehörten unter anderem illegaler Drogenanbau und -handel, Raub, Plünderung und Erpressung, Schutzgelderhebung auf Transporte internationaler Hilfsgüter in die Konfliktregionen, Geiselnahme von Personal humanitärer Organisationen oder transnationaler Konzerne, internationaler Menschenhandel. Die Erlöse dienten dem Ankauf von Waffen und Kriegsgerät jeglicher Art.

Die »Eine Welt« hatte aber noch etwas anderes möglich gemacht. Konflikte konnten mit einer nie da gewesenen Leichtigkeit von außen (und nicht nur von Staaten) geschürt und vor allem finanziert werden. Sich das Motto »global denken, lokal handeln« zunutze machend, waren es nicht nur terroristische Gruppierungen, die in aller Welt Lobbygruppen, Unterstützungskomitees, externe Reservoirs von Helfern und Kämpfern gründeten und unterhielten, sondern Interessengruppen jeglicher ökonomischer und politischer Couleur. Das 24 Stunden funktionierende, den ganzen Globus umspannende internationale Finanzsystem gestattete das Sammeln von Geldern in einem Teil der Erde, das Deponieren in einem anderen, das Investieren der Gelder in einem dritten, den Ankauf von beispielsweise Waffen in einem vierten und fünften, deren Transport über ein sechstes Land und die Anwendung schließlich am Bestimmungsort, der Konfliktregion selbst. Der weit verzweigten Struktur wegen hat man dieser Form auch den Namen »Netzwerkkrieg« gegeben.[5]

Die neue »Nationale Energiepolitik« (NEP)

Eine der wichtigsten Rahmenbedingungen für den rasanten Aufschwung der privaten Militärfirmen stellt die neue »Nationale Energiepolitik« der USA bzw. des Westens dar. Unter Vizepräsident Richard Cheney hatte eine Arbeitsgruppe, die National Energy Policy Development Group, im Januar 2001 ein umfangreiches Papier ausgearbeitet, das in großen Linien die weltweite Entwicklung im Energiebereich bis 2020/2025 darlegte und die Konsequenzen beschrieb, die sich daraus für die USA und ihre Alliierten ergaben. Mit wenigen Abänderungen wurde aus diesem Arbeitspapier die »Nationale Energiepolitik« (NEP), die US-Präsident George W. Bush am 17. Mai 2001 verkündete.[6] Die darin enthaltene – nicht undramatische – Analyse ging davon aus, dass eine steigende Nachfrage nach Energie, vor allem nach Öl, in den nächsten zwei Jahrzehnten zu erwarten sei, wobei jedoch zum ersten Mal das Bedürfnis das Angebot übersteigen werde, selbst wenn neue Erdöl- und Erdgasressourcen aufgefunden und erschlossen werden sollten. Dieser »peak (point) of oil« werde wahrscheinlich bis 2008 eintreten.[7] Mit dieser »Angebotslücke« – so die Analyse weiter – werde ein weltweiter »Kampf ums Öl« einsetzen, vor allem da China und Indien mit ihren expandierenden Wirtschaften und dem damit verbundenen »Hunger nach Öl« als mächtige Konkurrenten auf dem Weltmarkt auftreten würden. In der 170-Seiten-Studie wird davon ausgegangen, dass die heimische Produktion in den USA sowohl absolut als auch relativ in den nächsten zwei Jahrzehnten sinken und das Land daher über 50 Prozent seines Bedarfs künftig importieren müsse. Dieser Bedarf könne aber nicht durch eine Steigerung der Fördermengen bei den bisherigen Hauptlieferanten auf dem eigenen Kontinent (Kanada, Mexiko, Venezuela und Kolumbien) abgedeckt werden, weshalb neben dem Petroleum von der arabischen Halbinsel kaspisches und afrikanisches Öl strategisch immer bedeutender werde.

Ebenso wichtig wie der Nachschub an Öl und Gas ist für das Konzept der NEP und seine Analyse die Sicherung der Nachschublinien. Dies betrifft nicht nur die Pipelines, sondern auch den Schiffstransport vom Erzeuger zum Verbraucher. Außerdem geht es um die Sicherung der zu erschließenden Ressourcen vor allem in Afrika und Asien. Generell wird davon ausgegangen, dass die Fördergebiete, Versorgungslinien und Ressourcen bis auf Nordamerika und Europa alle in »schwachen Staaten« bzw. unsicheren Regionen liegen.

Als die kritischsten Punkte wurden (2001) Afghanistan unter dem Taliban-Regime und der Irak unter der Hussein-Diktatur ausgemacht. Afghanistan, weil es den Transport des ostkaspischen Öls zum Indischen Ozean unterbrechen könne, der Irak, weil er nicht nur wegen seiner enormen Ölreserven den Westen erpressen, sondern auch seinen Nachbarn Saudi-Arabien destabilisieren könne; und sollte er damit Erfolg haben, würde der Irak zur Hegemonialmacht im arabischen Raum aufsteigen – für die USA und viele ihrer Alliierten 2001 ein Horrorszenario.

Die NEP stellt als Konsequenz aus der Analyse eine unmittelbare Verbindung zwischen der Sicherung von Fördergebieten, Nachschublinien, künftigen Ressourcen und der nationalen Sicherheit der USA her, da eine Unterversorgung mit Energie dramatische Folgen für die amerikanische Wirtschaft wie für die Lebensverhältnisse aller US-Bürger nach sich ziehen werde. Aus diesem Grund müsse Vorsorge getroffen werden, um im Notfall den Nachschub an Energie auch mit militärischen Mitteln zu sichern.[8]

Auf Grundlage der neuen »Nationalen Energiepolitik« ging die Bush-Regierung schon im Frühsommer 2001 daran, die Sicherheitserfordernisse in die Realität umzusetzen. Die militärische Präsenz in den Ölregionen wurde verstärkt, die Ausbildung der Armeen in diesen Ländern ausgeweitet. Ein Großteil dieser Aufgaben wurde privaten Militärfirmen übertragen. Schon damals prophezeiten Kritiker der NEP, mit dieser Politik werde die US-Armee langsam, aber sicher in einen »Öl-Protektions-Service« umgewandelt. Diese Kritik verstärkte sich – wenngleich in anderer Weise – mit dem Afghanistan-Krieg, der den verheerenden Terroranschlägen vom 11. September 2001 folgte, und dem Krieg gegen den Irak im Frühjahr 2003. Ungewollt oder gewollt verwob sich seitdem die Ölsicherungspolitik der NEP mit dem »globalen Krieg gegen den Terror«. Auch ohne ihn hätte die neue »Nationale Energiepolitik« die Auftragsbücher der privaten Militärfirmen gefüllt; durch den »Krieg gegen den Terrorismus« wurde daraus dann endgültig ein Vollbeschäftigungsprogramm.

Seit 2001 ist es den USA gelungen, die Ölsicherungspolitik bei den meisten ihrer Alliierten und den sie verbindenden Bündnissen und Organisationen als Zielvorgabe durchzusetzen. Selbst Deutschland (wie Frankreich) hat sich der Zielsetzung angeschlossen: Auch wenn die Bundesregierung andere Akzente als die USA setzte und sich am Irak-Krieg nicht unmittelbar beteiligte, so hilft beispielsweise die Bundesmarine im Rahmen der »Operation Enduring Freedom«, die Nachschublinien des Öls am Horn von Afrika zu sichern. Die NATO hat sich diese Sichtweise ebenfalls zu Eigen gemacht, indem sie schon im »strategischen Konzept« davon sprach, dass »die Unterbrechung der Zufuhr lebenswichtiger Ressourcen« eine Gefahr für die Sicherheit des Bündnisses darstelle. Spätestens seit »Enduring Freedom« ist die Öl- oder Energiesicherungspolitik zur selbstverständlichen Handlungsgrundlage geworden.

Eine Ausweitung dieser Konzeption ist auf einem internen Treffen der NATO in Prag im Oktober 2005 zur Sprache gekommen. Dort betonte ihr Oberkommandierender, US-General James Jones, das Bündnis sei mit Ende des Kalten Kriegs aus einer »reinen Militärmaschinerie« umgewandelt worden, um den neuen Anforderungen nach »Peacekeeping und präventiven wie humanitären Operationen« nachkommen zu können. Die zukünftigen Sicherheitsaufgaben müssten, so Jones, zusammen mit der Privatwirtschaft bewältigt werden. Drei Aufgabenfelder seien dabei vorrangig: erstens die Sicherung der Öl- und Gasleitungen von Russland nach Westeuropa gegen terroristische Anschläge, zweitens die Sicherung der Häfen in den Bündnisländern und des sie anlaufenden internationalen Schiffsverkehrs und drittens die Sicherung des ölreichen Golfs von Guinea. Dieses Gebiet, in dem die westlichen »Ölkonzerne jährlich über eine Milliarde Dollar für Sicherheit ausgeben«, stellt laut Jones wegen »Piraterie, Raub, politischer Instabilität und der Spannungen zwischen Christen und Moslems ein ernsthaftes Sicherheitsproblem« für die NATO-Länder dar.[9] Es ist davon auszugehen, dass die Geschäfte der militärischen Dienstleistungsbranche angesichts solcher Überlegungen keinen Einbruch erleiden werden.

Die technologisch-elektronische Revolution

Ein Phänomen ganz anderer Art, das den Aufschwung der privaten Militärfirmen begünstigte, war die Transformation der Kriegsführung, die in Konzepten wie Revolution in Military Affairs (RMA) und Network Centric Warfare (NCW) ihren Niederschlag fand.[10] Im Mittelpunkt steht die durch den Einsatz von Elektronik und Informationstechnologien (IT) eingeleitete Umwälzung sowohl der Waffentechnik als auch der Technik der Kriegsführung. Die Rüstungsgüterindustrie hatte die Entwicklung so weit vorangetrieben, dass ohne elektronische Systeme und IT-Vernetzung keine Kriegsgeräte außer leichten Waffen mehr einsetzbar waren. Die Handhabung, Bedienung und Wartung dieser neuen Waffensysteme, die untereinander mittels Computern elektronisch verknüpft sind (Präzisionswaffen, die »chirurgische Eingriffe« ohne »Kollateralschäden« möglich machen), verlangt jedoch hoch spezialisiertes Personal.

Über das benötigte Heer von Technikern, Ingenieuren, Computerfachleuten etc. verfügten die US-Streitkräfte bis dato nicht. Ließen sie anfangs noch Soldaten für die neuen Anforderungen schulen, so verzichteten sie aus Kostengründen nach und nach darauf, eigene Fachkräfte ausbilden zu lassen. Das Pentagon ging stattdessen dazu über, bei den Rüstungskonzernen zusammen mit den Waffensystemen auch gleich das Bedienungspersonal einzukaufen. Viele von ihnen wie Northrop Grunman oder Lockheed Martin organisierten daraufhin diesen Sektor neu, kauften pri-

Präzisionswaffen wie diese Cruise Missile, abgefeuert von einem US-Kriegsschiff auf Bagdad, werden von den privaten Herstellern oft selbst gewartet und auch bedient.

vate Militärfirmen wie *Vinnell* und *MPRI* auf und gliederten ihr Bedienungspersonal den neuen Tochterfirmen ein.

In der Kriegsführung sind für die technologische Veränderung zwei Begriffe kennzeichnend: Information Warfare (IW) und Command and Control Warfare (C2W). Unter Ersterem versteht man die offensive und defensive Nutzung von Informationen und Informationssystemen, um die computergestützten Netzwerke, elektronischen Datenverarbeitungssysteme und Informationsbasen des Gegners anzuzapfen, auszubeuten, fehlzuleiten, funktionsunfähig zu machen oder zu zerstören. Beim C2W geht es darum, durch kombinierten Einsatz von elektronischen, physischen, psychologischen sowie geheimdienstlichen Mitteln die Kontrollorgane und -mechanismen des Gegners zu beeinflussen, irrezuführen, zu schwächen, um die Kommandozentralen informationell lahmlegen und physisch zerstören zu können. Diese Vorgehensweise hat beispielsweise die private Militärfirma *MPRI* in der schon beschriebenen »Operation Sturm« in Kroatien erfolgreich angewandt. Im größeren Maßstab kam C2W dann im Afghanistan- und im Irak-Krieg zur Anwendung. Die Schnelligkeit, mit der in beiden Fällen die gegnerischen Streitkräfte ausgeschaltet werden konnten, lag nicht zuletzt an der neuen Kriegsführungskonzeption. Die Realisierung war aber in beiden Fällen nur durch den massiven Einsatz von privaten Militärfirmen und Spezialisten aus der Privatwirtschaft möglich. So wurden einige der Hightech-Waffen wie die »Predator-Drohnen«, die »Global Hawks« (unbemannte Flugzeuge), die »B-2 Stealth-Bomber« oder das von den Schiffen der US-Navy operierende »Aegis Defense System« von Angehörigen privater Militärfirmen bedient und gewartet.[11] Die Informationssysteme wurden ebenfalls weitgehend von Personen aus der militärischen Dienstleistungsbranche gesteuert.

Wie ein amerikanischer Militärexperte analysierte, habe die US-Army offensichtlich beschlossen, Vertragspersonal selbst in die unmittelbaren Kampfhandlungen einzubeziehen. Man könne deshalb davon ausgehen, dass zukünftig die auf Informationstechnologien basierende Kriegsführung (Information Warfare) von den »neuen Söldnern« dominiert werde.[12] Die Abhängigkeit der Streitkräfte von Hightech-Waffensystemen führt dazu, dass sie ohne die Hilfe von privatem Personal nicht mehr operationsfähig sind. Manchmal sind sogar mehrere Firmen notwendig, um eine Militäreinheit einsatzbereit zu machen. Dadurch steigt die Zahl der privaten Angestellten – Techniker, Programmierer, Systemanalysten, Simulationsspezialisten etc. – auf den »Schlachtfeldern« steil an. Diese Personen werden zum integralen Bestandteil der militärischen Operationen selbst. Tausende von »Zivilisten«, die auf den Operationsbasen arbeiten, um den »digitalisierten Krieg« real werden zu lassen, werden so faktisch zu Soldaten. Das Völkerrecht führt sie weiterhin als Nicht-Kombattanten und rechnet sie der Zivilbevölkerung zu; der Kriegsgegner sieht in ihnen, was sie faktisch sind – Teile der Kriegsmaschinerie. Mit der Einbeziehung von Privatsoldaten in die Kriegsführung hat sich eine gefährliche Grauzone aufgetan, die von Leuten ohne klaren rechtlichen Status bevölkert wird.

Umwälzungen im Bereich der Geheimdienste

Eine ähnliche Entwicklung wie im militärisch-industriellen Komplex hat sich bei den Nachrichten-, Informations- und Geheimdiensten vollzogen. In diesem höchst sensiblen Bereich hat sich die elektronische Revolution noch viel stärker bemerkbar gemacht. Das betrifft zum einen die Computerisierung der nachrichtendienstlichen Mittel und Methoden, die eine Umwälzung der Arbeitsweise nach sich zog. Das betrifft zum Zweiten die stetig wachsende Abhängigkeit der Geheimdienste von den Technologien und dem Know-how der Privatindustrie. Dadurch hat sich drittens eine Verflechtung zwischen staatlichen und privaten Akteuren ergeben, die womöglich noch größer ist als die im militärischen Sektor.

Mehrere Dinge haben dabei eine Rolle gespielt. Die besonders durch den Ausbau des Internets gestiegene Informationsflut musste vor allem im zivilen Sektor – Wirtschaft und Medien – bewältigt werden. Die Rationalisierung durch EDV-gestützte Systeme bei Banken, Versicherungen, Energieunternehmen etc. erhöhte die Abhängigkeit von Informationstechnologien. Ordnungssysteme für die Datenflut und Sicherungssysteme für EDV-Anlagen entwickelte zuerst die private Wirtschaft für ihre Bedürfnisse. Sowohl auf der Hardware-Seite mit immer schnelleren Computergenerationen wie auf der Software-Seite mit immer »intelligenteren« Programmen für alle nur denkbaren Bedürfnisse vollzog sich eine rasante Entwicklung. Die Intelligenz des »Cyber-Raums«, der virtuellen und digitalisierten Welten, hatte sich im privatwirtschaftlichen und zivilen Bereich entwickelt. Sie errang bald eine uneingeschränkte Vormachtstellung. Die Spezialisten der staatlichen Kontrollorgane bei Polizei, Militär und Geheimdiensten waren dieser »Cyber-Intelligenz« nicht gewachsen. Nur gelegentlich erfuhr die breite Öffentlichkeit davon, etwa wenn die Medien berichteten, dass es »Hackern« gelungen war, in das Sicherheitssystem des US-Präsidenten einzubrechen, oder wenn ein Computervirus Elektrizitätswerke, Transportverbindungen oder Ähnliches lahmgelegt hatte. Zwar versuchte man bei den staatlichen Sicherheitsorganen die Lücke durch Aufrüstung und verstärkte Ausbildung zu schließen, doch der Erfolg war mäßig. Die zum Teil kostensparendste und eleganteste Lösung bestand darin, privates Wissen aufzukaufen oder auf Zeit anzuheuern und es in die eigene Arbeit einzubinden. Dieses Bedürfnis nach privater Hilfe wurde noch durch die Tatsache verstärkt, dass Privatakteure oder -gruppen, die die öffentliche Sicherheit potentiell gefährden (wie die Organisierte Kriminalität oder Terroristen), über den ungehinderten Zugang zu den Hightech-Geräten und -Spezialisten verfügten, während die staatlichen Sicherheitsorgane in ihrer Ausstattung der technologischen Entwicklung hinterherhinkten. Um diese Lücken schnell zu schließen, gewährte man der Computerindustrie, privaten Systemanalysten und -technikern, Programmierexperten, Fachleuten für digitalisierte Probleme etc. Zugang zu den staatlichen Sicherheitsstrukturen.

Das Ausmaß und die Bedeutung der Verflechtung von Privatwirtschaft und staatlichen Sicherheitsorganen wird deutlich, wenn man sich etwa die Arbeit und die Aufgaben der Nachrichten- oder Geheimdienste in Deutschland etwas näher betrachtet. Diese sollen die politische Exekutive und die staatlichen Institutionen (zum Beispiel Polizei, Grenzschutz, Zoll, Staatsanwaltschaft) mit allem die Sicherheit betreffenden Wissen versorgen, das nicht öffentlich zugänglich ist. Ihre Aufgabenfelder im Inneren sind Kampf gegen Spionage (generell auch Wirtschaftsspionage), Sabotage, Terrorismus, politische, religiöse oder ethnische extremistische Bewegungen, Organisierte Kriminalität, Drogenproduktion und -handel, illegalen Waffenhandel und -schmuggel, Geldfälschung und -wäsche, illegale Immigration und Menschenhandel, »elektronische« Angriffe jeglicher Art etc. Im Bereich der äußeren Sicherheit sind ungefähr die gleichen Aufgabenfelder abzudecken, sofern die staatsgefährdenden oder kriminellen Aktivitäten vom Ausland aus initiiert oder gesteuert werden. Darüber hinaus hat der Bundesnachrichtendienst (BND) noch die Aufgabe, diejenigen Ministerien mit sicherheitsrelevanten Nachrichten zu versorgen, deren Tätigkeiten mit dem Ausland verbunden sind wie das Außen-, Entwicklungs-, Wirtschafts- und Verteidigungsministerium. Die Streitkräfte und das Verteidigungsministerium werden außerdem vom Militärischen Abschirmdienst (MAD) über alle die militärische Sicherheit von außen bedrohenden Pläne oder Aktivitäten unterrichtet.[13]

Die Beschaffung von Daten, die Entschlüsselung und Verdichtung zu Informationen sowie deren Weiterverarbeitung zu relevantem Wissen ist für die verschiedenen Dienste besonders im Verlauf der letzten anderthalb Jahrzehnte weitgehend nur noch mit modernster IT-Technologie möglich. Die Datensammlung erfolgt normalerweise in drei Sektoren: der Human Intelligence (HUMINT), der Signals Intelligence (SIGINT)[14] und der Imagery Intelligence (IMINT). Der erste Sektor arbeitet mit Informanten etwa aus Diplomaten-, Wirtschafts- oder Medienkreisen sowie mit Spionen und Agenten; der zweite erhält sein Material durch das Abfangen, Mitschneiden und Abhören jeglicher Art von Daten, die über Telefon, Radio, Internet, Laser, Radar, Satelliten etc. mittels elektromagnetischer Signale versandt werden; der dritte bezieht seine Daten aus Bildmaterial, das durch fotografische, elektronische, infrarote, ultraviolette und andere Aufnahmetechnologien von Satelliten, unbemannten Fluggeräten wie dem »Predator« oder dem »Global Hawk«, Flugzeugen, Schiffen oder Bodenstationen aus erzeugt wird.

Obwohl die HUMINT sich ebenfalls enorm weiterentwickelt hat, sind die eigentlichen Qualitätssprünge in den beiden anderen Sektoren zu verzeichnen. Diese sind aber in großem Maße von den Fähigkeiten der privaten Industrie und ihrem Personal abhängig: Seit das Transport- und Beförderungswesen massiv in die Entwicklung der satellitengestützten Navigationssysteme eingestiegen ist, konnten neue Standards in diesem Bereich gesetzt werden (etwa GPS-gestützte Navigationssysteme), und außerdem liegen bei den Speditionsfirmen vergleichsweise mehr Daten des grenzüberschreitenden Warenverkehrs vor als bei öffentlichen Stellen – Daten, die für den Zoll bei eventuellem Waffen- und Drogenschmuggel von eminenter Bedeutung sind; Satellitenaufnahmen von jedem Fleck dieser Erde sind nicht nur für jede Privatperson erhältlich, seit kommerzielle Firmen dieses Geschäft einschließlich der Satelliten selbst betreiben, sondern diese Personen können die Informationen auch für eigene Zwecke jedweder Art nutzen: die Organisierte Kriminalität für Menschenhandel und Drogentransport, die extrahierenden Industrien zum Auffinden von Rohstoffen, private Wirtschaftsspionagedienste zur Spekulation an der Börse etc.; Luftaufklärung in Bezug auf alles, was sich auf dem Boden bewegt oder steht, ist zur Domäne privater Firmen geworden; Konzerne der Telekommunikationsbranche verfügen inzwischen über sehr viel leistungsfähigere und preiswertere Datenübertragungswege als das Militär, was beispielsweise das amerikanische Pentagon dazu gebracht hat, ihr gesamtes Telekommunikationsnetz einem privaten Betreiber zu übertragen, obwohl es – notgedrungenerweise – weniger sicher ist.

Der zweite Schritt im Arbeitszyklus der Geheimdienste, die Verdichtung und – sofern nötig – Entschlüsselung von Daten, hat ebenfalls einen grundlegenden Wandel erfahren. Automatisierte, computergestützte Verfahren zum Ordnen und Verdichten von Daten sind im zivilen Bereich sehr viel weiter fortgeschritten als im geheimdienstlichen. Die Dechiffrierung von Daten (genauso wie das Verschlüsseln) ist längst keine Domäne von militärischen Nachrichtendiensten mehr. Die Privatwirtschaft hat diese Festung schon seit einigen Jahren geschliffen. Der Welt größter und leistungsfähigster Geheimdienst der Welt auf den Gebieten SIGINT, IMINT und Kryptologie (Chiffrierung), die US-amerikanische NSA, konnte trotz enormer Gelder für den eigenen Forschungs- und Entwicklungsbereich (F+E) mit den kommerziellen Spezialfirmen nicht mehr Schritt halten. Inzwischen hat die NSA bestimmte Aufgaben an Vertragsfirmen übergeben und lässt Teile seiner F+E-Arbeiten von privaten Computerfirmen wie CSC *(DynCorp)* oder *SAIC* erledigen.

Und selbst im dritten Arbeitsschritt – dem der Verarbeitung von aufbereiteten Informationen zu Wissen – haben private Unternehmen Fuß gefasst. Seit in der Privatwirtschaft Wissen als eine der kostbarsten Ressourcen im Produktionsprozess erkannt wurde, hat sich im Wissensmanagement eine Umwälzung vollzogen, die nicht zuletzt in unzähligen höchst kreativen und elaborierten Software-Programmen ihren Niederschlag fand. »Intelligente Werkzeuge« zum Lösen komplexer Probleme, zur Multikriterien-Bewertung von Situationen, zur Entwicklung dynamischer Strategien etc. gehören heute fast zum Standardprogramm transnationaler Konzerne wie Shell oder Mercedes und weltweit operierender Unternehmens- und Sicherheitsberatungsgesellschaften wie etwa McKinsey. Aufgrund des immensen Kapitals, das der Privatwirtschaft zur Verfügung steht, ist sie bei den wissenserzeugenden Instrumenten und Methoden den Geheimdiensten im Allgemeinen immer einige Schritte voraus. Und diese versuchen ähnlich wie die NSA, sich auftuende Lücken durch Aufkauf einerseits und Outsourcing andererseits zu schließen. Diesen Umstand hat sich die militärische Dienstleistungsbranche zunutze gemacht. Sie hat die geheimdienstlichen Bereiche mit großen Mitteln aufgerüstet und ihr Angebot beständig erweitert. Heute hat der überwiegende Teil der größeren privaten Militärfirmen eigene Geheimdienstabteilungen; einige Firmen haben den Intelligence-Sektor so weit ausgebaut, dass er zu einer spezialisierten Dienstleistung geworden ist. Und rund ein Dutzend von ihnen lebt fast ausschließlich von der geheimdienstlichen Tätigkeit. Zu den wichtigsten privaten Militärfirmen im Geheimdienstsektor gehören *CACI, Control Risk Group, Logicon, ManTech International, CSC (DynCorp), Diligence LLC, SAIC, AirScan* oder *Kroll Security International.*

Klientelsystem und Schattenökonomien – Die Entwicklung neuer Bedürfnisse nach Sicherheit

Im Busch folgt man dem Elefanten, um nicht vom Tau nass zu werden.
Afrikanisches Sprichwort

Die neuen Rahmenbedingungen der Sicherheitspolitik, die im vorangegangenen Kapitel dargestellt wurden, haben nicht nur die Situation in den westlichen Industriegesellschaften nachhaltig verändert. Die Auswirkungen auf die sogenannten schwachen Staaten waren noch gravierender. Viele ehemalige Kolonien konnten nach der Unabhängigkeit Ende der 50er, Anfang der 60er Jahre ihre Defizite im Sicherheitsbereich kaschieren, indem sie sich wie Nigeria oder Elfenbeinküste auf den Schutz der ehemaligen Kolonialmächte stützten, oder sie – wie Somalia oder Zaire – unter dem Sicherheitsschirm der jeweiligen Supermacht verbergen. Nach dem Ende des Ost-West-Konflikts auf sich allein gestellt und mit einer mangelhaften Souveränität ausgestattet, offenbarten sich in den letzten anderthalb Jahrzehnten die Fragilität ihrer Sicherheitssysteme und die Unfähigkeit, aufbrechende ungelöste Probleme wirtschaftlicher, sozialer, politischer, kultureller, ethnischer oder religiöser Art mit zivilen und gewaltfreien Mitteln zu bewältigen. Die Zunahme bewaffneter Auseinandersetzungen war nur das sichtbarste Zeichen dieser Schwäche.

Inzwischen ist die große Mehrheit der Staaten dieser Erde nicht mehr oder nur noch unzureichend in der Lage, die äußere und innere Sicherheit ihrer Länder zu garantieren. Zu den schon vorhandenen »schwachen Staaten« wie Kolumbien, Haiti, Liberia, Sudan, Afghanistan oder Sri Lanka sind nach 1989 weitere hinzugekommen (man denke nur an die Länder der ehemaligen Sowjetunion), in anderen hat sich die Situation unter anderem durch die Globalisierung weiter verschlechtert, wie etwa in Indonesien, auf den Philippinen, in Brasilien, Peru und den meisten Staaten Afrikas südlich der Sahara.

Manche Länder sehen sich aus unterschiedlichen Gründen außerstande, ein Gesundheitssystem zu unterhalten, das zumindest die Einsatzfähigkeit ihrer Soldaten garantiert – beispielsweise beträgt der Anteil an Aids-Kranken in den Armeen Angolas und des Kongos ungefähr 50 Prozent, in Uganda 66, in Malawi 75 und in

Zimbabwe sogar rund 80 Prozent.[1] Manche verfügen über keine Institutionen, um Banken und Finanzströme in und aus ihrem Land zu kontrollieren; andere besitzen kein Instrumentarium, um Handels- und Warenströme zu überwachen. Manche haben so wenig Personal, dass selbst ihre Staatsgrenzen unbewacht bleiben; so wird man in den subsaharischen Ländern wie Mali, Niger oder Burkina Faso selten einen Beamten oder Soldaten zu Gesicht bekommen, wenn man die dortigen Staatsgrenzen überschreitet. Und manche, wie Afghanistan oder der Sudan, haben sogar niemals eine legitimierte staatliche Kontrolle gekannt.

Das Entstehen von »Gewaltmärkten«

Beschleunigter Niedergang des Nationalstaats, Erosion des Gewaltmonopols, schwindende Souveränität des Staates, allmähliche Auflösung des Gemeinwesens, Bildung von gesellschaftlichen Teilgruppen – dies und anderes sind Erscheinungen einer Entwicklung, die sich im letzten Jahrzehnt in vielen Staaten der Dritten Welt herauskristallisiert hat. Die nicht zwingende – aber, wie sich herausgestellt hat, sehr wahrscheinliche – Konsequenz war, dass sich dort vermehrt »Gewaltmärkte« entwickelt haben. Wo staatliche Institutionen das öffentliche Gut Sicherheit nicht mehr garantieren konnten, wo Recht und Ordnung zum Spielball von Partikularinteressen wurden, wo die Verteilung der nationalen Reichtümer keinen festgelegten Prinzipien mehr folgte, wo die Umverteilung des geschaffenen Sozialprodukts willkürlichen Regeln unterlag, dort traten zumeist andere Akteure an die Stelle des Staates. Betrachtet man die Konfliktregionen in Südostasien, Lateinamerika oder Afrika, so ist es schwer, wenn nicht gar unmöglich zu klären, was in den einzelnen Fällen die Ursache und was die Wirkung bei der Herausbildung von Gewaltmärkten war.

Um das Phänomen zu erklären, reichen aber sicherlich nicht zwei wirtschaftliche und zwei soziale Variablen aus, wie es der Chefökonom der Weltbank, Paul Collier, in einer weltweit viel beachteten Studie behauptet.[2] Die vier Variablen, die er zur Stützung seiner These herangezogen hat, sind »Primärgutanteil an den Gesamtexporten«, »starker Rückgang der Volkswirtschaft«, »geringer Bildungsstand« und ein »überproportional hoher Anteil junger Männer an der Gesamtbevölkerung«. Da in den Ländern, in denen Gewaltmärkte entstanden, diese vier Merkmale überproportional stark gegenüber anderen Ländern (ohne Gewaltmärkte) vertreten waren, argumentiert Collier, seien die meisten Rebellen mehr durch wirtschaftliche »Gier« als durch politischen »Groll« motiviert worden.

Die Realität ist jedoch sehr viel komplexer: Ob sich beispielsweise die Organisierte Kriminalität mit einem sie umgebenden politisch-finanziellen Netzwerk in einigen ehemaligen »realsozialistischen« Ländern herausgebildet hat, weil die staatlichen Institutionen schwach waren, oder ob der Staat zunehmend durch die Organisierte Kriminalität geschwächt wurde, ist nicht die entscheidende Frage. Viel wichtiger, als einfache Kausalketten zu postulieren, ist es, anzuerkennen, dass beide Phänomene sich gegenseitig bedingen. Erst dieses Bedingungsgeflecht schafft die Komplexität, der man mit einfachen Lösungen nicht begegnen kann. Ob die »Gier« nach ökonomischem Reichtum oder der »Groll« auf korrupte politische Systeme bzw. staatliche Eliten das Leitmotiv des Handelns für private Gewaltakteure bildet, wird nicht zuletzt vom Erfolg der Maßnahmen abhängen, die sie zum Erreichen ihrer Ziele einsetzen; mal wird der eine (»Gier«), mal der andere Gesichtspunkt (»Groll«) im Vordergrund stehen. Damit wird aber schon deutlich, dass die Übergänge zwischen den verschiedenen auf der Weltbühne auftretenden privaten Gewaltakteuren – in erster Linie Kriegsherren, Rebellen oder Aufständische, Organisierte Kriminalität und terroristische Gruppierungen – immer fließender werden und ihre Verflechtung untereinander zunimmt. In Tschetschenien beispielsweise ist nicht mehr zu erkennen, welche Rolle – ob Rebell, Terrorist, Kriegsherr oder Krimineller – die Gewaltakteure spielen. Und in den Bürgerkriegen Sierra Leones oder Liberias hat sich gar der Typus des »So - Re« (»Soldier by day - Rebel by night«, tagsüber Soldat - nachts Rebell) herausgebildet. Zudem verschwimmen zusehends die Grenzen zwischen den Gewaltakteuren und ihren legalen Partnern, also staatlichen Institutionen, privaten Betrieben, Finanzinstituten, Handelsunternehmen etc.; es sind Grauzonen der Zusammenarbeit entstanden, in denen nicht oder kaum noch zu unterscheiden ist, was zur legalen und was zur illegalen Sphäre gehört.[3]

Probleme mit dem Klientelsystem

Ein Strukturmerkmal vieler Staaten der Dritten Welt, vor allem im subsaharischen Afrika, war das patrimoniale Klientelsystem. Dabei handelte es sich um eine Art Vetternwirtschaft, die hierarchisch von oben nach unten gegliedert war und mit Entwicklungsgeldern sowie dem Verkauf heimischer Rohstoffe finanziert wurde. Wegen ausbleibender finanzieller Transfers und politischer Unterstützung seitens der reichen Länder bzw. der Blockstaaten nach 1989 geriet dieses System in die Krise und trug entscheidend zur Fragmentierung politischer Herrschaft und zur Entstaatlichung der Gewaltanwendung bei.

Belohnt wurden im Klientelsystem politische Gefolgschaft und die Loyalität gegenüber der Staatsspitze, die sich häufig auf den Staatspräsidenten verengte. Zwar gab es formal ein Staatsgebilde, das mit all seinen Institutionen, Kontrollmechanismen und Regeln westlichen Demokratien nachgebildet war, es blieb faktisch jedoch funktionslos bzw. existierte nur auf dem Papier: mehr eine Filmkulisse für Staatsmänner und Medien denn ein reales Staatswesen. Der frühere zairische Präsident Mobutu oder Houphouet-Boigny aus Elfenbeinküste hatten dieses System nahezu perfektioniert.[4]

Das leitende Prinzip war – ähnlich wie zu Zeiten des Feudalismus und des Absolutismus in Europa – die in allen Bereichen des gesellschaftlichen Lebens regierende Abhängigkeit vom Willen und von den Launen der herrschenden Persönlichkeit oder der Herrschaftsclique. Dadurch wurde eine Unsicherheit erzeugt, die sich im wirtschaftlichen und kulturellen Leben ebenso wie im sozialen oder politischen Alltag niederschlug. Welche Abmachungen und Regeln galten, ob die heute an Staatsbeamte gezahlten »Bestechungsgelder« morgen noch ausreichend waren, ob mit dem Staat geschlossene Kauf- und Handelsverträge im nächsten Monat noch Gültigkeit besaßen, ob die Medien mit den bestehenden Zensurvorschriften rechnen konnten oder ob sie geändert wurden, ob die politische Opposition weiterhin geduldet wurde oder sich auf Repressionen einstellen musste – all das und vieles mehr war ständig unklar. Welchen Rechtsstatus der Einzelne beanspruchen, welche legitimen Ansprüche er vorbringen konnte, blieb permanent in der Schwebe. Selbst die politischen Mittelsmänner (»Günstlinge«) des Präsidenten bzw. der Machtspitze konnten

Die Ausbildung von Kindersoldaten übernehmen im Auftrag lokaler Kriegsherren zumeist Trainer von privaten Militärfirmen; hier ein Ausbildungscamp in Eritrea.

sich nicht auf ihre Positionen verlassen: Je besser sie funktionierten, umso eher wurden sie zu einer Gefahr für die Mächtigen und deshalb ausgetauscht. Auf diese Weise rotierten auch die Referenzpersonen für die unteren und mittleren Bevölkerungsschichten. Eine mittel- oder gar langfristige Planung war damit nicht nur auf wirtschaftlichem, sondern auf allen Gebieten ausgeschlossen.

Als die Mittel zur Aufrechterhaltung dieses Klientelwesens auszubleiben begannen, fiel es langsam in sich zusammen und hinterließ ein Vakuum, das jede politische Gruppe, wirtschaftliche Gruppierung, kulturelle oder soziale Schicht etc. auf die ihr je eigene Art aus- und aufzufüllen versuchte. Nachdem die auf Willkür basierende, gleichwohl »ordnende Hand« verschwunden war, gab es keine Institution mehr, die Legitimation und ausreichende Macht besaß, um die aufeinanderprallenden divergierenden Interessen auszugleichen. Im Gegenteil: Jeder versuchte, dem entstandenen Chaos mit den geringsten Schäden und den größten Vorteilen zu entkommen. Diese Verhältnisse gab es nicht nur in Afrika, und diese Entwicklung war nicht auf diesen Kontinent beschränkt, sondern konnte ebenso in Zentral- oder Südostasien, in Lateinamerika und im Nahen Osten beobachtet werden.

Nicht ganz so stark traf es die erdölproduzierenden Länder, denen es aufgrund der enormen Einnahmen aus diesem Geschäft besser gelang (oder bis heute gelingt), das staatlich finanzierte Klientelsystem einigermaßen aufrechtzuerhalten. Doch auch hier machten sich Verwerfungen bemerkbar, auch hier wurde die Vereinnahmung der Riesenprofite durch politische Eliten und Militärs nicht mehr widerstandslos hingenommen. Ländern wie Indonesien, Nigeria, Kolumbien oder Saudi-Arabien[5] stehen aber immer noch genügend finanzielle Mittel zur Verfügung, um das, was an Opposition nicht gekauft werden kann, mit repressiven Mitteln zu unterdrücken oder gewaltsam niederzuschlagen. Der Aufwand, der betrieben werden muss, um die innere Opposition niederzuhalten und die Erdölfelder zu sichern, übersteigt jedoch immer häufiger die vorhandenen Kapazitäten und erhöht die Nachfrage nach zusätzlichen Sicherheitsdienstleistungen, nicht zuletzt solche militärischer Art. Anderen »schwachen Staaten«, die mit dem Verkauf heimischer Bodenschätze ihre Klientel bezahlt oder gefügig gemacht hatten, waren diese Mittel aus der Hand genommen, als mit der Globalisierung der Verfall der Rohstoffpreise auf dem Weltmarkt begann und die Staatseinnahmen drastisch fielen.

Entwicklung von Partikulargemeinschaften

Der Verfall des Klientelsystems führte nicht nur dazu, dass die sozialen Konflikte offener zutage traten, sondern dass sie bei abnehmenden Ressourcen an Schärfe zunahmen und immer häufiger in gewaltsamen Auseinandersetzungen mündeten. Im soziokulturellen Bereich kam es zu zwei – wenngleich nicht unabhängig voneinander bestehenden – Entwicklungen. Zum einen entstanden auf traditionellen Werten, ethnischen oder religiösen Zugehörigkeiten basierende Partikulargemeinschaften, die einen gewissen Schutz bei dem Versuch versprachen, die gesellschaftlichen Verteilungskonflikte einigermaßen erfolgreich zu bestehen. Zum anderen bildeten sich Gruppierungen, die – ideologisch überhöht oder nicht – entweder auf eine Zerstörung des »materialistischen« Gesellschaftssystems bzw. des westlichen Modernisierungsmodells hinarbeiteten oder auf direktem Wege unter Einsatz aller verfügbaren Mittel (einschließlich militärischer) ihre materiellen Ziele erreichen wollten.[6]

Im ersten Fall begünstigte die Erfahrung wachsender sozialer Verelendung, Perspektivlosigkeit und Identitätsverlust die Rückbesinnung auf traditionelle Werte, den Rückbezug auf die eigene Volksgruppe oder auf die religiöse Gemeinschaft. Die in den Partikulargemeinschaften vorhandenen Ordnungsstrukturen und Konfliktregelungsmuster, das dort herrschende Gemeinschaftsgefühl und die vermittelte Gruppensolidarität boten Geborgenheit und konnten verlorene Sicherheit ersetzen. Indem sie selbst für Bildung, Gesundheit und soziale Absicherung sorgten, traten sie an die Stelle des schwachen, korrupten oder nicht mehr vorhandenen Staates. Ihre Anziehungskraft machte sich in zunehmender Gefolgschaft bemerkbar, und eine Reihe dieser Partikulargemeinschaften entwickelte sich zu effizienten Großorganisationen mit politischem Anspruch, so in Algerien, Somalia, Sumatra, Sri Lanka oder Afghanistan. Der Erfolg verstärkte die innere Kohärenz, aber damit auch die Konfrontation mit anderen Partikulargemeinschaften und mit den Resten des Staatsapparats. Die Folgen waren sehr unterschiedlich: In Afghanistan usurpierte mit den Taliban eine ethnisch-religiöse Gruppierung die Macht und eroberte das Gewaltmonopol (das später durch äußere Intervention zerstört wurde, worauf man zu den Clanstrukturen zurückkehrte); in Sri Lanka entwickelte sich die Situation zu einem bis heute andauernden Bürgerkrieg; in Somalia wurde der Zentralstaat zugunsten einer Herrschaft von Partikulargemeinschaften aufgelöst; in Algerien brachte man die islamische Partei FIS (Force Islamique du Salut) mit repressiven Mitteln vorübergehend zum Verschwinden; in Sumatra scheint man in Aceh einen zeitweiligen Kompromiss gefunden zu haben. Bei all diesen Beispielen waren die Veränderungen von blutigsten Auseinandersetzungen begleitet, in denen die Zivilbevölkerung mit über 80 Prozent der Toten die Hauptlast zu tragen hatte.

Die andere Entwicklung, die eine materielle Absicherung der Existenz auf direktem Weg anstrebt, kennt im Wesentlichen drei verschiedene Typen von Partikulargemeinschaften. Das eine sind politisch-ideologische oder religiös-ideologische Rebellen- und Aufständischenbewegungen, wie sie sich in den verschiedenen »Befreiungsfronten« Kolumbiens, Sierra Leones oder auf den Philippinen zeigten (und zeigen). Den zweiten Typus stellen Kriegsherren dar, die aber anders als die Condottieri des ausgehenden Mittelalters oder die Kriegsfürsten des Dreißigjährigen Krieges nicht selbständige militärische Einheiten sind, die sich an andere (an Fürsten und Könige) verkaufen, sondern die selbst ein Territorium besetzt haben und eine lokal begrenzte Herrschaft ausüben. Teilweise haben sie sich Gebiete des ehemaligen, inzwischen zerfallenden Staates angeeignet, in denen sie mit militärischer Macht souverän regieren; teilweise haben sie die Macht über das gesamte ehemalige Staatsgebiet ausgedehnt und herrschen als Autokraten. Dieses Phänomen der Kriegsherren kennen die meisten west- und zentralafrikanischen Staaten, die kaukasischen Republiken, islamische Länder wie der Jemen oder (Teile von) Pakistan oder das asiatische Myanmar. Ähnlich wie früher unter den »Kumpanen« der »Freien Kompanien« bilden sich in der Soldateska der Kriegsherren ein Gemeinschaftsgefühl, eine Gruppensolidarität und ein gewisses Sicherheitsgefühl aus. Die fehlende Sinnstiftung durch eine eigene Ideologie oder die fehlende ethische Unterfütterung ihres Handelns, wie sie bei den auf traditionellen Werten fußenden Partikulargemeinschaften anzutreffen ist, machen die Kriegsherren durch die Befriedigung materieller und existentieller Bedürfnisse wett. Ihre Einnahmen erzielen sie durch »Besteuerung« der Unternehmen, die auf ihrem Territorium Rohstoffe ausbeuten, durch die Erhebung von »Wegezöllen« (zum Beispiel auf den Transport von Hilfsgütern durch humanitäre Organisationen) und Schutzgeldern, durch von Produzenten und Händlern illegaler Waren zu zahlende Abgaben und anderes mehr.

Der zu ungeahnten Ausmaßen angewachsene dritte Typus besteht in den verschiedensten Formen der Organisierten Kriminalität. Häufig strukturiert auch sie sich entlang ethnischer Trennungslinien, was zweifellos die benötigte Verlässlichkeit innerhalb der Gruppe erhöht. In einem noch strikteren Sinne als die Kriegshaufen ist sie eine »verschworene Gemeinschaft«, die sich gegenseitig Schutz und Unterstützung gewährt, nicht zuletzt um gegen staatliche Verfolgung besser gewappnet zu sein. Weniger noch als die Soldateska der Kriegsherren verbindet sie Werte, denn die Organisierte Kriminalität stellt die reinste Form einer Zweckgemeinschaft dar. Ihre Einnahmen erzielt sie einmal aus dem Handel mit illegalen Waren und Dienstleistungen (wie Drogen und Giftmüll, Menschenhandel und Geldwäsche), zum anderen durch illegalen An- und Verkauf von legalen Gütern (wie Waffen oder Diamanten) und drittens durch die illegale Abwicklung von legalen Dienstleistungen (wie Finanz- und Technologietransfers oder

Handel mit Patent- und Markenrechten). Das Volumen aller Wirtschaftsaktivitäten, die in dieser oder jener Weise an der Legalität vorbei erfolgen – also bedeutend mehr als der Umsatz der Organisierten Kriminalität –, wird von den verschiedensten Institutionen für 2005 im Mittel auf 2000 Milliarden Euro geschätzt, mit einem Anteil am Welthandel von knapp 20 Prozent. Die Vereinten Nationen schätzen den Anteil am Bruttosozialprodukt, der allein auf die Organisierte Kriminalität entfällt, durchschnittlich auf zwei Prozent in den einzelnen Ländern.

Mit den Terroristen hat sich ein weiterer Typus von nichtstaatlichen, privaten Gewaltakteuren herausgebildet, der aber nicht aus Partikulargemeinschaften hervorgeht. Bei der heute vorherrschenden Form des »islamischen Terrorismus« handelt es sich um einen lockeren Verbund von Einzelpersonen (zumeist aus gut situierten Verhältnissen), die je nach Bedarf und Aktion zu funktionalen Gruppierungen zusammengeschlossen werden oder sich zusammenschließen, um zumeist gleich wieder zu zerfallen. Bei der Mehrzahl der heutigen terroristischen Netzwerke ist die Ideologie formal religiös gefärbt, ihr Inhalt jedoch ist weitgehend die arabische Übersetzung der »Kritik an der Moderne«, wie sie die terroristischen Gruppen der 70er und 80er Jahre (linke wie rechte, »rote« wie »schwarze«) im Westen entwickelt hatten. Was sich gegenüber diesen außer der Sprache bzw. den Formulierungen ihrer Botschaften geändert hat, ist die Form der Gewaltanwendung. Zwar richtet sie sich weiterhin primär gegen Zivilisten, doch im Gegensatz zu früher schiebt sich beim »islamischen Terrorismus« immer mehr das Prinzip der Schadensmaximierung (siehe Anschlag vom 11. September 2001) in den Vordergrund und dominiert die Kriegslogik.

Das globale illegale Netzwerk

Zwischen den verschiedenen privaten Gewaltakteuren haben sich zum gegenseitigen Nutzen intensive Verbindungen herausgebildet. Die anfänglich punktuellen Kontakte zwischen Aufständischen und religiös inspirierten Partikulargemeinschaften, zwischen Terroristen und Organisierter Kriminalität, zwischen Kriegsherren und Rebellen, zwischen ethnischen Gruppierungen, Terroristen und Organisierter Kriminalität haben sich im Laufe der Zeit zu ständigen Kooperationsbeziehungen verdichtet. Heute kann man von einem weltweiten illegalen Netzwerk sprechen, das mit seinen auf wechselseitigen Vorteil bedachten Operationen den Erdball umspannt. Terroristen, Guerillas, Kriegsherren decken beispielsweise ihren Bedarf an Waffen durch den Verkauf von Drogen und Diamanten,[7] die die Organisierte Kriminalität im Tausch gegen Kriegsgerät in Umlauf bringt; Terroristen benötigen Rückzugsgebiete, die von Kriegsherren oder religiös inspirierten Partikulargemeinschaften gewährt werden; Rebellen kontrollieren Diamantenfelder, die Kommerzialisierung des Rohminerals übernimmt die Organisierte Kriminalität;[8] diese wiederum braucht »extraterritoriale« Gebiete als logistische Basen, um den Waffenhandel abwickeln oder um illegale Luftfracht sicher landen zu können.

Dieses illegale Netzwerk aus nichtstaatlichen Gewaltakteuren ist seinerseits jedoch auf Partner in der legalen Sphäre angewiesen: Finanzinstitute, rohstoffverarbeitende Industrien, Zoll- und Regierungsstellen, Handelsunternehmen etc. Illegaler Waffenhandel beispielsweise ist ohne eine Mitarbeit verschiedenster legaler Akteure nicht möglich. Und das lukrative Geschäft der Geldwäsche findet nicht im Geheimen auf Inselparadiesen statt, sondern bedarf der aktiven Mithilfe von legalen Finanzinstituten und – im großen Stil betrieben – der Deckung durch politische Stellen. Länder wie Ungarn, Ägypten, die Ukraine, Israel, Russland oder Indonesien sind – neben den schon immer existierenden »Geldwaschanlagen« vor allem in der Karibik – inzwischen fest in dieses Geschäft eingebunden.

Insgesamt hat sich die Durchdringung des legalen Teils der Gesellschaft mit Organisierter Kriminalität auf alle Staaten dieser Welt ausgedehnt. Der Prozentsatz variiert jedoch enorm: Während er beispielsweise in den skandinavischen Ländern extrem niedrig liegt, wächst er in anderen industrialisierten Gesellschaften langsam an (mit Spitzen in Staaten wie Japan und Italien), erhöht sich teilweise enorm in weniger industrialisierten Staaten wie der Türkei, dem Baltikum, Brasilien oder Indien und ist in einigen Ländern fester Bestandteil von Staat und Wirtschaft geworden. In Staaten wie Albanien oder Sambia beispielsweise hat die Verquickung von Legalität und Illegalität ein Ausmaß angenommen, dass kaum noch zu unterscheiden ist, ob Teile der Regierung integraler Bestandteil von kriminellen Strukturen oder ob Teile der Organisierten Kriminalität integraler Bestandteil der Regierung geworden sind, ob große Teile der Wirtschaft zum

Netzwerk der Organisierten Kriminalität oder ob viele von deren wirtschaftlichen Aktivitäten zur legalen Wirtschaft gehören.

Der Umstand, dass diese Prozentsätze enorm variieren, hat mit einem ganzen Bündel von unterschiedlichen Variablen zu tun. Als Faustregel kann man jedoch festhalten, dass dort, wo die staatlichen, gemeinschaftlichen und sozialen Kontrollen, Kontrollmechanismen und -instrumente am weitesten ausgebaut und transparent sind, die niedrigsten Prozentsätze zu verzeichnen sind. Diese nehmen proportional zu, je schwächer die Kontrollen sind und je mehr die Transparenz abnimmt.

Schattenökonomien als Bindeglied zwischen legaler und krimineller Wirtschaft

Die Tatsache, dass Rebellen, Kriegsherren, Terroristen und Organisierte Kriminalität in die legale Sphäre der Staaten einsickern konnten, hat viel mit einer anderen Entwicklung nach 1989 zu tun, die sich auf die Nachfrage nach privaten Sicherheitsdienstleistungen entscheidend niederschlägt. Es handelt sich dabei um die rasante Ausbreitung von sogenannten informellen Ökonomien, Schattenökonomien oder Schattenwirtschaften. Dieses Phänomen betrifft alle Länder, nimmt jedoch mit der Schwäche des Staates exponentiell zu. Schattenwirtschaft hat es schon immer gegeben, auch in den hoch industrialisierten Ländern. In den »schwachen Staaten« hat sich ihr Anteil im Zuge der Globalisierung enorm erhöht. Heute versucht mehr als die Hälfte der Weltbevölkerung, ihre Existenz oder ihr Überleben in den Schattenökonomien zu sichern, wobei sie in einem Zustand beständiger legaler wie physischer Unsicherheit lebt. Nach Angaben des Entwicklungsprogramms der Vereinten Nationen (UNDP) sank beispielsweise in den afrikanischen Ländern südlich der Sahara das Pro-Kopf-Einkommen zwischen 1990 und 2002 um jährlich 0,4 Prozent, während die Zahl der Armen in diesem Zeitraum Jahr für Jahr um 74 Millionen zugenommen hat. Gleichzeitig wurden die öffentlichen Investitionen im Bildungs-, Gesundheits- und Sozialbereich drastisch reduziert.[9]

Die Öffnung der Grenzen, der weitgehende Wegfall von Export- und Importlizenzen, die Abschaffung von Devisenkontrollen, die Privatisierung von staatlichen Unternehmen, der freie Kapitalverkehr und eine umfassende Liberalisierung aller Wirtschaftssektoren führten zum einen dazu, dass der Staat in vielen Ländern der Dritten Welt weitgehend die Kontrolle über seine Wirtschaft verlor und die Staatseinnahmen drastisch zurückgingen. Zum anderen hat die von der Globalisierung erzwungene Öffnung der Märkte weite Teile der legalen Wirtschaft in den Konkurs getrieben, da sie den sehr viel produktiveren transnationalen Konzernen nicht gewachsen waren.

Die Folgen waren eine Explosion der Arbeitslosenzahlen, eine Zerstörung des ohnehin brüchigen sozialen Gewebes und ein Abgleiten beträchtlicher Teile der Wirtschaft in die Halblegalität. In eingeschränkter Form das Überleben zu sichern, war den Betrieben nur möglich, wenn sie sich am Rande der Legalität bewegten: keine oder geringe Steuern und Abgaben zahlen, gesetzliche Auflagen des Arbeits- und Sozialrechts missachten, Refinanzierung und Geldtransaktionen im nichtoffiziellen Raum vornehmen etc. An die Stelle von Staatsbetrieben und heimischen Konzernen, die in den profitablen Sektoren von der ausländischen westlichen Konkurrenz verdrängt wurden, traten Myriaden von Kleinstunternehmen. Wegen ihres halblegalen Status genießen sie selten oder kaum den Schutz des Staates, weder rechtlich noch physisch. So sind Vertragsbruch, nicht eingehaltene finanzielle Verbindlichkeiten, Erpressung und Bedrohung für sie an der Tagesordnung. Die Bereiche der »informellen Wirtschaft« wurden zu Sicherheitszonen zweiter Klasse.

Das Vakuum an staatlicher legitimierter Gewalt füllten nach und nach gewalttätige Banden (die sich zur Organisierten Kriminalität weiterentwickelten) oder korrupte Ordnungshüter aus, die das öffentliche Gut Sicherheit sukzessive »von unten« privatisieren. Die Finanzierung erfolgte entweder über Schutzgelder, die an die Organisierte Kriminalität für ihre Sicherheitsdienste gezahlt wurden, oder indem man die Polizisten durch ein Zusatzsalär entlohnte. Da diese Unternehmen andererseits auf staatliche Dienstleistungen angewiesen sind – vom Gewerbe- über das Bauaufsichts- und Straßenverkehrs- bis zum Ordnungsamt – entwickelte sich ein informelles Kontaktsystem zu den staatlichen Dienststellen, deren Amtsinhaber für ihre inoffiziellen Dienste extra bezahlt wurden. Es entstand ein eigener Wirtschaftskreislauf mit der Schattenökonomie, die mit den illegalen Wirtschaftsaktivitäten der Organisierten Kriminalität einerseits, mit der legalen Sphäre von Wirtschaft und Staat andererseits zum Teil eng verzahnt ist. Illegal beschaffte Rohstoffe und Halbprodukte wurden – weil sie billiger waren – von den Unternehmen der Schattenökonomie weiterverarbeitet, die legale Wirtschaft – weil kostengünstiger – übernahm sie und brachte sie in den Handel. Kurz: In weiten Teilen der Welt haben sich die »informellen Ökonomien« inzwischen zu einem festen Bindeglied zwischen legaler und illegaler Wirtschaft ausgebildet.

Die weit reichenden Konsequenzen sind in einigen Ländern Lateinamerikas besonders gut sichtbar. Abnehmende Steuerzuflüsse aufgrund der Schattenökonomie zwingen den Staat, auch im Bereich der inneren Sicherheit Kürzungen vorzunehmen. Es entstehen Zonen ungleichen Schutzes: Bereiche relativer Sicherheit und Bereiche der Unsicherheit. Diese korrelieren sehr stark mit der Einkommensverteilung, wobei Reichtum eher, Armut weniger staatlichen Schutz und Sicherheit erwarten kann. Das Gewaltmonopol des Staates wird auf diese Weise zwar formal nicht in Frage gestellt, aber faktisch eingeschränkt. In weiten Bereichen städtischer Ballungsgebiete – beispielsweise in den Favelas Brasiliens – haben die staatlichen Ordnungsmächte sogar überhaupt nichts mehr zu sagen. Die Ausübung von Gewalt ist hier schon ganz auf nichtstaatliche Gewaltakteure übergegangen. Die Armutsapartheid generiert mit den arbeitslosen Jugendlichen permanent weitere Personen, die Gewalt als einziges Mittel des Überlebens kennen, und produziert stetigen Nachwuchs für die Organisierte Kriminalität (aber auch – und zum Teil über Landesgrenzen hinweg – für Aufständischenbewegungen, Kriegsherren und Terroristen). Andererseits wächst in der Reichtumsapartheid die Furcht vor den Gewaltakteuren, die vom Staat nicht mehr kontrolliert werden können. Ohne dass es zu Zusammenstößen zwischen diesen beiden »Partikulargemeinschaften« kommen muss, wird zumindest von Seiten der Wohlhabenden und Integrierten eine Aufrüstung ihrer Sicherheit vorgenommen, die über den privaten Sektor realisiert wird. Der Staat wird – von der Einkommenspyramide aus betrachtet – auch von oben entmachtet, sein Gewaltmonopol durchlöchert. Immer mehr »Sicherheitshohlräume« entstehen, und die Sicherheitsstruktur des Staates wird unaufhörlich unterspült.

Abnehmendes Gewaltmonopol, zunehmende Segmentierung der Gesellschaft und wachsendes Potential an privaten Gewaltakteuren förderten nicht nur die Instabilität des Staates und seiner

Institutionen. Eine Mischung aus illegaler Wirtschaft, Schattenökonomie und legaler Wirtschaft, sozialem Abstieg bis hin zu sozialer Verelendung, kultureller Entfremdung bis hin zum gesellschaftlichen Identitätsverlust, autoritären Machtstrukturen bis hin zu repressiven Regimes charakterisieren heute die Mehrzahl der »schwachen Staaten«. Die Ausprägung der einzelnen Merkmale ist – wie die Statistiken der UNDP und der Weltbank zeigen – in den verschiedenen Ländern jeweils unterschiedlich, ebenso wie die Kombination der einzelnen Merkmale. Bis Ende der 80er Jahre gaben beispielsweise die Länder der Dritten Welt im Schnitt fast doppelt so viel Geld für Gesundheit und Bildung aus wie für Rüstung. Im Zeitraum zwischen 1990 und 2002 kehrte sich das Verhältnis allmählich um. Am Ende betrugen die Militärausgaben im Mittel 130 Prozent der Ausgaben für Erziehung und medizinische Versorgung.[10]

Treten die einzelnen Merkmale gleichzeitig in einem Land in negativer Form auf – das heißt hoher Anteil an Organisierter Kriminalität und Schattenwirtschaft, soziale Verelendung und gesellschaftlicher Identitätsverlust –, werden das Ausbrechen von gewaltsamen Auseinandersetzungen und die Bildung von Gewalt- bzw. Kriegsökonomien äußerst wahrscheinlich. »Schwache Staaten« befinden sich, was ihre Sicherheit betrifft, permanent in einem Latenz- oder Schwebezustand, der ein ständiges Bedürfnis nach Sicherheitsleistungen fördert.

Das ist nicht nur ein Problem des Staates als Institution. Die Labilität ordnungspolitischer Rahmenbedingungen fördert auch die Unsicherheit in der legalen Wirtschaft. So erhöht sich dort ebenfalls – unabhängig von der Furcht vor der Organisierten Kriminalität – das Bedürfnis nach mehr Sicherheit. Wenn sie vom Staat nicht zusätzlich angefordert werden kann, wird sie über private Kanäle in Form von Sicherheitsfirmen abgedeckt. Dies gilt in besonderer Weise für transnationale Konzerne, die, wenn sie in »schwachen Staaten« operieren, sich als »fremde« und »dominante« Herren einem erhöhten Risiko ausgesetzt sehen.

Gefährliche Konsequenzen

Militante Zusammenarbeit – Wirtschaft und private Militärfirmen

*Was Gott erlaubt ist,
ist dem Ochsen noch längst nicht gestattet.*
Römische Redensart

Seit über einem Jahrzehnt sind private Militärfirmen in aller Welt tätig. Ihre Existenz wurde kaum wahrgenommen und nur selten thematisiert. Es bedurfte erst einiger Skandale und des Irak-Krieges, damit die Öffentlichkeit sporadisch auf dieses Phänomen aufmerksam wurde und sich damit beschäftigte. Aber genauso plötzlich, wie sie in der Agenda von Politik und Medien auftauchten, verschwanden sie meistens wieder. Dies ist umso verwunderlicher, als alle sich darin einig sind, dass mit den privaten Militärfirmen ein gravierendes Problem mit weit reichenden Folgen entstanden ist, das einer dringenden Behandlung und gesetzlichen Regelung bedarf.

In Deutschland beispielsweise war das Problem im Herbst 2004 für kurze Zeit in der politischen Debatte präsent, nachdem die Medien im Sommer desselben Jahres ausführlich über die Aktivitäten der »neuen Söldner« berichtet hatten. Die CDU/CSU-Fraktion im Bundestag brachte einen Antrag ein, in dem es hieß, dass »die Privatisierung langfristig zu einem fundamentalen Wandel im Verhältnis zwischen Militär und Nationalstaat führen kann. Das Gewaltmonopol des Staates könnte in Frage gestellt werden, gegebenenfalls ganz aufgegeben werden. [...] Das Recht im Kriege hat sich in einer jahrhundertelangen Entwicklung mühsam herausgebildet und droht nun, durch die privaten Sicherheitsunternehmen unterlaufen zu werden. [...] Es sind daher klare rechtliche Vorgaben auf internationaler und nationaler Ebene erforderlich.«[1] Über die Parteigrenzen hinweg war man damals der Meinung, bei den privaten Militärfirmen handele es sich um ein potentiell den Staat gefährdendes Phänomen. Doch über die Absichtserklärung hinaus, dass die Politik problemlösend tätig werden müsse, passierte nicht viel. Die Frage wurde an einen Ausschuss verwiesen. Auch in anderen Ländern – bis auf Frankreich, das im April 2003 ein Anti-Söldner-Gesetz verabschiedete – ist nicht viel oder gar nichts geschehen. Man wählte die Taktik des »Aussitzens« und des »Vergessenlassens«, und das mit einigem Erfolg. Dass gesetzliche Lösungen immer noch auf sich warten lassen, hat nicht zuletzt mit der Komplexität der Materie zu tun. Außerdem haben sich (in erster Linie) die westlichen Staaten in ein Dilemma hineinmanövriert, dem zu entkommen keine leichte Aufgabe ist. Das Stockholmer Friedensforschungsinstitut SIPRI und andere wissenschaftliche Forschungseinrichtungen machen einen grundlegenden »Zielkonflikt« aus: Auf der einen Seite sollen die Sicherheitshaushalte heruntergefahren und die Streitkräfte reduziert werden, auf der anderen Seite werden die Aufgaben für die Truppen erhöht und die militärischen Interventionen im Ausland beständig erweitert. Diese sich widersprechenden Ziele führen notwendigerweise zu personellen und materiellen Engpässen. Die einfachste Lösung – sieht man von den damit verbundenen Konsequenzen ab – schien für einige Regierungen darin zu bestehen, einen Teil der Aufgaben auszulagern und privaten Militärfirmen anzuvertrauen. Die USA beispielsweise, die ihre Armee um ein Drittel auf 1,5 Millionen Mann reduziert hatten, beschäftigen inzwischen knapp eine Million Privatsoldaten, womit sie den Truppenbestand vor der Verkleinerung sogar noch übertroffen haben. Diese Privatisierung hat Veränderungen in Gang gesetzt, deren Folgen noch nicht vollständig überblickt werden können. Ein Großteil der Probleme kann jedoch aufgrund der über zehnjährigen Erfahrung mit der militärischen Dienstleistungsbranche benannt und diskutiert werden. In diesem Kapitel werden die Konsequenzen aufgezeigt, die sich durch die Tätigkeiten der privaten Militärfirmen in Zusammenarbeit mit der Wirtschaft, vor allem mit den transnationalen Konzernen, ergeben. Im Folgenden wird auf die Situation im Kontext der »starken Staaten«, der »schwachen Staaten« und der Hilfsorganisationen bzw. der Friedensmissionen eingegangen.

Private Industrieunternehmen haben bisher die geringsten Probleme bei der Kooperation mit militärischen Dienstleistern gehabt. Ihnen ist es in der Regel häufig sogar lieber, sich den benötigten Schutz von privaten Militärfirmen maßgeschneidert liefern zu lassen, als sich bei Sicherheitsfragen auf staatliche Bedingungen und Reglementierungen einlassen zu müssen. Da beide aus dem privaten Bereich kommen, beiden das Gewinnstreben eigen ist und beide an vertragliches Denken gewohnt sind, treten selten

Schwierigkeiten in ihrer Zusammenarbeit auf. In vielen Fällen bedeutet die Gewinnsteigerung des einen die Profitmaximierung für den anderen. Wirtschaftliche Macht und militärische Gewalt können aber nur so lange zum gegenseitigen Vorteil kooperieren, wie die Folgen ihres Handelns nicht auf den Widerstand anderer Interessengruppen in der Gesellschaft stoßen, etwa wenn die Privatwirtschaft den produzierten Reichtum nicht den Lebensverhältnissen der Bevölkerung entsprechend weitergibt oder wenn sie Arbeitsbedingungen schafft, die von den arbeitenden Personen als menschenunwürdig betrachtet werden. Was als angemessene Umverteilung angesehen und was als nicht mehr mit der Würde vereinbar empfunden wird, variiert von Land zu Land, von Kultur zu Kultur. Ernsthafte Konflikte treten jedenfalls immer dann auf, wenn private Unternehmen eine solche Machtstellung in der jeweiligen Gesellschaft erreicht haben, dass sie, ohne Kompromisse (beispielsweise mit Gewerkschaften) schließen zu müssen, selbstherrlich bestimmen können, wie gearbeitet und umverteilt wird. Diese Situation verschärft sich in den Dritte-Welt-Ländern, sobald politische Parteien, Militär, Polizeikräfte oder Paramilitärs in die Verfolgung der Konzerninteressen eingebunden sind.

Interventionen im Andenstaat

Kolumbien ist ein anschauliches Beispiel dafür, wie diese divergierenden Interessen aufeinanderprallen und wie die Auseinandersetzungen von Seiten der Wirtschaft im Verein mit den privaten Militärfirmen und den anderen interessierten Kräften angegangen werden. Der südamerikanische Staat ist durch seinen Drogenhandel mit Kokain – obwohl er »nur« sechs Prozent zum Bruttosozialprodukt beiträgt – und seinen hochwertigen Kaffee bekannt geworden. Der Reichtum des Landes stützt sich jedoch nicht ausschließlich auf Kaffee und Kokain; viel wichtiger sind seine enormen Erdöl-, Kohle-, Gold- und Platinvorkommen. 90 Prozent aller Smaragde dieser Welt sind kolumbianischer Herkunft. Daneben gibt es eine florierende Agrarindustrie, die nicht nur Bananen und Baumwolle exportiert. Konzerne aus aller Welt haben hier ihre Niederlassungen. Allein von den 500 größten US-amerikanischen Firmen haben 400 in diesem Land erhebliche Investitionen getätigt. Trotzdem gehört Kolumbien nicht zu den höher entwickelten oder reichen Ländern. Auf der Rangliste der Entwicklungsbehörde der Vereinten Nationen wird es erst an 73. Stelle geführt, noch hinter Kuba oder den Seychellen. Der Hauptgrund für diese Diskrepanz liegt in einem seit Jahrzehnten währenden Bürgerkrieg, bei dem auf der einen Seite die politische und wirtschaftliche Oligarchie sowie große Teile des staatlichen Machtapparats (Militär und Polizei) stehen und auf der anderen Seite erstens die Rebellenarmeen der FARC (Fuerzas Armadas Revolucionarias de Colombia) und ELN (Ejercito de Liberación Nacional) sowie zweitens linke Parteien, Gewerkschaften, Intellektuelle, Bauern und Indiostämme.

Dieser Konflikt hat in den letzten zehn Jahren mit den zunehmenden Aktivitäten ausländischer Konzerne an Schärfe gewonnen. Besonders seit die US-Regierung seit 1999 mit dem schon erwähnten »Plan Colombia« ihren Konzernen und der kolumbianischen Regierung politische und finanzielle Rückendeckung gibt, hat sich eine interne Aussöhnung als nahezu unmöglich erwiesen. Die französische Zeitung *Le monde diplomatique* drückt es drastischer aus: »Weil der hauseigene Terror durch paramilitärische Gruppen nicht ausreichte, um die immer mächtiger werdende Guerilla einzudämmen, beschloss Washington den milliardenschweren ›Kolumbienplan‹.«[2] Heute sind unter den 40 Millionen Einwohnern – laut UN-Statistik – rund 2,5 Millionen Binnenflüchtlinge, und jährlich werden allein 4500 politisch motivierte Morde begangen, denen vor allem Gewerkschafter und Arbeiter zum Opfer fallen. Die Täter stammen zumeist aus den Reihen der rund 140 paramilitärischen Gruppen, die enge Kontakte zu Armee und Polizei unterhalten. »Die euphemistische Rede von ›Paramilitärs‹ diente dabei zuallererst dem Zweck, die eigentlichen Drahtzieher der Vernichtungspolitik – die Armee und interessierte Politiker – aus dem Blickfeld der Öffentlichkeit zu rücken. Die ›Paramilitärs‹ erledigten die Drecksarbeit, Armee und Politik konnten ihr Image aufbessern und trotz massiver Menschenrechtsverletzungen ihren Anspruch auf US-Hilfe geltend machen.«[3] Die Lobbyisten der in Kolumbien tätigen US-Konzerne hatten sechs Millionen Dollar Kampagnengelder aufgebracht (vor allem Ölfirmen, Rüstungsindustrie und die militärische Dienstleistungsbranche), um den amerikanischen Kongress zur Verabschiedung des »Plan Colombia« zu bewegen, der der Öffentlichkeit als Hilfsprogramm für das krisengeschüttelte Andenland vorgestellt wurde. Von den anfänglich bewilligten 1,3 Milliarden Dollar gingen je-

In Kolumbien, wo seit Jahrzehnten ein Bürgerkrieg tobt, werden rechte paramilitärische Verbände von Privatfirmen ausgerüstet und logistisch unterstützt (hier ein Aufmarsch im Herbst 2004); ausländische Unternehmen lassen sich von Militärfirmen schützen.

doch nur 13 Prozent an die kolumbianische Regierung zur Verbesserung ihrer Sicherheitsstrukturen, 87 Prozent flossen in die Kassen der amerikanischen Unternehmen.

Ein Großteil dieser Gelder wird von den Konzernen für »Sicherheitsfragen« ausgegeben, derer sich vor allem amerikanische und britische, aber auch israelische private Militärfirmen annehmen. Insgesamt arbeiten rund 30 solcher Firmen in Kolumbien. *California Microwave Inc.* – wie *Vinnell* eine Tochter des Rüstungskonzerns Northrop Grunman – erledigt beispielsweise für die US-Regierung hochsensible Aufklärungs- und Spionageaufgaben mit Hilfe von sieben leistungsstarken Radaranlagen, die an ein luftgestütztes Aufklärungssystem angebunden sind. *ManTech, TRW, Matcom* und *Alion* fotografieren das kolumbianische Territorium, insbesondere das von Rebellen kontrollierte Gebiet, mit hochauflösenden satellitengestützten Kameras, fangen die elektronische Kommunikation ab, werten sie aus und leiten sie an das Südkommando der US-Streitkräfte und an die CIA weiter. Sikorsky Aircraft Corporation und Lockheed Martin liefern Kampfhubschrauber und Militärflugzeuge. Ihre private Militärfirma *MPRI* ist für Ausbildung und Training von kolumbianischem Militär und Polizei an diesen Maschinen zuständig. *Arine* baut Flugzeugbetankungsanlagen für Landepisten, *ACS Defense* liefert logistische Unterstützung. Die britischen Firmen *Control Risks Group* und *Global Risk* sind vor allem in der Risikoberatung, der Verhandlungsführung bei Kidnapping, in der Ausbildung für Geiselbefreiung sowie in der bewaffneten Überwachung von Produktionsanlagen zum Schutz der transnationalen Konzerne tätig.[4]

Die private Militärfirma *DynCorp* ist in erster Linie im »Krieg gegen Drogen« aktiv. Laut Auftrag der amerikanischen Regierung stellt die Firma Piloten und Mechaniker zur Verfügung und führt Pilotentraining, Überwachungsflüge und Material- wie Truppentransporte zwecks Zerstörung von Drogenanbauflächen und Kokainlabors durch. Faktisch fliegen sie T-65-Flugzeuge, die die Kokafelder mit dem berüchtigten Pestizid Round-up des Agrokonzerns Monsanto besprühen, und begleiten die kolumbianische Polizei in Hubschraubern mit Spezialteams. Da die Rebellen der FARC zu verhindern suchen, dass die Kokafelder der Kleinbauern, von denen sie Kokain für ihren Waffenhandel beziehen, mit Pestiziden besprüht werden, kommt es immer wieder zu bewaffneten Auseinandersetzungen. »Bei den Besprühungen der Drogenplantagen sind die Grenzen zu Kampfhandlungen ohnehin fließend. Zur Absicherung wird das Gebiet im Vorfeld mit Maschinengewehren aus den Hubschraubern beschossen, die danach die Einsätze mit aufgepflanzten Artilleriegeschützen begleiten.«[5] Verschiedene amerikanische Medien wie die *New York Times* berichten, dass diese Art der giftigen Beregnung schwere gesundheitliche Schäden bis hin zum Tod von Bauern verursacht und das Land für einen unbestimmten Zeitraum unfruchtbar macht. Andere private Militärfirmen sind in der Anti-Guerilla- und Anti-Terror-Ausbildung für Polizei und Militär, aber auch für die Paramilitärs beschäftigt, wie der UN-Sonderberichterstatter für das Söldnerwesen, Enrique Ballesteros, mitteilte.[6] Die israelischen Firmen *Spearhead* und *GIR S. A.* etwa wurden beschuldigt, Paramilitärs ausgebildet und sie mit Waffen und Munition versorgt zu haben.[7]

Die Sicherheitsstrategie der Konzerne

Vor diesem Hintergrund arbeiten die ausländischen Konzerne in Kolumbien. Aus ihrer Sicht wird der reibungslose Ablauf ökonomischen Handelns intern durch Gewerkschaften sowie oppositionelle Arbeiter und von außen durch die FARC bzw. ELN bedroht. Da kolumbianische Polizei und Militär nicht den erwünschten Schutz gewährleisten können, haben die USA Berater und Ausbilder (zumeist Angestellte von militärischen Dienstleistungsfirmen) entsandt, um deren Arbeit zu verbessern. Zusätzlich engagieren die Konzerne für die weiterhin bestehenden Sicherheitslücken direkt private Militärfirmen. Die verschiedenen Sicherheits- bzw. Gewaltakteure sind zumeist arbeitsteilig tätig, kooperieren aber eng miteinander. Die angeheuerten Dienstleistungsunternehmen beispielsweise sammeln per Satellit oder durch Aufklärungsflüge Informationen über die Truppenbewegungen der Guerillas, die sie dann an das Militär weitergeben. Oder sie schleusen Informanten in die Arbeiterbewegung oder Dorfbevölkerung ein und versorgen mit diesen Erkenntnissen Polizei und paramilitärische Gruppen. Die für Sicherheit in den Betrieben zuständigen privaten Militärfirmen stimmen unter anderem Strategien und Vorgehensweisen gegen streikende Arbeiter eng mit Polizisten und Paramilitärs ab.

So erhoben die kolumbianischen Gewerkschaften gegen den Schweizer Multi Nestlé in den 90er Jahren schwere Vorwürfe, weil er während der Tarifverhandlungen paramilitärische Gruppen zur Ermordung von gewerkschaftlichen Verhandlungsführern eingesetzt habe. Den im Bananengeschäft tätigen multinationalen Konzernen gelang es mit Hilfe von Gewaltakteuren in den 90er Jahren, in der Region Urabá durch die Ermordung von 400 Arbeitervertretern die gesamte dortige Landarbeitergewerkschaft zu zerschlagen. Der US-amerikanische Kohlekonzern Drummond Coal wurde beschuldigt, paramilitärische Gruppen mit Stützpunkten für ihre Operationen zur Unterdrückung der Gewerkschaften sowie mit Geld, Lebensmitteln, Treibstoff und Ausrüstungen zu versorgen. Bei Coca Cola Kolumbien hat die Arbeit der »Sicherheitskräfte« dazu geführt, dass in einem Zeitraum von knapp zehn Jahren die Löhne von durchschnittlich 700 auf gegenwärtig 150 Dollar gefallen sind, von 10 000 festen Arbeitsverträgen nur noch 500 existieren, 7500 Arbeiter über Subunternehmer beschäftigt werden und der gewerkschaftliche Organisationsgrad von über 25 auf unter fünf Prozent gesunken ist. Außerdem wird Coca Cola »Konspiration« zur Liquidierung von Arbeiterführern vorgeworfen. Gleichlautende oder ähnliche Beschuldigungen wurden gegen den US-Goldmulti Corona Goldfields und andere transnationale Konzerne erhoben.[8] Inzwischen konnten die kolumbianischen Gewerkschaften in einigen Fällen mit Hilfe von auf Rechtsbeistand spezialisierten Nichtregierungsorganisationen in den Heimatländern der transnationalen Konzerne Gerichtsverfahren gegen diese einleiten; rechtskräftige Urteile liegen bisher noch nicht vor.[9]

Was mit Unterstützung oder Billigung der ausländischen Unternehmen an Straftaten und Menschenrechtsverletzungen gegen Arbeiter und Gewerkschafter durch die »Sicherheitskräfte« verübt wird, gilt in weit größerem Maße für die Beseitigung des »Sicherheitsrisikos« FARC und ELN. Die Erste verfügt über bewaffnete Truppen von rund 20 000, die Zweite von rund 12 000 Mann. Ihre Angriffe richten sich, was transnationale Konzerne anbetrifft, vor allem gegen die Erdölindustrie, weil – so die politische Begründung der Rebellenbewegungen – die Gewinne aus diesem Geschäft, zumindest was davon in Kolumbien verbleibt, nur an die heimischen Oligarchien, Regierungsmitglieder und hohen Militärs fließen würden. Zur Bekämpfung der Guerillas arbeiten das kolumbianische Militär, die von den Ölfirmen angeheuerten Militärdienstleister und die von der US-Regierung entsandten privaten Militärfirmen eng zusammen. In Bezug auf Arbeiter und Gewerkschafter in den Betrieben gehen Militärfirmen, Polizei und Paramilitärs koordiniert vor. Dies mögen zwei Beispiele verdeutlichen.

Ölmultis ohne Skrupel

In der nordöstlichen Tiefebene Kolumbiens liegt nahe der Stadt Arauca eines der Haupterdölfelder des Landes. Von hier werden 20 Prozent des kolumbianischen Öls über eine fast 1000 Kilometer lange Pipeline zum Karibikhafen Covenas gepumpt. Die Hälfte davon wird in die USA verschifft. Betreiber der Förderanlagen und der Pipeline ist zusammen mit der kolumbianischen Ecopetrol der US-Multi Occidental (Oxy). Auf die Pipeline werden jährlich mehrere Dutzend Anschläge und Sabotageakte durch die Rebellengruppen von FARC und ELN verübt. Zum Schutz hat die amerikanische Regierung in den letzten fünf Jahren mehrere hundert Millionen Dollar genehmigt (das entspricht Subventionen von rund drei Dollar auf jeden Barrel Oxy-Öl). Für die Sicherheit von Förderanlagen und Pipeline ist vor Ort die private Militärfirma *AirScan* zuständig. Auf dem Erdölgelände wurde ein Flugplatz eingerichtet, von dem aus *AirScan*-Piloten mit ihren Maschinen vom Typ Skymaster, ausgerüstet mit Video- und Infrarot-Kameras, ihre Überwachungsflüge starten. Ihre Erkenntnisse über die Stützpunkte und Bewegungen der Guerilla geben sie an die Armee weiter. Für die Einsätze benutzt die Firma ihre dort stationierten Kampfhubschrauber. Von diesem Fluggelände aus operieren auch Einheiten des kolumbianischen Militärs. Oxy unterstützt die Anti-Guerilla-Operationen von privaten Militärfirmen und Militär, indem sie Planungshilfe leistet, Truppentransporte auf dem Gelände zulässt und den Treibstoff zur Verfügung stellt. Amerikanische Zeitungen wie der *San Francisco Chronicle* oder die *Los Angeles Times* berichteten, dass *AirScan*-Personal mehrfach militärische Ziele für das Eingreifen des kolumbianischen Militärs ausgewählt habe und die Liquidierung von Rebellen gefeiert werde, etwa wenn »ein Luftwaffenpilot eine Guerilla-Einheit erfolgreich in die Luft gesprengt« habe. Am 18. Dezember 1998 griffen Kampfhubschrauber von *AirScan* und der kolumbianischen Luftwaffe vermeintliche FARC-Einheiten 50 Kilometer von der Pipeline entfernt im Dorf Santo Domingo an. Im Maschinengewehrfeuer und Bombenhagel starben 18 Dorfbewohner, darunter sieben Kinder.[10] Die später in den USA und Kolumbien angestrengten gerichtlichen Untersuchungen kamen unter anderem wegen verschwundenen Beweismaterials zu keinem Ergebnis. Verurteilt wurde keiner der beteiligten Piloten.

Ebenfalls im Osten Kolumbiens liegt das Erdölfeld Cusiana, das von British Petroleum (BP) ausgebeutet wird. Auch von hier führt eine Pipeline zum Hafen Covenas, die BP zusammen mit dem Konsortium Ocensa betreibt. Für den Schutz von Förderanlagen und Pipeline sorgt im Auftrag von British Petroleum die private Militärfirma *Defense System Columbia (DSC)*, eine Tochter von *ArmorGroup*. Unter der Leitung des ehemaligen britischen Geheimdienstoffiziers Roger Brown erstellte *DSC* ein umfangreiches Sicherheitskonzept. Neben Überwachungs- und Spionagetätigkeiten sah es die Ausbildung von Polizei- und Armeeeinheiten in

Anti-Guerilla-Taktiken und Aufstandsbekämpfungstechniken sowie psychologischer Kriegsführung vor. Als Brown wegen eines umfangreichen Waffendeals mit der israelischen Militärfirma *Silver Shadow* – es ging unter anderem um Kampfhubschrauber und Spezialwaffen für den Anti-Guerilla-Kampf – zurücktreten musste, nahm seinen Platz der kolumbianische General Hernan Rodriguez ein, dem Menschenrechtsorganisationen vorwerfen, an 149 Morden beteiligt gewesen zu sein.[11] Ähnlich wie *AirScan* sammelt auch *DSC* Daten über Rebellenbewegungen und gibt sie an das kolumbianische Militär weiter, das – wie immer wieder vom UN-Hochkommissariat für Menschenrechte betont wird – eine lange Liste von schwersten Menschenrechtsverletzungen aufzuweisen hat.

DSC bedient sich dabei auch bezahlter Informanten. Wie Amnesty International schreibt, haben diese die Aufgabe, »verdeckt geheimdienstliche Informationen über Aktivitäten der lokalen Bevölkerung entlang der Pipeline zu sammeln und mögliche *Subversive* auszumachen«. Die Informationen würden dann an »das kolumbianische Militär weitergeleitet, das gemeinsam mit seinen paramilitärischen Verbündeten die als *Subversive* ausgemachten Personen häufig zum Ziel extralegaler Hinrichtungen und des Verschwindens machte«[12]. Die Aktivitäten von *DSC*, Armee und Paramilitärs führten zu unzähligen Straftaten. Da diese Tätigkeiten mit Billigung und Unterstützung des britischen Ölkonzerns stattfanden, verabschiedete das EU-Parlament im Oktober 1998 eine Entschließung, in der die Finanzierung von Todesschwadronen durch BP scharf verurteilt wurde.[13] Doch auch danach hat sich – wie unter anderem Human Rights Watch, Amnesty International (Kolumbien) oder der kolumbianische Gewerkschaftsbund CUT (Central Unitaria de Trabajadores) wiederholt mitteilten – an der Praxis wenig verändert. So erhielt beispielsweise der Präsident der Lehrergewerkschaft von Arauca (ASEDAR), Francisco Rojas, am 7. Januar 2004 auf seinem Handy folgende Nachricht: »Dein Vater wurde ermordet, Dein Bruder wurde auch umgebracht, worauf wartest Du also noch? Du hast acht Stunden Zeit, um die Stadt zu verlassen; sonst wirst Du wie ein Leichnam riechen.« Rojas hatte allen Grund, die Warnung ernst zu nehmen. Sein Vorgänger als Präsident von ASEDAR, Jaime Carrillo, hatte rund ein Jahr zuvor die Nachricht erhalten: »Pass auf Deine Kinder auf, sonst wirst Du sie nicht wieder sehen.« Danach verschwand er spurlos. Außer ihm sind Dutzende von Gewerkschaftern, Führern der Bauerngewerkschaft ACA (Asociación Campesina de Arauca) und Verteidigern von Menschenrechten als »Subversive« ins Schussfeld der verschiedenen Sicherheitskräfte geraten. Allein 2003 sind in Kolumbien 70 Gewerkschafter ermordet worden; und 2004 starben 1400 Zivilisten durch die Hand von Sicherheitskräften.[14] In den ersten elf Monaten des Jahres 2005 registrierte die Nichtregierungsorganisation LabourNet mindestens einmal pro Woche die Ermordung eines Gewerkschafters. Ein Beispiel: Am Abend des 10. September 2005 wurde Luciano Enrique Romero Molina, ein führendes Mitglied der Nahrungsmittelgewerkschaft Sinaltrainal, der als bedrohte Person unter einem Schutzprogramm der Inter-American Human Rights Commission lebte, das letzte Mal gesehen. Am folgenden Morgen fand man seine Leiche – gefesselt, gefoltert und von 40 Messerstichen verwüstet.[15]

Die fortgesetzten Menschenrechtsverletzungen veranlassten humanitäre Organisationen, Appelle an die UNO, an die Regierungen der in Kolumbien tätigen Konzerne und an die Ölfirmen selbst zu richten. Aus den »Empfehlungen« der Organisation Human Rights Watch an die Erdölkonzerne wird deutlich, wie das Verhältnis zwischen der Privatindustrie und den Gewaltakteuren aussieht bzw. aussehen müsste, wenn sich die Tätigkeiten aller Beteiligten in einem legalen Rahmen bewegen würden.

Kolumbien ist kein Einzelfall. Die Intervention von »starken Staaten« zugunsten ihrer Interessen und der von transnationalen Konzernen sowie deren Zusammenarbeit mit privaten Militärfirmen sieht in vielen Staaten Afrikas oder Asiens nicht wesentlich anders aus. Die Beschwerden gegen Shell in Nigeria tauchen seit vielen Jahren regelmäßig in den Jahresberichten des UN-Hochkommissars für Menschenrechte auf, ebenso wie die gegen die BP-Politik in Aserbeidschan und Indonesien.[16] Wiederholt sind die Aktivitäten von Exxon-Mobil in Aceh (Indonesien)[17] und an der Tschad-Kamerun-Pipeline zum Gegenstand von Untersuchungen geworden, wobei dem Ölkonzern illegale Landenteignung, nicht gezahlte Entschädigungsleistungen, Vertreibung von Bauern, Zugangsverbot für die einheimische Bevölkerung zu Trinkwasserstellen etc. vorgeworfen wird.[18] In Ghana werden transnationale Goldkonzerne wie Ashanti Gold von der dortigen Nichtregierungsorganisation Wassa Association of Communities Affected

Empfehlungen der Organisation Human Rights Watch an die in Kolumbien agierenden Ölfirmen zur Eindämmung von Menschenrechtsverletzungen

- Die Firmen sollen in jeden, auch bereits abgeschlossenen Vertrag mit der Regierung oder sonstigen staatlichen Einrichtung über Sicherheitsleistungen einen Paragraphen einfügen, der besagt, dass staatliche Sicherheitskräfte, welche auf dem Betriebsgelände operieren, die Menschenrechte zu beachten haben, zu der die Regierung sich im Vertrag über Bürger- und politische Rechte, der Amerikanischen Konvention über Menschenrechte und weiteren internationalen Menschenrechtsnormen verpflichtet hat.
- Die Firmen sollen die Vereinbarungen über Sicherheitsleistungen mit staatlichen Einrichtungen öffentlich machen; einzig ausgenommen davon sind operative Details, durch die einzelne Menschen gefährdet werden können.
- Die Firmen sollen darauf bestehen, Personen aus Militär und Polizei, die für ihren Schutz vorgesehen sind, zu überprüfen. In Abstimmung mit dem Verteidigungsministerium, den mit der Verfolgung von Menschenrechtsverletzungen befassten Einrichtungen (die »Fiscalia General de la Nación«, die »Defensoria del Pueblo« und die »Procuraduria de la República«) und den nichtstaatlichen Menschenrechtsorganisationen sollen die Firmen sicherstellen, dass kein Soldat oder Polizist zu ihrem Schutz eingesetzt wird, der nach verlässlichen Information mit Menschenrechtsverletzungen in Zusammenhang steht.
- Sorgfältige Untersuchungen des Lebenslaufs früherer Polizei- bzw. Armeeoffiziere, die jetzt Privatunternehmer oder Angestellte von Sicherheitsdiensten [privaten Militärfirmen; R.Ue.] sind, sollen durchgeführt werden, um sicherzustellen, dass diese in der Vergangenheit keine Menschenrechtsverletzungen begangen haben oder Mitglied paramilitärischer Einheiten waren.
- Die Firmen müssen der sie beschützenden Polizei bzw. Militär unmissverständlich klar machen, dass im Falle einer Menschenrechtsverletzung die Firma die Erste sein wird, die auf eine Untersuchung und Verfolgung der Tat drängt.
- Wann immer glaubhafte Anschuldigungen über Menschenrechtsverletzungen erhoben werden, sollen die Firmen darauf bestehen, dass unmittelbar die involvierten Soldaten und Offiziere suspendiert und entsprechende interne und kriminalpolizeiliche Untersuchungen durchgeführt werden.
- Die Firmen sollen aktiv den Status der Untersuchungen überwachen und eine Aufklärung der Fälle fordern. [...]
- Das Ergebnis dieser Untersuchung soll öffentlich gemacht werden.

Quelle: Human Rights Watch: Colombia: Human Rights Concerns Raised by the Security Arrangement of Transnational Oil Companies. London, April 1998.

by Mining (WACAM) beschuldigt, in ihren Goldminen eine unmenschliche Geschäftspolitik zu betreiben, die Folter und Ermordung nicht ausschließe.[19] Mehrfach haben Untersuchungskommissionen in ihren Berichten den weltgrößten Papierkonzerns Asia Pulp & Paper (APP) wegen Menschenrechtsverletzungen (unter anderem körperliche Misshandlungen, Einschüchterungen, Erpressungen) vor allem in der Riau-Provinz von Sumatra in Indonesien angeklagt.[20]

Was sich ändert, sind die Rahmenbedingungen und die Zusammenarbeit mit den Machthabern vor Ort. Eine Politik, die in den »schwachen Staaten« auf strukturelle Stabilität und nachhaltige Friedenssicherung abzielt, in deren Mittelpunkt die Bevölkerung steht, wird nirgends verfolgt.

Außer Kontrolle – Privatisierung der Gewalt in westlichen Ländern

Aber die Menschen fangen ohne viel Überlegung eine Sache an, die einen augenblicklichen Vorteil bietet und sie gegen die damit verbundenen Gefahren blind macht.
Niccolo Machiavelli

Mit der Übertragung von militärischen Aufgaben auf private Militärfirmen sind in »starken Staaten« eine Reihe von Problemen entstanden. Diese reichen von der Vertragssicherheit über die demokratische Kontrolle bis zur Rechenschaftspflicht. Keines dieser vielschichtigen Probleme ist bis jetzt gelöst worden. Von politisch zuständiger Seite (beispielsweise von den Regierungen der USA oder Großbritanniens) liegen keine Berichte vor, in denen die Erfahrungen ausgewertet worden wären, die bisher mit dem Einsatz der von ihnen beauftragten militärischen Dienstleister gesammelt wurden. Um die Folgen und Konsequenzen, die sich aus der Handlungsweise der privaten Militärfirmen ergeben, abschätzen, diskutieren und bewerten zu können, ist man auf das Material angewiesen, das von Journalisten, Wissenschaftlern, kritischen Militärs, Nichtregierungsorganisationen oder politischen Beobachtern wie dem UN-Kommissar zur Überwachung des Söldnerwesens zusammengetragen wurde.

Die Ereignisse im Irak eignen sich besonders, um die verschiedensten Aspekte der mit den privaten Militärfirmen verbundenen Probleme zu beleuchten, da es dort zu ihrem bisher massivsten Einsatz gekommen ist und deshalb vergleichsweise viel Material vorliegt.

Privatsoldaten im Irak

Am 31. März 2004 wurden vier Mitarbeiter der privaten Militärfirma *Blackwater* in Fallujah erschossen und ihre Leichen an einer Brücke aufgehängt zur Schau gestellt. Einer von ihnen war Steven »Scott« Helvenston, 38 Jahre alt und ehemaliger Angehöriger der »Seals«, einer Spezialeinheit der US-Marine. Groß, blond, braun gebrannt und breitschultrig entsprach er der Vorstellung Hollywoods von einem amerikanischen Elitesoldaten. Amerika kannte ihn aus zahlreichen Filmen und Fernsehserien, in denen er in kleinen Rollen oder als Stuntmen zu sehen war. Neben den Dreharbeiten vertrieb er in Los Angeles Fitness-Videos. Helvenston war als Sicherheitsberater von *Blackwater* eingestellt worden. Was er zusammen mit seinen drei ebenfalls aus Spezialeinheiten stammenden Kameraden Ende März 2004 in einer Stadt mit der höchsten Risikostufe ohne militärische Eskorte machte, ist nie geklärt worden. Die Angaben sind völlig widersprüchlich: Die Firma *Blackwater*, die Provisorische Koalitionsregierung im Irak (CPA) und die Mehrheit der amerikanischen Medien[1] gaben an, dass die vier »Zivilisten« in einen Hinterhalt geraten, brutal ermordet und dann verstümmelt worden seien. Die irakischen Aufständischen behaupteten dagegen, dass es sich keineswegs um »Zivilisten«, sondern um schwer bewaffnete »Spezialkrieger« gehandelt habe, die unter dem Vorwand, Terroristen zu suchen, nächtliche Razzien vorgenommen, Frauen und Kinder misshandelt, Männer und männliche Jugendliche grausamst gefoltert und ermordet hätten.[2] Südafrikanische Zeitungen wie *The Star*, *Cape Times* oder *Pretoria Record* berichteten über François Strydom, der am 28. Januar 2004 bei einer Bombenexplosion in Bagdad getötet wurde. Er arbeitete für die private Militärfirma *Erinys* und gehörte früher ebenso wie Albertus van Schalkwyk, genannt »The Sailor«, zur berüchtigten Koevoet (»Brecheisen«) – eine der zahlreichen Sondereinheiten des südafrikanischen Militärs während des Apartheid-Regimes –, die in Verbrechen gegen den African National

Congress (ANC) verwickelt war.³ Die englische Öffentlichkeit erfuhr, dass mit Derek W. Adgey ein wegen terroristischer Aktivitäten in Nordirland rechtskräftig Verurteilter bei der *Armor-Group* im Irak tätig ist.⁴ Den Zeitungen Chiles, Argentiniens, Kolumbiens und El Salvadors konnte man entnehmen, dass Angehörige von Spezialkräften, die sich während der Militärdiktaturen oder in Todesschwadronen und paramilitärischen Gruppierungen schwerster Menschenrechtsverletzungen schuldig gemacht hatten, für viel Geld im Dienst von amerikanischen privaten Militärfirmen stehen. Der Manager von *Blackwater*, Gary Jackson, gab sogar zu, Militärangehörige aus dem Pinochet-Regime rekrutiert zu haben.⁵ Wie ist das möglich, fragten sich die Medien. Für Rechtsexperten ist dies nur die konsequente Folge aus der Tatsache, dass weder Verantwortlichkeit noch Kontrolle, noch Rechenschaftspflicht, noch Transparenz für die Angestellten der militärischen Dienstleistungsbranche gesetzlich geregelt sind und eingefordert werden können.

Vertragsgeheimnis und Auftragschaos

Tatsächlich sind diese Beispiele nur die Spitze des Eisbergs, denn selbst von PMF-Angehörigen begangene Straftaten wie Folterung und Mord können faktisch kaum verfolgt werden; so ist bisher – jedenfalls soweit bekannt – noch kein Privatsoldat verurteilt worden. Das liegt nicht zuletzt daran, dass nicht öffentlich wird und wegen der vertraglichen Situation auch nicht öffentlich werden kann, mit welchen »Marschbefehlen« beispielsweise Helvenston und seine drei Kollegen von *Blackwater* in Fallujah ausgestattet waren, ob sie eigenmächtig oder im Auftrag handelten. Die militärische Führung der US-Army im Irak weiß offiziell nichts darüber, was die privaten Militärfirmen machen, machen sollen, müssen oder können. Diese Firmen gehören nicht zur militärischen Befehlskette. Sie haben ihre Aufträge direkt vom Pentagon erhalten, und dort schweigt man sich ebenso aus wie in den Firmenzentralen der militärischen Dienstleister; der eine verweist auf den anderen und alle auf das Vertragsgeheimnis.

Selbst wiederholte Anfragen von Abgeordneten der Demokratischen Partei in Senat und Repräsentantenhaus der USA über die Anzahl der verpflichteten Militärfirmen, über die erteilten Aufträge oder über die zu erledigenden Aufgaben haben nicht zu mehr Transparenz beigetragen. Eine Gruppe von zwölf Senatoren unter der Führung des Demokraten Jack Reed, die unter anderem schriftliche Richtlinien für die privaten Militärfirmen im Irak forderte, erhielt nicht einmal eine Antwort von Verteidigungsminister Donald Rumsfeld. Hinter vorgehaltener Hand gab das Pentagon zu, so die *New York Times*, dass man dort nicht wisse, wie viele Militärfirmen wofür im Irak mit amerikanischen Steuergeldern bezahlt werden. Ein Beamter aus dem Pentagon, der anonym bleiben wollte, meinte gegenüber der *Washington Post*, die provisorische Koalitionsregierung im Irak habe »alle möglichen Verträge an alle möglichen Leute vergeben«, ohne den USA offiziell darüber Rechenschaft abzulegen. Tatsache ist aber auch, dass die US-Regierung nicht verpflichtet ist, dem Kongress Auskunft über vertragliche Einzelheiten zu geben. Da von der Regierung kaum etwas zu erfahren war, wandten sich einige Abgeordnete an den amerikanischen Rechnungshof und baten ihn, die Rolle der privaten Militärfirmen im Irak zu untersuchen.[6]

So dreht sich alles im Kreis, und am Ende ist die Informationslage aufgrund fehlender rechtlicher Handhabe genauso schlecht wie am Anfang. Bis heute ist offiziell – aber auch inoffiziell – nicht bekannt, wie viele private Militärfirmen in der Zeit der CPA von 2003 bis 2005 im Irak tätig waren und wie viele unter der irakischen Regierung heute noch tätig sind. Die Anzahl der erst bei der CPA, danach beim irakischen Innenministerium registrierten Firmen lag weitaus niedriger als die tatsächliche Zahl.[7] Noch weniger ist bekannt, welche Aufträge die militärischen Dienstleister im Einzelnen erhalten haben, und schon gar nicht, wie und mit welchem Erfolg diese Aufträge ausgeführt wurden.

Das gesetzliche Chaos beginnt mit der Auftragsvergabe. Sofern man etwas darüber in Erfahrung bringen konnte, ist das Anfangsmandat nur in den seltensten Fällen so detailliert beschrieben und aufgeschlüsselt, dass daraus seitens des Auftraggebers rechtliche Ansprüche abgeleitet werden könnten. Auch die Sanktionen, die im Falle einer Verletzung oder Nichterfüllung des Vertrages vorgesehen sind, scheinen in der Regel nicht festgeschrieben zu sein. Das heißt, Selbstverständlichkeiten, die selbst zu einem simplen Kaufvertrag gehören, werden vom Staat in einem so sensiblen Bereich wie dem der Anwendung von bewaffneter Gewalt außer Acht gelassen. Im Allgemeinen wird ebenfalls nicht spezifiziert, wie ein Auftrag und mit welchen Mitteln – und mit welchen nicht – auszuführen ist. Angestellte von privaten Militärfirmen im Irak, die namentlich nicht genannt werden wollen, haben beispielsweise darauf hingewiesen, dass sie – ohne besondere Genehmigungen einholen zu müssen – befugt seien, Leute zu verhaften, Straßensperren zu errichten, Ausweise zu konfiszieren etc. Niemand konnte klären, ob es diesen Firmen tatsächlich mit Rückendeckung des Pentagons vertraglich gestattet wurde, sich hoheitliche Aufgaben zu Eigen zu machen.[8]

Die Firma *DynCorp* hat vom US-Außenministerium einen Auftrag über 50 Millionen Dollar erhalten, um das irakische Strafverfolgungswesen zu organisieren. Vier ihrer Angestellten führten im Juni 2004, schwer bewaffnet und in Kampfanzug, irakische Polizisten an, um eine Razzia gegen den früheren irakischen Führer im Exil, Ahmed Chalabi, durchzuführen.[9] Es sind Zweifel angebracht, ob das State Departement bei der Auftragsvergabe solche Aktionen im Sinn hatte. Da aber auch keine Abmahnung an *DynCorp* erging, kann man davon ausgehen, dass der Vertrag so »schlampig« ausgestaltet ist, dass er ein solches Vorgehen abdeckt. Wie viele andere Beispiele zeigen, ist es weitgehend in das Ermessen der privaten Militärfirmen gestellt, wie sie ihre vertraglichen Aufgaben erledigen.

Die Londoner *Hart Group Ltd.* sollte laut Vertrag für die provisorische Koalitionsregierung im Irak einen (nicht näher spezifizierten) limitierten Teil der Sicherheit in »passiver Ausführung« bereitstellen. Die *Hart*-Angestellten wurden instruiert, reguläre Koalitionstruppen anzufordern, falls sie unter Beschuss von irakischen Aufständischen gerieten. Wie der leitende Direktor dieser Firma im BBC-Rundfunk bezeugte, haben seine Sicherheitsleute in unzähligen Fällen selbst zu den Waffen gegriffen, weil – wie er betonte – Soldaten zu spät oder gar nicht am Ort des Kampfgeschehens eingetroffen seien. Dies ist kein Einzelfall: Viele andere private Militärfirmen wie *Control Risks Group* oder *Triple Canopy* berichten von ähnlichen Vorkommnissen. Beispielsweise haben die italienischen Truppen Regierungspersonal und zwei Journalisten in der CPA-Zentrale von Nassirija ohne Schutz gelassen, als sie von Aufständischen mit Maschinengewehren und Mörsern unter Beschuss genommen wurde.[10] In Kut haben die dort zuständigen ukrainischen Streitkräfte CPA-Angehörige und Angestellte von *Triple Canopy* bei einem Angriff der »Mahdi Army« von Schiiten-Führer Muqtada al-Sadr ohne militärische Unterstützung gelassen und sich zurückgezogen. Die Angehörigen der privaten Militärfirmen lieferten sich einen dreitägigen Kampf mit den Aufständischen, bis die Munition knapp wurde und sie einen risikoreichen Rückzug antreten mussten.[11]

Was bedeuten dann die Verträge, wenn sie einerseits »nicht am Kampfgeschehen teilnehmende Aufgaben« vorsehen, andererseits der Gebrauch von Schusswaffen »in kritischen Situationen«, die nicht näher definiert sind, aber erlaubt ist? Wie deutsche Privatsoldaten, die für amerikanische Firmen im Irak tätig waren, berichteten, bestimmen sie selbst, wann und wie sie ihre Sturmgewehre oder Maschinenpistolen einsetzen.[12] Wer entscheidet darüber, wann eine Situation als »kritisch« einzustufen ist, was in einer solchen Lage erlaubt ist, ob die Verhältnismäßigkeit der Mittel gewahrt wird? Gegenwärtig – und nicht nur im Irak – ist es mangels konkreter Vorgaben überwiegend in das Belieben der Auftragnehmer gestellt, diese Fragen zu beantworten.[13]

Mangelnde Kontrolle und Verantwortlichkeit

Auf Kontrollen der Aktivitäten der privaten Militärfirmen wird weitgehend verzichtet. Die auftraggebenden Behörden sind dazu kaum in der Lage (weil sie zum Beispiel in Washington sitzen), und das staatliche Militär, das dazu fähig wäre, hat kein Interesse daran, die Privatsoldaten, die ihrer Befehlsgewalt nicht unterstehen, als eine Art Kindermädchen zu überwachen. Zumeist erübrigen sich allerdings diese Kontrollen schon allein deshalb, weil nicht einmal klar formuliert ist, was kontrolliert werden soll. Verglichen mit staatlichen Streitkräften und all ihren horizontal wie hierarchisch verzweigten Kontrollmechanismen, die aus gutem Grund mit der Zeit eingeführt wurden, gestatten die Regierungen den privaten Militärfirmen ein Leben in Anarchie und Willkür.

Die Vertragsprobleme beschränken sich jedoch nicht nur auf die Kontrolle der Ausübung von Gewalt. In der Mehrzahl der Fälle handelt es sich schlicht um eine mangelhafte Erfüllung der Dienstleistung. Da vor allem in den angelsächsischen Ländern inzwischen der Glaube »Privat ist billiger als Staat« genügt, um Aufträge auch ohne Konkurrenz und ohne spezifizierte Ausschreibung zu vergeben,[14] ist es kaum verwunderlich, dass ein Instrument wie die Qualitätskontrolle nur selten zum Zuge kommt. Erst wenn sich beispielsweise Soldaten wiederholt über die Reinigung ihrer

Wäsche, über die Art ihrer Unterkünfte oder über die Versorgung mit Mahlzeiten beschweren, wird nachgefragt, welche Leistungen die Verträge überhaupt vorsehen. In den vergangenen zehn Jahren war es nicht die Ausnahme, sondern fast die Regel, dass das Preis-Leistungs-Verhältnis bei den privaten Militärfirmen so aussah: Minderwertige Leistungen zu überhöhten Preisen – und die Qualitätskontrolle lag beim Endverbraucher. So stellten Logistikfirmen wie *KBR* und andere Benzinpreise in Rechnung, die doppelt so hoch lagen wie die auf dem zivilen Markt. Sie errichteten überteuerte Elektrizitäts- und Wasseranlagen, die eine mehrfache Kapazität dessen hatten, was das Militär benötigte. Die privaten Dienstleistungsunternehmen ließen sich Hunderttausende von Mahlzeiten bezahlen, die nie geliefert wurden. Die Kosten für die Versorgung mit Fahrzeugen wurden auf der Basis von immens teuren Leasing-Verträgen ermittelt. »Ohne entsprechende Kontrolle der Verträge ist die gegenwärtige amerikanische Praxis ein ineffizientes System, das dem Missbrauch die Türen öffnet.« Das Resultat ist: nicht die beste Art der Privatisierung, aber die schlechteste der Monopolisierung.[15]

Normalerweise ist es Aufgabe des Käufers oder Auftraggebers, die erbrachten Leistungen auf Umfang und Qualität zu überprüfen. Häufig erschwert aber schon die Form der Verträge eine solche Kontrolle. So arbeitet die US-Regierung mit zwei Typen von Verträgen, dem »I-D/I-Q«(indefinite delivery/indefinite quantity)- und dem »Cost-Plus«-Vertrag. Beide laden geradezu zum Missbrauch und zu mangelnder Effizienz ein. Während der erste keine Obergrenzen für die zu erbringenden Leistungen und zu liefernden Waren festlegt, errechnen sich die Gewinne beim zweiten prozentual anhand der aufgelaufenen Kosten (in der Regel zwei Prozent, bei »Übererfüllung« fünf). Mit anderen Worten: Im ersten Fall verdient die private Militärfirma umso besser, je mehr sie liefert – und sie wird auch über das Notwendige hinaus liefern, falls sie nicht durch Kontrolle gestoppt wird. Im zweiten Fall kassiert der Dienstleister umso mehr, je höher die Kostensumme ist, und auch hier wird sie versuchen, die Ausgaben bis an eine »Schmerzgrenze« zu treiben. Lastwagenfahrer verschiedener für Versorgung zuständiger Militärfirmen im Irak berichteten, dass sie 24 von 25 Mal ohne irgendwelche Ladung Hunderte von Kilometern zurücklegen mussten, nur um höhere Transportkosten abrechnen zu können.[16]

Nach zahlreichen Untersuchungen fasst das Fachblatt der Logistik-Truppen in den US-Streitkräften die langjährigen Erfahrungen mit der militärischen Dienstleistungsbranche in sieben Kritikpunkten zusammen: Sie bemängelt erstens das Fehlen einer Einsatzdoktrin über die Verantwortlichkeit in der Kommunikation; zweitens den Verlust des Überblicks über die auf dem Gefechtsfeld verfügbaren Waffen und anderen militärischen Geräte; drittens den Verlust der Kontrolle über Kontraktpersonal und Gerät; viertens eine gestiegene Verantwortung der Streitkräfte für die Sicherheit des Kontraktpersonals; fünftens den Bedarf an zusätzlichem Militärpersonal, Material und Finanzen, um das Kontraktpersonal zu unterstützen; sechstens die Besorgnis über die Verfügbarkeit der Lieferungen durch Kontraktfirmen in einer feindlichen Umgebung (Verlässlichkeit); siebtens merkliche Lücken im Nachschub, wenn die kommerziellen Lieferwege unterbrochen werden.[17]

Hinzu kommt, dass die Privatisierungsbefürworter mit dem Argument des »schlanken Staats« bei der Einsparung staatlichen Kontrollpersonals erfolgreich waren. So hat sich beispielsweise in den USA von 1997 bis 2005 das Auftragsvolumen für private Militärfirmen verdoppelt, die für Ausarbeitung, Abschluss und Überwachung von Verträgen zuständigen Angestellten sind jedoch um ein Drittel reduziert worden.[18] Damit hat sich auch im militärischen Bereich die Abneigung der Privatwirtschaft gegen Regulierung und staatliche Kontrolle durchgesetzt; und auf politischer Seite folgt man dieser Auffassung, indem man keine Ressourcen für Überprüfungen zur Verfügung stellt. So ist es bisher nicht mehr als ein Annahme, nicht mehr als ein ideologisch untermauerter Glaube, dass die Privatisierung im Militärsektor Kosten einspart. Die von der Dienstleistungsbranche in die Öffentlichkeit gestreuten Erfolgsstatistiken sind einer Qualitätskontrolle noch nie unterzogen worden, und eine solide, auf betriebswirtschaftlicher Kostenrechnung basierende Untersuchung hat die interessierte Seite bisher noch nicht vorlegen können. Alle verfügbaren Zahlen lassen im Gegenteil vermuten, dass die Auslagerung staatlicher Sicherheitsaufgaben in die Privatwirtschaft den Steuerzahler teurer kommt.

Ein wesentlich gravierenderes Problem, das auch durch noch so gut ausgearbeitete und überwachte Verträge nicht aus der Welt geschafft werden kann, hängt mit der Vertragsstruktur selbst zusammen. Dienstleistungsunternehmen sind geschäftlich motivierte Akteure, die sich in den seltensten Fällen für gesellschaftspolitische Ziele und ihre Realisierung interessieren. Wer mit den privaten Militärfirmen Verträge abschließt, muss sich darüber im Klaren sein, dass diese aus der vereinbarten Verpflichtung aussteigen können, wann immer sie es aus Existenzgründen, zum Schutz der eigenen Mitarbeiter oder aus Eigennutz für opportun halten. Wenn einer Firma im Laufe der Vertragsabwicklung die Risiken zu hoch erscheinen oder ihr ein neuer, lukrativerer Auftrag winkt, wird sie einseitig den Vertrag auflösen und die vereinbarten Sanktionen in Kauf nehmen, selbst auf die Gefahr hin, bei der nächsten Ausschreibung nicht berücksichtigt zu werden. Niemand wird – mit anderen Worten – einen militärischen Dienstleister dazu zwingen können, seinen Auftrag durchzuführen; es besteht keine Garantie, dass »private Militärfirmen ihre Verträge in einer feindlichen Situation erfüllen«.[19] Anders als im zivilen Bereich hat dies im militärischen ganz andere Konsequenzen. So ist es in den letzten drei großen kriegerischen Auseinandersetzungen (Balkan-, Afghanistan-, Irak-Krieg) – mehrfach geschehen, dass sowohl einzelne Privatsoldaten als auch ganze Militärfirmen ihren Verpflichtungen zur Versorgung der kämpfenden regulären Truppen nicht nachgekommen sind. Man hat sich wegen des Risikos, getötet zu werden, schlicht geweigert, die Soldaten an der Front mit Benzin, Wasser, Nahrung und Munition zu beliefern. Als beispielsweise im Dezember 2003 der Norden Bagdads zur »heißen Zone« wurde und in den Kämpfen zwei südkoreanische »Söldner« gefallen waren, verließen am nächsten Tag 60 Landsleute ihre Posten und weigerten sich, ihren Dienst wieder aufzunehmen.[20] Es ist daher nicht verwunderlich, dass sich in den Streitkräften der Unmut über die für Nachschub verantwortlichen Dienstleistungsunternehmen regt, weil sie dadurch ohne eigenes Zutun in eine risikoreiche, wenn nicht gar lebensbedrohliche Lage hineinmanövriert werden. Eine Handhabe, wie sie ihnen intern für Befehlsverweigerung oder Desertion zur Verfügung steht, haben sie gegenüber den Militärfirmen als privaten Wirtschaftssubjekten nicht.

Straffreiheit für »neue Söldner«?

Probleme wie Transparenz, Rechenschaftspflicht, Kontrolle und Verantwortlichkeit bestehen aber nicht nur auf der vertraglichen, sondern auch auf der gesetzlichen Ebene. Wem staatliche Beamte oder Angestellte aus dem Sicherheitssektor (Polizisten, Soldaten etc.) verantwortlich und rechenschaftspflichtig sind, ist rechtlich strengstens geregelt. Für die privaten Militärfirmen und ihr Personal gilt dies nicht; privatrechtliche Verträge erlauben keine Einmischung des Auftraggebers in die personellen Angelegenheiten einer Firma. Was der Staat von den militärischen Dienstleistern verlangen und erwarten kann, ist, dass sie sich an international verbindliche Regeln und nationale Gesetze halten. Wie sich die Privatsoldaten vor Ort in einer Konfliktsituation konkret verhalten, ist allein Sache der Firma. Zwar behaupten die Militärfirmen, dass sie ihr Personal instruieren und anweisen würden, Gesetze einzuhalten und Menschenrechte zu achten, doch außer dieser Absichtserklärung hat der Staat, wenn er die »neuen Söldner« einsetzt, keinerlei Kontrollmöglichkeit. Selbst wenn ihm Gesetzesverletzungen bekannt werden, sind ihm weitgehend die Hände gebunden. Normalerweise sind die Strafverfolgungsbehörden der Länder zuständig, in denen ein Delikt begangen wird – unabhängig von der Nationalität des Täters. Im Irak jedoch – und dies ist kein Einzelfall – hat die Provisorische Regierung der Kriegskoalition mit der »Order 17« vom Juni 2003, die am 27. Juni 2004 erneuert wurde, verfügt, dass alles für die Koalition tätige Personal (und damit auch die Angestellten der privaten Militärfirmen) von einer Strafverfolgung durch irakische Stellen ausgenommen ist. Damit besteht selbst bei schweren Delikten wie Mord eine faktische Immunität für Privatsoldaten. So teilte das irakische Innenministerium mit, dass ihm 40 bis 50 Fälle vorliegen, in denen »neue Söldner« ohne näheren Grund Zivilisten erschossen haben. Die privaten Militärfirmen hätten dazu jede Auskunft verweigert und jede Verantwortung abgelehnt.[21]

Die Lage verkompliziert sich noch, wenn Staatsangehörige für eine »fremde«, ausländische Militärfirma arbeiten. Das in vielen Ländern auftretende Dilemma wurde im Irak besonders dann deutlich, wenn südafrikanische, nepalesische, italienische, japanische oder belgische »neue Söldner« von den irakischen Aufständischen als Geiseln festgehalten wurden. Die Forderungen der

Sexskandal bei *DynCorp*

1999 kam Ben Johnston nach Bosnien. Er arbeitete für die Firma *DynCorp*, die im Auftrag der amerikanischen Regierung unter anderem Hubschrauber wartete und die neue bosnische Polizei ausbildete. Johnston hatte eine Spezialausbildung für die Helikoptertypen Apache und Blackhawk und erhielt einen Dreijahresvertrag. Schon wenige Tage nach seiner Ankunft, so erzählt der Texaner, war ihm klar, dass es »hier einige Probleme gab. Ich versuchte damit klar zu kommen, da ich ja wusste, dass ich es mit einer Gruppe von Männern zu tun hatte, die rauer waren als die, mit denen ich je vorher zusammen gearbeitet hatte. Es ist ja nicht so, dass ich nicht trinken würde, aber die kamen immer besoffen zur Arbeit. Am Morgen wurden wir von *DynCorp* zur Arbeit gebracht, und man konnte die Fahne meiner Kollegen schon von Weitem riechen.« Johnston bemerkte auch, dass die Mitarbeiter von *DynCorp* »alle nur möglichen Regeln brechen« und »die US-Armee hintergehen, wo sie nur können«.
Bei all dem drückte er ein Auge zu, aber irgendwann hielt es der Zwei-Meter-Mann nicht mehr aus. »Das Schlimmste war, dass sie sich Sexsklavinnen hielten, junge Frauen, einige vielleicht 13 oder 14 Jahre alt.« Diese Mädchen »kauften« sie bei Mitgliedern der serbischen Mafia für eine Summe zwischen 600 und 800 Dollar. Die Frauen kamen nicht aus Serbien, sondern aus Russland, Rumänien und anderen Ländern. »Die Männer von *DynCorp* kauften die Pässe der Frauen. Und wenn sie ihrer überdrüssig waren, verkauften sie sie an andere Kollegen weiter. Es war nichts anderes als Sklaverei.« Johnston war empört und informierte seinen direkten Vorgesetzten bei *DynCorp*. Dieser unternahm gar nichts, und das, wie sich später herausstellen sollte, aus guten Grund: Er hielt sich ebenfalls Sexsklavinnen und hatte zumindest eine von ihnen vergewaltigt und dies auf Video festgehalten. Der nächste Schritt führte Johnston zur US-Armee, die eine Ermittlung einleitete.
Der Texaner wurde außer Landes gebracht und wenig später von *DynCorp* entlassen, mit der Begründung, die Firma in Misskredit gebracht zu haben. Doch die interne Untersuchung der Army ging weiter und kam zu folgendem Ergebnis: Die von Johnston berichteten Fakten, die die Straftatbestände Sklaverei und Vergewaltigung betrafen, seien wahr – aber sie fielen nicht unter die amerikanische Rechtshoheit. Möglicherweise sei Bosnien dafür zuständig, hieß es, wo diese Verbrechen verübt wurden. Allerdings konnten die Angestellten von *DynCorp* auch dort nicht zur Verantwortung gezogen werden, da sie durch ihren Status als »Contractors« der Amerikaner Immunität genossen. Die einzige Konsequenz, die die amerikanische private Militärfirma daraus zog: Sie entließ sieben der Verantwortlichen.

Zusammengestellt aus den Berichten verschiedener amerikanischer Medien (vgl. u. a. Tribune vom 13.5.2002).

Iraker richteten sich nicht an die privaten Militärfirmen, sondern an die Nationen, deren Staatsbürger die Gefangenen waren – beispielsweise bei Fabrizio Quattrocchi und seinen drei Kameraden an den Regierungschef Italiens. Bei der gegenwärtigen nationalen wie internationalen gesetzlichen Lage kann der Staat seine Bürger aber nicht daran hindern, für eine ausländische Militärfirma zu arbeiten; er kann sie nur darauf hinweisen, dass sie sich strafbar machen, wenn sie für oder gegen ein Land, mit dem ihr eigenes nicht im Krieg steht, (mit der Waffe in der Hand) kämpfen. Und darüber hinaus hat er faktisch noch nicht einmal die Möglichkeit, sie für begangene Delikte von der eigenen Justiz verfolgen und aburteilen zu lassen. Von feindlichen Kombattanten wird der Staat aber als der Verantwortliche angesehen. Diese straffreie Grauzone, in der die Privatsoldaten tätig sind, führt nicht selten dazu, dass die Gegenseite dies zum Vorwand nimmt, um sich nicht mehr an das den Krieg betreffende Völkerrecht zu halten. Eine Barbarisierung des Kriegsgeschehens ist eine fast zwangsläufige Folge: So wurden beispielsweise im Irak Personen, die aus arabischen Ländern (Ägypten, Marokko etc.) stammten und für amerikanische Militärfirmen arbeiteten, gezielt gesucht und getötet; unter ihnen befanden sich auch in den Abu-Ghraib-Skandal verwickelte Übersetzer.

Das Völkerrecht (vgl. Genfer Konvention III und IV von 1949) kennt für den Kriegsfall nur den Kombattanten und die Zivilbevölkerung. Die »neuen Söldner« sind aber weder Kombattanten, weil sie vom Auftrag her nicht zu den kämpfenden Truppen gezählt werden und nicht der militärischen Befehlsgewalt unterstehen, noch sind sie »Zivilisten«, weil sie in die Kriegsmaschinerie eingebunden, häufig im Auftrag von Regierungen tätig und nicht selten bewaffnet sind. Die Voraussetzung für die Einstufung als Kombattant nach dem Völkerrecht, nämlich »aktiv« und »unmittelbar« an Feindseligkeiten im Kampfgeschehen beteiligt zu sein, führt ebenfalls nicht weiter. Denn es ist nicht definiert, was »aktiv« und »unmittelbar« bedeutet, und es ist nicht klar, welche Handlungen die Privatsoldaten tatsächlich vornehmen. Die Lage wird aufgrund der neuen Art der Kriegsführung noch unübersichtlicher, weil Raum und Zeit auseinandergerissen werden und nur noch virtuell eine Einheit bilden. Ist der Privatsoldat, der beispielsweise in Florida per Knopfdruck am Computer Bombenteppiche in Afghanistan platziert, »mittelbar« und der reguläre oder des zu schützenden Staats: Zumindest ebenso wichtig ist die Frage, wie die einzelnen Bürger geschützt und wie ihre Sicherheit garantiert werden kann. Dass bei Beantwortung dieser Fragen die Profitinteressen von Teilen der Gesellschaft eine sekundäre Rolle spielen (bzw. in einer funktionierenden Demokratie spielen müssen), sollte eigentlich eine Selbstverständlichkeit sein.

Die Problematik der Privatisierung von Sicherheit wird besonders deutlich im Bereich der Nachrichten- oder Geheimdienste. War es schon immer eine gewaltige Herausforderung und ist es auch heute noch nicht ganz gelungen, diesen Sektor in ein demokratisch funktionierendes Kontrollsystem einzupassen, so ist dies mit dem Vordringen der privaten Militärfirmen noch schwieriger, wenn nicht gar unmöglich geworden. Dem Besitz von Informationen und Wissen kommt heute angesichts der neuen Konzepte der Kriegsführung wie dem Information Warfare eine enorme Bedeutung zu. Wissen, das ausgelagert ist, kann trotz Verträgen nur schwer überwacht werden. Da private militärische Dienstleistungsunternehmen nicht in erster Linie an Sicherheit, sondern an Gewinn interessiert sind, kann ein Missbrauch des Wissens, das sie angesammelt haben, im Zweifelsfall nicht ausgeschlossen werden. Solange beispielsweise der angolanische Oppositions- und Militärführer der UNITA, Jonas Sawimbi, die Rückendeckung des Westens besaß, kämpften südafrikanische und andere private Militärfirmen an seiner Seite gegen die angolanischen Regierungstruppen. Es war einer der grausamsten Bürgerkriege auf afrikanischem Boden. Nach dem Ende des Ost-West-Konflikts änderte sich die Situation schlagartig. Als die angolanische Regierung nicht mehr von der Sowjetunion unterstützt wurde, der Westen – nicht zuletzt wegen der in Regierungshand befindlichen immensen Erdölvorräte – die Seiten wechselte und die UNITA fallen ließ, da tauschten auch die Militärfirmen den Auftraggeber. Mit den in ihrer Hand befindlichen Informationen war es ihnen ein Leichtes, Sawimbi gefangenzunehmen, die UNITA zu zerschlagen und sich als geschäftsfördernde Propaganda das Verdienst zuzuschreiben, den Bürgerkrieg beendet zu haben.

Und es gibt viele derartige Beispiele: Amerikanische Militärdienstleister, die – wie *DynCorp* in Kolumbien – laut Auftrag der US-Regierung zur Drogenbekämpfung in südamerikanischen Staaten eingesetzt sind, haben in mehreren Fällen ihre mit Spionageflugzeugen gesammelten Erkenntnisse an örtliche Streitkräfte und

Paramilitärs weitergegeben; anschließend wurden »versehentlich« Zivilmaschinen abgeschossen, Bauerndörfer dem Erdboden gleichgemacht, Rebellentruppen von Paramilitärs angegriffen.[23] »Das ist es, was wir das Outsourcen von Krieg nennen«, erklärte ein Abgeordneter des amerikanischen Kongresses sarkastisch.[24]

Die unkontrollierte Verwendung von Informationen, die die Militärfirmen im »Krieg gegen den Terror« gesammelt haben und tagtäglich über Privatpersonen mit neuesten geheimdienstlichen Technologien sammeln, sowie die damit verbundene Verletzung von Grund- und Bürgerrechten ist noch gar nicht erfasst und in seiner Tragweite abgeschätzt worden. Einige Mitglieder des US-Kongresses, darunter der demokratische Senator Patrick Leahy aus Vermont, sehen darin eine besorgniserregende Entwicklung und eine »enorme Gefahr für die Privatsphäre der amerikanischen Bürger«[25]. Der Staat als Garant der verfassungsmäßig verbrieften Rechte des Individuums wird auf diese Weise durch die privaten Militärfirmen schleichend entmachtet.

Es ist ein Merkmal demokratischer Staaten, die militärische Gewalt in kontrollierbaren Bahnen zu halten und den Einfluss des Militärs auf Politik und Zivilgesellschaft einzugrenzen. Die Privatisierung hat jedoch bereits dazu geführt, dass die Privatfirmen staatliche wie internationale Interventions-, Konflikt- und Kriegsstrategien direkt oder indirekt immer stärker lenken. Vor allem in der Umsetzung dieser Konzepte ist ihr Einfluss enorm gestiegen. Wie bei Interventionen im Einzelnen vorgegangen wird, welche Mittel eingesetzt wurden und welche Gesichtspunkte im Vordergrund stehen – bei all diesen Fragen sprechen private Militärfirmen inzwischen ein wichtiges, manchmal entscheidendes Wort mit. So bizarr das klingen mag: Es hängt heute auch schon von den Verdienstmöglichkeiten dieser Firmen ab, wie eine militärische Aktion durchgeführt, welche außenpolitischen Akzente gesetzt werden. Dieser Druck auf die Politik verstärkt sich, wenn die privatwirtschaftlichen Interessen der militärischen Dienstleistungsbranche sich mit denen aus Industrie und Finanz treffen.

So geht beispielsweise ein nicht unbeträchtlicher Teil der amerikanischen Interventions- und Hilfsprogramme für Afrika auf das gemeinsame intensive Lobbying von Ölindustrie und Militärdienstleistern zurück. Die engen Verflechtungen in den USA zwischen privaten Militärfirmen, Staatsbürokratie, Streitkräften, Rüstungsindustrie und Regierung kommen in Person von Vizepräsident Cheney oder von Außenministerin Condoleezza Rice deutlich zum Ausdruck, die vor ihren gegenwärtigen Ämtern hohe Führungspositionen bei Halliburton bzw. dem Ölkonzern Chevron bekleideten. Das sind aber nur zwei prominente Beispiele eines Systems, das schon Formen der »Filzokratie« angenommen hat. In den Führungsgremien fast aller privaten Militärfirmen sitzen einflussreiche Vertreter aus der Politik (ehemalige Regierungsvertreter, Diplomaten etc.), aus der Staatsbürokratie oder ehemalige hochrangige Militärs. So wurde etwa *Diligence LLC* von Geheimdienstlern der amerikanischen CIA und des britischen MI5 gegründet. Zur Entourage dieser Firma gehören prominente Personen, mit denen *Diligence* z. T. auch auf der eigenen Homepage wirbt: William Webster, der einzige Mann in der Geschichte der USA, der sowohl das FBI wie auch die CIA führte; Richard Burt (früherer US-Botschafter in Deutschland); Ed Rogers (einst rechte Hand des ehemaligen Präsidenten George Bush); Joe Allbough (früher Wahlkampfmanager von Präsident George W. Bush); Nicolas Day (ehemals MI5); Steven Fox (früher US-Diplomat, u. a. in Frankreich, Anti-Terror-Spezialist); Jim Roth (15 Jahre CIA); Whitley Buttler (führte zu Saddam Husseins Zeiten für die CIA verdeckte Operationen im Irak durch); Lord Charles Powell (früher außenpolitischer Berater von Margaret Thatcher); Mac McLarty (Mitarbeiter der Clinton-Administration); Rockwell Schnabel (früher US-Botschafter bei der EU); Prof. Kurt Lauck (früher im Management von Daimler Chrysler, Feba und Audi), etc. Bei der *Steele Foundation, CACI, Custer Battles, Ronco Consulting, Triple Canopy (Vinnell),* Halliburton, *MPRI, DynCorp, SAIC* sieht es nicht anders aus. Im Englischen benutzt man den Begriff »revolving door« (Drehtür), um zu verdeutlichen, wie dieses Prinzip des Gebens und Nehmens funktioniert.[26]

Um an Regierungsaufträge zu kommen, um unliebsame Nachforschungen durch Parlamentsvertreter abzublocken oder um Haushaltsentscheidungen zu beeinflussen, beschäftigen die privaten Militärfirmen ein Heer von einflussreichen Lobbyisten und geben dafür zwischen 60 und 70 Millionen Dollar jährlich aus. Auch im US-amerikanischen Wahlkampf engagieren sie sich und spendeten beim letzten Mal rund zwölf Millionen Dollar, wovon ungefähr fünf Sechstel an die Republikaner gingen. Wie sich herausstellte, waren Lobby- und Spendengelder noch nie so produktiv investiert worden wie in diesem Fall. Unter der Präsidentschaft des Republikaners George W. Bush und einer republikanischen Mehrheit im Kongress expandierte die Branche wie selten eine vor ihr; die Aufträge waren so zahlreich und umfänglich, dass die Militärfirmen sie nicht bewältigen konnten. Sie benötigten derart viel Personal, dass sie begannen, Angehörige von Spezialeinheiten wie den amerikanischen »Rangers«, »Seals«, »Delta Forces« oder der englischen SAS abzuwerben. Heute arbeiten mehr (ehemalige) SAS-Leute in den privaten Militärfirmen als bei den britischen Streitkräften. Durch den massiven Abgang sind manche SAS-Einheiten gar nicht mehr einsatzfähig. In einigen amerikanischen Spezialeinheiten ist man deshalb schon dazu übergegangen, ihren Angehörigen ein Jahr »Urlaub« bei einem Privaten zu gewähren (»damit sie Geld machen können«), wenn sie sich nur verpflichten, danach wieder zu den Streitkräften zurückzukehren.[27]

Die privaten Militärfirmen haben in das demokratische Gebäude der »starken Staaten« gefährliche Lücken gerissen. Ob ihre Stabilität bedroht ist, kann gegenwärtig noch nicht beurteilt werden. Das Beunruhigende daran ist, dass diese Schäden von der Politik nicht zum Anlass für Überlegungen genommen werden, wie diese Lücken ausgefüllt werden könnten und welche »Reparaturmaßnahmen« vorgenommen werden müssten. Eine Politik des »Weiter-so-wie-bisher« zu verfolgen, hieße, die Demokratie zu gefährden.

Trügerische Sicherheit – Nationaler Ausverkauf in den »schwachen Staaten«

> *Wenn Du eine Ziege in der Höhle des Löwen siehst,*
> *solltest Du Dich vor ihr fürchten.*
> Afrikanisches Sprichwort

Private Militärfirmen sind überwiegend in den reichen Ländern des Westens beheimatet, werden aber in der Regel in der Dritten Welt eingesetzt. Bezahlt werden sie von den »starken Staaten« bzw. direkt oder indirekt mit den Naturreichtümern der »schwachen Staaten«. Zumeist dienen sie den außenpolitischen Interessen westlicher Industriegesellschaften und erst in zweiter Linie den Bedürfnissen der Länder, in denen sie agieren. Die Erfahrungen zeigen, dass der Einsatz von Militärdienstleistungsunternehmen in Konfliktregionen die Lage dort nicht dauerhaft stabilisieren konnte. Das belegt eindrucksvoll das Beispiel Sierra Leone, ein Land, das wegen seiner immensen Diamantenvorkommen immer wieder Schauplatz blutiger Auseinandersetzungen war und ist, in denen ausländischen Interessen eine große Rolle spielen.

Auf Anfrage des damaligen Präsidenten Valentine Strasser intervenierte die private Militärfirma *Executive Outcomes (EO)* im März 1995 zum ersten Mal massiv, um die Rebellen der Revolutionary United Front (RUF) unter Foday Sankoh zu bekämpfen, eine brutale paramilitärische Oppositionsbewegung, die im großen Stil Kindersoldaten einsetzte. Die Militärfirma sollte die selbsternannten »Freiheitskämpfer« aus der diamantenreichen Region Kono vertreiben. *EO* erledigte diese Aufgabe in kürzester Zeit äußerst effizient, bereitete der RUF eine vernichtende Niederlage, verdrängte sie aus der Diamantenregion und trieb sie bis über die Grenze des Nachbarstaates Liberia. Kurz darauf wurde Strasser durch einen Staatsstreich gestürzt. Es folgte ein weiterer Putsch, und nach dem Abzug von *EO* hatte sich die Mehrzahl der Jugendlichen und der Soldaten Sierra Leones der neu formierten RUF angeschlossen. In einer militärischen Aktion drängten die Rebellen nun die Regierungstruppen zurück, die nur noch mit Hilfe der ECOMOG-Truppen – der westafrikanischen Militärkoalition unter Führung Nigerias – das Gebiet um die Hauptstadt Freetown halten konnten, und nahmen den Rest des Landes in Besitz. In den nächsten Jahren intervenierten Truppen der Organisation für Afrikanische Einheit (OAU) im Auftrag der Vereinten Nationen. Und auch die privaten Militärfirmen – zunächst *EO*, dann *Sandline* – waren erneut mit von der Partie, gerufen von den jeweilig sich am Westen orientierenden Regierungen. An der Situation änderte sich nichts Grundlegendes, außer dass das Land in immer größerem Chaos und wachsender Armut versank.

Eine kurze Atempause entstand, als Foday Sankoh mit internationaler Zustimmung zum Vizepräsidenten berufen wurde. Doch die ungelösten Konflikte in Sierra Leone brachen wieder auf, weitere kriegerische Auseinandersetzungen und Interventionen folgten. Obwohl seit 2002 in diesem zerrütteten Land ein fragiler Waffenstillstand hält, ist die Lage heute genauso instabil wie vor zehn Jahren – und die Rebellen kontrollieren weiterhin 50 Prozent der Diamantenfelder.[1]

Sierra Leone ist kein Einzelfall. Ähnliches könnte man aus mehreren Ländern Afrikas berichten, aus Ruanda, Liberia, Angola oder Uganda. Immer entschied die Intervention einer Militärfirma für den Moment eine kriegerische Auseinandersetzung zugunsten einer Partei; eine Änderung der Machtverhältnisse zugunsten staatlicher Institutionen wurde jedoch nicht erreicht und eine langfristige Konfliktlösung versäumt. In manchen Ländern, wie beispielsweise in der Demokratischen Republik Kongo, auf den Philippinen, in Tschetschenien oder in Kolumbien zu beobachten ist, führt dieses Konzept der punktuellen, auf Kurzfristigkeit angelegten militärischen Intervention sogar zu einer Initialzündung für eine regelrechte Eskalation des Konflikts. Dann nämlich, wenn die Gegenseite – Guerillas, Drogenkartelle oder Terroristengruppen – ebenfalls die Hilfe von privaten Militärfirmen in Anspruch nimmt und ihre Kampfstärke dadurch erhöht.[2] Falls es wie in Kolumbien oder dem Kongo den Rebellen gar gelingt, Gebiete unter ihre Kontrolle zu bringen, mit deren Ausbeutung (Kokain respektive Bodenschätze) sie sich bequem refinanzieren können, wird der Konflikt verstetigt und brutalisiert. Aber auch wenn er unterhalb der Schwelle erneuter kriegerischer Auseinandersetzungen gehalten werden kann – wie in Liberia oder El Salvador, wo die Waffenstillstände nach den Bürgerkriegen formal eingehalten werden –, bleibt die Gesellschaft in die vormaligen Kriegslager gespalten, was den Aufbau gemeinsamer Sicherheitsstrukturen illusorisch macht. Für die Bevölkerung bleibt es ein Leben am Rande des Vulkans, mit allen stagnierenden oder rezessiven Begleiterscheinungen im ökonomischen und sozialen Bereich. Über El Salvador beispielsweise wird berichtet, dass es nach dem Friedensabkommen von 1992 mehr Tote gegeben hat als während des gesamten Bürgerkriegs. Die Polizei, die Justiz und der Strafvollzug waren so geschwächt, dass ein Sicherheitsexperte äußerte, die Gewalt in El Salvador stehe in direktem Verhältnis zur Lebensdauer eines M-16-Maschinengewehrs.

Gestörtes Verhältnis von Militär, Staat und Zivilgesellschaft

Durch die Intervention privater Militärfirmen wird häufig auch das zumeist schon gespannte Verhältnis von Militärs, politischer Führung und Zivilbevölkerung zusätzlich unterminiert. Holt der Staat ausländische Militärdienstleister ins Land, führt er nicht nur dem einheimischen Militär vor Augen, wie gering das Vertrauen seiner Regierung in dessen Fähigkeiten ist, sondern die Militärspitze empfindet es häufig als Demütigung, dass ihr »fremde Söldner vor die Nase gesetzt« werden. Die Tatsache, dass die politische Führung Ausländern vollständige Einsicht in diesen sensiblen Sicherheitsbereich gewährt, erhöht das Misstrauen zusätzlich. Die um ein Vielfaches höhere Bezahlung, die der eigene Staat den angeheuerten Privatsoldaten zukommen lässt, schürt Ressentiments selbst unter einfachen Soldaten. Wenn – was die Regel ist – die privaten Militärfirmen einheimisches Personal rekrutieren, diese sogar den Streitkräften entziehen und auch noch eine Auswahl nach Volksgruppen vornehmen, wie in Ruanda oder der Demokratischen Republik Kongo geschehen, dann können die Spannungen ins Unermessliche wachsen.[3] Der wenig erfolgreiche Aufbau demokratischer Strukturen in Afghanistan hat zu gefährlichen Entwicklungen im Polizeiwesen des Landes geführt und dazu, dass Polizeikräfte lieber für die dort tätigen ausländischen Militärfirmen arbeiten, als sich in den staatlichen Apparat eingliedern zu lassen.[4]

Wie im Fall Sierra Leones ist nach Ende der unmittelbaren Feindseligkeiten ein Militärputsch nicht selten die Folge. Privaten Militärfirmen fällt es jedoch schwer – falls sie einen solchen Auftrag überhaupt akzeptieren –, sich als »Hilfstruppen« der einheimischen Streitkräfte zu verstehen.[5] Und selbst wenn sich ihr Auftrag auf Ausbildung und Beratung beschränkt, sind Spannungen gegenüber der Exekutive und Verselbständigungstendenzen des Militärs immer wieder vorprogrammiert. Dazu kommt, dass Streitkräfte, die einmal von ausländischen Spezialisten ausgebildet wurden, waffen- und kriegsführungstechnisch von ihnen abhängig bleiben, wollen sie ihre Schlagkraft aufrechterhalten.[6] Die Überlegenheit der »starken Staaten« auf diesem Gebiet ist so eklatant, dass das Militär der Dritte-Welt-Staaten nur hinterherhinken kann. Zudem sieht die Zivilbevölkerung in den Angestellten der militärischen Dienstleister nicht selten »Besatzungstruppen«, denen sie extremes Misstrauen entgegenbringt, das sich auf die eigene Regierung ausweitet, die diese fremden Truppen schließlich ins Land geholt hat. Das Vertrauen in die politische Führung und letztlich in den eigenen Staat schwindet. So nimmt das Gefühl von Unsicherheit nicht ab, sondern das Bedürfnis nach Schutz zu.[7] Der Trend zur Selbstorganisation in Partikulargemeinschaften verstärkt sich, die Auflösung der Gesellschaft schreitet voran, und in der Folge wachsen die bereits vorhandenen Spannungen.

Eine weitere Konsequenz aus dem Einsatz der privaten Militärfirmen ist die häufig zu beobachtende »Lokalisierung von Sicherheit«. Wenn sie ein bestimmtes Unruhegebiet befrieden sollen, schaffen sie aufgrund ihrer überlegenen Kriegs- und Sicherheitstechnik zwar in kürzester Zeit eine »Insel des Friedens«, in der die manchmal für einen Staat lebenswichtigen ökonomischen Aktivitäten danach ungestört weiterlaufen können. Doch das Konfliktpotential wird durch diese Operation nur verlagert und macht sich an anderer Stelle im Land zumeist in potenzierter Form bemerkbar. So sind auf allen Kontinenten die Fördergebiete von Erdöl mit Hilfe der ausländischen Militärpezialisten im Laufe der Zeit zu »Hochsicherheitszonen« ausgebaut worden, aus denen Aufständische oder Rebellengruppen vertrieben wurden. Deren Operationsgebiete legen sich inzwischen – siehe etwa die angolanische Enklave Cabinda zwischen dem Kongo und der Demokratischen Republik Kongo – wie ein Belagerungsring um diese Förderzonen. Über beide Territorien hat der jeweilige Nationalstaat seine souveräne Macht eingebüßt.[8]

Doch selbst eine »Lappalie« kann durch Eingreifen von privaten Militärfirmen weitreichende Folgen haben. In Nigeria zum Beispiel gibt es zwischen den Volksstämmen der Erdölregion im Nigerdelta seit Jahrzehnten einen Streit um die Verteilung der Einnahmen aus diesem Geschäft und der ökologischen Zerstörung dieser Region durch Konzerne wie Shell, der immer mal wieder eskaliert. Als 2003 streikende Erdölarbeiter Geiseln nahmen, um ihren Forderungen Nachdruck zu verleihen, trat die private Militärfirma *Northbridge Services* auf den Plan und löste das Problem in einer »gemischten Aktion«, das heißt mit diplomatischen und gewaltsamen Mitteln. Die Intervention der britischen Firma löste eine schwere innenpolitische Krise in Nigeria aus, in die Regierung, Militär und oppositionelle Parteien involviert waren. Streitpunkt war, wer das Eingreifen einer ausländischen Militärfirma in die inneren Angelegenheiten des Landes angeordnet hatte. Die Frage wurde nicht geklärt, da *Northbridge* sich weigerte, den Auftraggeber zu benennen.[9]

Die schon erwähnten »Maquiladora«-Industriegebiete, diese stadtähnlichen Produktionskonglomerate, verdeutlichen ebenfalls, was mit »Lokalisierung von Sicherheit« gemeint ist. Im Innern dieser quasi extraterritorialen Zonen herrschen die privaten Militärfirmen nach den Regeln der dort produzierenden ausländischen Konzerne, der äußere Schutz wird zumeist von staatlichen Sicherheitskräften (Militär oder Polizei) übernommen, die damit auf die Funktion einer Wach- und Schließgesellschaft herabgestuft werden. Überall in der Dritten Welt bilden sich »glokale« Gebiete heraus – das heißt lokal eng begrenzte Bereiche, in denen für den globalen Markt billig produziert wird –, deren Sicherheit weitgehend durch die Militärfirmen garantiert werden kann. In und um diese »glokalen« Inseln bilden sich Armut- und Reichtumsapartheiden heraus, deren hohes Konfliktpotential der Staat selten kanalisieren kann.[10]

Die schnelle Lösung: Kauf von Sicherheit

Damit wird auch ein anderes Problem deutlich, das die Sicherheitsstrukturen der »schwachen Staaten« zusätzlich angreift. Der Einsatz von privaten Militärfirmen bei aktuellen Konflikten bietet für die politische Führung eines Landes den Vorteil, ein Mittel zur schnellen Lösung zur Hand zu haben.[11] Ein Auf- oder Umbau der eigenen Sicherheitskräfte würde dagegen nicht nur Zeit kosten, sondern auch nicht unerhebliche Haushaltsmittel binden und verbrauchen. Außerdem kosten Heer und Polizei ständig Geld, während sich das Leasing von Privatfirmen auf eine einmalige Zahlung beschränkt. Die staatliche Aufgabe, die Sicherheit von ausländischen Organisationen und Personen auf dem eigenen Territorium zu garantieren, kann ebenfalls ausgelagert werden. Länder wie Angola machen es sogar ausländischen Firmen zur Auflage, Sicherheitsstrukturen und -personal mitzubringen, wenn sie bei ihnen wirtschaftlich tätig werden wollen.[12] Hilfsorganisationen und Konzerne sind dadurch auf den privaten Schutz der Militärfirmen angewiesen. Dies führt aber dazu, dass die staatlichen Institutionen nach und nach die Kontrolle verlieren, Transparenz und Rechenschaftspflicht nicht mehr eingefordert werden können. Sicherheit wird vom öffentlichen Gut zur privaten Ware, die sich jeder aneignen kann, der in der Lage ist, sie zu bezahlen. Damit wird die zum Schutz eingesetzte bewaffnete Gewalt immer weniger kontrollierbar: Diktatoren können private Militärfirmen gegen die Opposition einsetzen und umgekehrt; Konzerne können sich ihrer bedienen, um ihre Anlagen vor Rebellenübergriffen zu schützen, ebenso wie diese mit Unterstützung privater Gewalt die Produktionsstätten angreifen können.[13]

Obwohl die Souveränität und das Gewaltmonopol auf dem Papier noch bestehen und als Insignien nationaler Unabhängigkeit am Sitz der Vereinten Nationen in New York vorgezeigt werden, haben diese Staaten als Entitäten weitgehend aufgehört zu existieren. Mangels eigener Souveränität werden sie nur noch durch ein Netz von Partikularinteressen zusammengehalten, die dem Staat das Überleben so lange sichern, wie die Stärksten »an einem Strang ziehen«[14]. Diese Situation verschärft sich, wenn die »starken Staaten« ihre Hilfs- und Entwicklungsprogramme für die Verbesserung der Sicherheitsstrukturen in den gefährdeten Ländern der Dritten Welt durch private Militärfirmen ausführen lassen, ohne deren Tätigkeiten an präzise Auflagen zu knüpfen.

Die USA beispielsweise überlassen Ausbildung und Training von staatlichen Sicherheitskräften (im Klassenraum wie im Gelände) in afrikanischen Staaten im Rahmen des ACOTA-Programms weitgehend Militärdienstleistern wie *SAIC*, *DFI*, *MPRI* oder *Logicon*. Auch das britische Außen- und das Entwicklungshilfeministerium (DFID) vertrauen beim Aufbau von Sicherheitsstrukturen und beim Schutz ihrer ausländischen Besitztümer immer mehr auf die Arbeit der privaten Militärfirmen.[15] In einem Bericht an das britische Parlament vom Oktober 2002 listete das Außenministerium 102 Orte in nahezu ebenso vielen Ländern auf, in denen es zusammen mit dem DFID 121 verschiedene Firmen beschäftigte.[16] Menschenrechtsorganisationen wie Amnesty International haben in diesem Zusammenhang wiederholt darauf hingewiesen, dass in den Trainings- und Ausbildungsprogrammen Inhalte wie internationale Menschenrechte schlicht fehlen, das Einüben von Verhaltensweisen – vor allem in kritischen Situationen – entlang den Regeln des Völkerrechts nicht vorgesehen ist und eine Unterrichtung über internationale Vorschriften zur Waffenkontrolle nicht einmal ins Blickfeld gerät.[17] Diese Programme kommen selbst Ländern wie Sao Tomé zugute, die wegen Missbrauchs von Gewalt durch Polizei oder Militär gegen die eigene Bevölkerung häufiger Gegenstand von rechtlichen Untersuchungen waren und auf der internationalen Liste der Einhaltung von Menschenrechten auf den letzten Plätzen rangieren.[18]

Verlust des Gewaltmonopols

Das »Auskernen« des Staates, das Verdrängen und Auflösen von staatlichen Institutionen im äußeren wie inneren Sicherheitsbereich, hervorgerufen oder verstärkt durch die Tätigkeit der privaten Militärfirmen, hat des Weiteren den Effekt, dass Sicherheitszonen unterschiedlicher Qualität und Dichte erzeugt werden.[19] Wohlhabende Bürger leben in eigenen Vierteln, »Gated Communities«[20] wie Alphaville im brasilianischen São Paolo, deren Grenzen durch meterhohe Mauern, Sicherheitszäune und -tore, Videoüberwachung, Ausweiskontrollen etc. geschützt werden; Außenstehende haben keinen Zugang mehr; die Bewachung besorgen Privatfirmen, deren bewaffnetes Personal berechtigt ist, auf jeden »Fremden« zu schießen. Am anderen Ende der Skala liegen die Armutssiedlungen – Favelas, Bidon-villes, Slums –, deren Grenzen ebenfalls von weither sichtbar sind und in die sich kein staatlicher Ordnungshüter mehr hineinwagt, weil auch hier auf jeden »Fremden« geschossen wird.

Obwohl die beiden Extreme selten direkt aufeinanderstoßen, hat der Staat durch seinen Rückzug aus diesen beiden Gebieten die Bedingungen dafür geschaffen, dass Konflikte im Bereich der übrigen, das heißt im übergroßen Teil der Gesellschaft, schnell in Extreme ausufern können und dann – bei allgemein schwachen Strukturen – nicht mehr kontrollierbar sind. Viele Beispiele aus Konfliktregionen zeigen: Wenn der Staat sich verstärkt auf das Leasen von Sicherheit stützt, verliert er die Fähigkeit, den verschiedenen Schichten der Bevölkerung einen ständigen, auf ihre Bedürfnisse zugeschnittenen Schutz zu gewähren. Den im Gegenzug errichteten Selbstschutz der Partikulargemeinschaften ist er nicht mehr in der Lage zu kontrollieren. Aufbrechende Konflikte stoßen auf ein Vakuum staatlicher Gewalt; legitimierte Institutionen, die sich auf den Konsens der gesamten Gesellschaft stützen können, fehlen; die politischen Organe haben jegliche Möglichkeit eingebüßt, im Konfliktfall zu vermitteln. Finden die Konfliktparteien nicht selbst eine Lösung untereinander, droht die Situation zu eskalieren, bis hin zur bewaffneten Auseinandersetzung.[21]

Sowohl eine unmittelbare als auch mittelbare Konsequenz der Tätigkeit von privaten Militärfirmen in »schwachen Staaten« ist das Anwachsen und die enorme Ausbreitung der Organisierten Kriminalität. Einerseits werden Kleinwaffen in den Gebieten der

Armutsapartheid benötigt, um den Selbstschutz zu organisieren und um die internen Konkurrenzkämpfe bestehen zu können. Andererseits werden Waffen- und Drogenhandel, Prostitution und Menschenhandel – in einem Gebiet, in dem die staatlichen Institutionen kaum noch etwas zu sagen haben – zur einträglichen Verdienstquelle auf- und ausgebaut. Die informellen Netzwerke und die Schattenökonomie im halblegalen Sektor tragen zusätzlich dazu bei, der Organisierten Kriminalität den Zugang zur legalen Wirtschaft und zur Staatsbürokratie zu ermöglichen. Korruption und Bestechung weiten sich aus. Dadurch können auch auf dem globalen Markt erzielte Gewinne zurückfließen, und die Geldwäsche kann zu einem eigenen Wirtschaftszweig aufblühen. Diese mit illegalen Waren und Dienstleistungen sowie kriminellen Methoden erzielten Profite können – einmal »weißgewaschen« – in die legale Wirtschaft reinvestiert werden. Bau-, Touristik- und Vergnügungsbranche sind zumeist die ersten legalen Wirtschaftssektoren, die dann weitgehend von der Organisierten Kriminalität beherrscht und kontrolliert werden. Wie von den süditalienischen Mafias auch in Europa bekannt ist, wächst sich die errungene wirtschaftliche Machtstellung zusammen mit dem sozialen Rückhalt bei einem Teil der Bevölkerung zu politischem Einfluss und sogar institutioneller Macht aus.[22] Die Folge ist, dass gesellschaftliche Konflikte, die in jedem Gemeinwesen notwendigerweise immer wieder auftreten, nicht mehr friedlich durch demokratisch und rechtsstaatlich verfasste Institutionen gelöst, sondern zunehmend nach dem Recht des Stärkeren mit Gewalt entschieden werden.

Plünderung der Naturreichtümer

Das Firmenimperium von *Executive Outcomes* hat gezeigt, welch enge Verbindung zwischen privaten Militärfirmen und Wirtschaftskonzernen bestanden.[23] Nun ist heute – nicht zuletzt wegen des internationalen Protests, den der »Fall *Executive Outcomes*« hervorrief – kaum noch zu beobachten, dass Militärfirmen und Unternehmen, die Naturreichtümer ausbeuten oder Konzessionen für den Abbau von Rohstoffen erwerben, in einer gemeinsamen Holding zusammengeschlossen sind.[24] Die Entwicklung auf diesem Gebiet ist weitergegangen. Die Trennung zwischen Firmen aus dem Sicherheits- und aus dem industriellen Bereich wird schon aus formalrechtlichen Gründen inzwischen klar vorgenommen. Dies wird besonders deutlich bei großen transnationalen Konzernen, die militärische Dienstleistungsunternehmen nur anheuern, mit denen sie aber keine gemeinsamen Kapitalinteressen verbinden. Für die »schwachen Staaten« macht es jedoch im Allgemeinen keinen Unterschied, ob Militär- und Bergbaufirmen einer gemeinsamen Holding angehören, »getrennt marschieren und vereint schlagen«, oder ob jeder seinem eigenen Gewinnstreben folgt.[25]

Damit in Europa die Parkettfußböden dem Konsumenten billig angeboten werden können, werden Tropenhölzer in Asien, Afrika und Südamerika von potenten Holzkonzernen unter Einsatz von privaten Militärfirmen geschlagen. Ihre Anwesenheit ist notwendig, um den Widerstand der einheimischen Bevölkerung gegen die Zerstörung ihrer Lebensräume abzuwehren oder zu brechen. Die Konzessionen vergebenden Staaten – wie Malaysia, Liberia, Myanmar – beschränken sich auf die Verwaltung der Einnahmen aus diesem lukrativen Geschäft. Ansonsten lassen sie die Holzkonzerne mit ihrer Privatarmee in den Konzessionsgebieten ungestört regieren.[26] Diese Form der Aktivitäten unterscheidet sich bis auf den Größenmaßstab nicht sonderlich von denen der englischen oder holländischen Ostindien-Kompanien vor 300 Jahren.[27] Und diese Gebiete sind auch heute wieder eine Hochburg, wenn es um das Zusammenwirken von transnationalen Konzernen und der militärischen Dienstleistungsbranche geht. Die amerikanische private Militärfirma *Pacific Architects and Engineers (PA & E)* aus Kalifornien ist gleich mit zwei Tochterfirmen in dieser Region präsent – eine in Japan, die andere in Singapur –, mit deren Hilfe sie ihre Geschäfte im gesamten asiatischen Raum abwickelt. Zu ihren ausgewiesenen Kunden in Neuseeland, Ost-Timor, Malaysia, Singapur, Thailand, Vietnam, Korea oder Japan gehören beispielsweise Esso Malaysia, Brunei Shell Petroleum, Nippon Steele Corporation, aber auch Microsoft Corporation, Procter & Gamble oder Walt Disney Corporation. Andere Militärdienstleister sind in Myanmar (dem früheren Burma) für die westlichen Öl- und Gasunternehmen oder in Sri Lanka, Nepal, Kambodscha, Taiwan, Brunei oder auf den Philippinen für privatwirtschaftliche Interessen tätig.[28]

Es sind jedoch nicht die transnationalen Konzerne und die privaten Militärfirmen allein, die sich am Ausverkauf der Naturreichtümer in der Dritten Welt beteiligen. Im Rahmen der Globalisierung haben sich in steigendem Maße die Regierungen der potenten Staaten eingeschaltet, um die nationalen Interessen zu befriedigen bzw. um günstige Rahmenbedingungen für das Wirken »ihrer« Konzerne zu schaffen. Dabei ist – wie etwa im Fall von China, Großbritannien, Russland, Frankreich oder den USA – kaum noch festzustellen, wo das nationale Interesse aufhört und das Konzerninteresse anfängt. Einige Beispiele mögen dies verdeutlichen.

Im März 2004 scheiterte in Äquatorialguinea ein Staatsstreich von ehemaligen Angestellten der Firma *Executive Outcomes*. Durch den Putschversuch sollte der amtierende – von den USA und der Militärfirma *MPRI* gestützte – Diktator Obiang Nguema gestürzt und durch den im spanischen Exil lebenden Severo Moto ersetzt werden. Hintergrund waren widerstreitende Ölinteressen von Konzernen und den sie stützenden Staaten; denn die ehemalige spanische Kolonie gilt seit einiger Zeit als das afrikanische Eldorado der Erdölwirtschaft, und Finanziers aus aller Welt wollen sich ihren Anteil an den erwarteten astronomischen Gewinnen aus der Förderung des »schwarzen Goldes« sichern. Die Mehrheit der an dem gescheiterten Umsturzversuch beteiligten Söldner sitzt heute lange Haftstrafen ab. Nur Mark Thatcher – einer der finanziellen Hintermänner des Coups – bewegt sich dank der Intervention seiner Mutter, der ehemaligen britischen Premierministerin, auf freiem Fuß.[29]

Im sudanesischen Darfur, wo riesige Erdölvorkommen ausgemacht wurden, sind für das amerikanische Außenministerium zwei Militärfirmen aus den USA tätig, und zwar *DynCorp* und *PA&E;* sie sollen laut Auftrag Basen (nicht näher spezifiziert) vorbereiten, logistische Systeme aufbauen sowie Transport- und Kommunikationskapazitäten bereitstellen. Bezahlt werden sie aus einem sogenannten »open-end«-Vertrag, der es der US-Regierung erlaubt, die beiden Firmen auf unbegrenzte Zeit nicht nur im Sudan, sondern überall auf dem afrikanischen Kontinent einzusetzen. Zum anderen ist es ein sogenannter »Cost-Plus«-Vertrag, was bedeutet, dass den beiden privaten Militärfirmen alle ihnen bei der Abwicklung entstehenden Kosten ersetzt werden plus einem Gewinn von fünf bis acht Prozent auf die Gesamtsumme.[30] Das Außenministerium versteht diesen Auftrag als Teil einer Friedensmission, um die sudanesische Regierung und die Befreiungsbewegung der Sudan's People's Liberation Front (SPLF), die sich seit 1983 in einem nicht erklärten Bürgerkrieg gegenüberstehen, zu einer friedlichen Übereinkunft zu bringen. Allein in der Region Darfur hat es in den letzten Jahren über eine Million Flüchtlinge und über 50 000 Tote gegeben. Die Begründung aus Washington, warum die Regierung zwei private Militärfirmen mit dieser Aufgabe betraut hat, lautet mit den Worten eines hohen Regierungsbeamten: »Wir dürfen aufgrund unserer Gesetze dort keine Parteien oder politischen Vertretungen bilden. Indem wir private Militärfirmen benutzen, können wir diese Vorschriften umgehen. Stellen Sie sich das Ganze als eine Mischung vor aus einer ›verdeckten Aktion‹, wie sie die CIA durchführt, und einer ›offenen Aktion‹, wie sie das Entwicklungshilfeministerium macht. Es ist auch ein Weg, um der Kontrolle des Kongresses zu entgehen.«[31]

Bekannt ist die Region Darfur in den internationalen Medien nicht für den Streit um Öl, sondern für das Flüchtlingsdrama. Wem zukünftig die Konzessionen für die Ölförderung zufallen und wie die daraus resultierenden Einnahmen aufgeteilt werden, ist noch nicht vertraglich geregelt. Gegenwärtig sind die Hauptfördernationen im Sudan unter anderem China und Pakistan. Aus den vielen multilateralen politischen Gesprächen, die bisher über die Probleme und Konflikte dieser Region auch unter Einschaltung der Vereinten Nationen geführt wurden, geht jedoch hervor, dass die Flüchtlinge bzw. Vertriebenen an der Ausbeutung der Reichtümer in ihrer (ehemaligen) Heimat wenig partizipieren dürften.

Ob es sich um Tropenhölzer oder Erdöl, Coltan oder Kupfer, Diamanten oder Gold, Kobalt oder Silber, Mangan, Uran, Cadmium, Germanium, Beryllium oder andere Naturschätze in den Ländern der Dritten Welt handelt – die Methoden und Mittel zu ihrem Abbau und Abtransport in die »starken Staaten« sind mit den nötigen Änderungen immer die gleichen. Seit die Märkte im Zuge der Globalisierung geöffnet wurden und die Exportzölle weggefallen sind, sacken die Rohstoffpreise in den Keller. So werden immer mehr natürliche Reichtümer der »schwachen Staaten« außer Landes geschafft. Die daraus erzielten Erlöse sinken beständig; diese werden von den heimischen Staatseliten abgeschöpft, indem sie einen Teil der vom Ausland auf die Konzessionen gezahlten Gelder gleich auf Konten in Finanzparadiesen überweisen lassen;³² und ein immer kleiner werdender Rest wird an die Bevölkerung verteilt. Gegen diese Praxis kann sie sich kaum zur Wehr setzen. Denn wegen des »entkernten« Staates hat sie keine Mittel mehr, um auf demokratischem Wege ihre Rechte einzufordern und zur Geltung zu bringen. Am Rande oder unterhalb der Schwelle des Existenzminimums mit einem monatlich verfügbaren Einkommen von einem Euro (wie in vielen afrikanischen Ländern) bleibt dann häufig nur noch die Flucht in die Gewalt, um sich vor dem Verhungern zu retten.

Insgesamt kann man daher sagen: In Schwierigkeiten steckende Staaten, die mit Hilfe der privaten Militärfirmen ihre Probleme lösen wollten, sind schwächer geworden und nicht gestärkt aus diesem Experiment hervorgegangen. Eine Entwicklung in Richtung »starker Staat« hat keines der Länder durchgemacht; überall sind Sicherheitsstrukturen und Konfliktlösungsmechanismen anfälliger geworden und haben immer mehr Macht verloren. Wie der UN-Beauftragte für die Überwachung des Söldnerwesens, Enrique Ballesteros, bei seinen langjährigen Untersuchungen rund um den Erdball beobachtete, verbreiten die privaten Militärfirmen die Illusion von Stabilität, lassen die grundlegenden Probleme und Konfliktursachen unberührt und sind nie zu einer dauerhaften Konfliktlösung in der Lage.³³ Um in diesen Ländern Frieden zu ermöglichen und Sicherheitsstrukturen aufzubauen, bedarf es eines politischen Ansatzes, der nicht auf die Befriedigung unmittelbarer Interessen gerichtet ist, sondern sich ein Wiederaufbauprogramm staatlicher und gesellschaftlicher Institutionen zum Ziel setzt, das zwar einen langen Atem braucht und nicht kurzfristig umzusetzen ist, aber langfristig realisiert werden kann.

Hilfsorganisationen – Im militärischen Windschatten

*Unterdrücke den Zorn nicht,
aber gib ihm nicht nach.*
Tibetanische Weisheit

Während des Afghanistan-Kriegs verbreiteten die amerikanischen Medien den Satz des damaligen Außenministers Colin Powell, dass »humanitäre Organisationen ein wichtiger Teil des amerikanischen Kampfteams«[1] seien. Damit machte er zum ersten Mal öffentlich, welche Rolle die US-Regierung den Hilfsorganisationen in Gebieten zumisst, in denen sie militärisch interveniert. Für die Nichtregierungsorganisationen bestätigte sich ihre Befürchtung, dass sie für Kriegspolitik instrumentalisiert werden sollten. Sie protestierten, weil sie ihren Status als neutrale und unabhängige Helfer in Frage gestellt sahen.[2] Doch der Protest ging in der Öffentlichkeit weitgehend unter. Mit Beginn des Irak-Kriegs verschärfte sich der Interessenkonflikt. Die britische und die amerikanische Regierung legten ihre »Einbettungsstrategie« vor, von der nicht nur Journalisten, sondern auch Hilfsorganisationen betroffen waren. Als nach Kriegsende die CPA, die amerikanisch dominierte Zivilbehörde im Irak, von den Nichtregierungsorganisationen verlangte, eine Verpflichtungserklärung gegenüber den Streitkräften der Koalition abzugeben und eine vierteljährliche Berichterstattungspflicht zu akzeptieren, weigerten diese sich.[3] Daraufhin drohte USAID – eine Art US-amerikanisches Entwicklungshilfeministerium – den Organisationen, sie von der Zuteilung staatlicher Hilfsgelder auszuschließen. Doch nur wenige beugten sich diesem Diktat, die meisten zogen ihr Personal ab und beendeten ihre Tätigkeit im Irak.[4] Aber selbst diejenigen, die sich geweigert hatten und geblieben waren, schlossen bald ihre Pforten, nachdem die Koalition ihnen nach und nach den Schutz, der vornehmlich in der Begleitung durch Personal von privaten Militärfirmen bestand, entzogen hatte, obwohl gemeinsame Richtlinien für alle beteiligten Parteien unter der Schirmherrschaft der Vereinten Nationen festgelegt worden waren.[5] Auch der Appell von UN-Generalsekretär Kofi Annan, die CPA sei nach den gültigen Regeln des Völkerrechts verpflichtet, für Schutz und Sicherheit zu sorgen, änderte die Haltung der Bush- und Blair-Regierungen nicht.

Gefährdung der Neutralität

Diese grundsätzlich unterschiedliche Auffassung über die Rolle von humanitären Helfern betrifft aber nicht nur das Verhältnis von Regierungen und Nichtregierungsorganisationen, sondern ebenso – und häufig in verschärfter Form – die Beziehung zwischen Hilfsorganisationen und militärischer Dienstleistungsbranche. Für die privaten Militärfirmen ist Intervention ein Geschäft mit dem Ziel, Gewinn zu machen. Für den Staat ist sie eine politische Aufgabe mit dem Ziel, Sicherheit zu schaffen. Das Ziel der Nichtregierungsorganisationen ist es, von ihrem Selbstverständnis her, dem einzelnen Menschen Hilfe zu bringen, unabhängig und notfalls auch gegen politische, wirtschaftliche oder sonstige Überlegungen. Damit sind Zielvorstellungen formuliert, die in vielen, wenn nicht sogar in den meisten Fällen bei konkreten Aktionen inkompatibel sind. Andererseits sind mit den »neuen Kriegen«, in denen die Anzahl der beteiligten Gewaltakteure gestiegen ist, und mit den heutigen Konfliktregionen, in denen die vorher weitgehend scharfen Grenzen zwischen Militär und Zivilbevölkerung mehr und mehr verschwimmen, die Sicherheitsbedingungen für die Nichtregierungsorganisationen andere und ist ihr Schutz geringer geworden. In den letzten Jahren mussten fast alle internationalen Hilfsorganisationen unter ihrem Personal Tote beklagen und Geiselnahmen bzw. Entführungen registrieren wie beispielsweise das UN-Hochkommissariat für das Flüchtlingswesen (UNHCR), das Internationale Rote Kreuz (IKRK), CARE USA, Medecins du Monde (MDM) oder Ärzte ohne Grenzen. Allein zwischen Juli 2003 und Juli 2004 wurden mehr als 100 Zivilisten der Vereinten Nationen und von Nichtregierungsorganisationen bei ihren Einsätzen in Konfliktregionen getötet.[6]

Aus der gestiegenen Gefährdung humanitärer Helfer leiten die privaten Militärfirmen ihr Angebot ab, Schutzleistungen zu erbringen, die die Staaten verweigern oder bereitzustellen nicht in der Lage sind. Das Dilemma wird zwar von allen Beteiligten diskutiert, bleibt jedoch ungelöst. Im Zweifelsfall setzen sich Regierungen und Militärfirmen durch, wie das Irak-Beispiel zeigt. Die militärischen Dienstleister haben dabei eine starke Stellung, weil es häufig die Regierungen sind, die darauf verweisen, dass die Sicherheit für die Nichtregierungsorganisationen einzig gewährleistet werden könne, wenn diese den von den privaten Militärfirmen offerierten (und nicht selten staatlich bezahlten) Schutz akzeptieren.

In internationalen Vereinbarungen und in ihrem 1994 verabschiedeten Verhaltenskodex haben sich humanitäre Organisationen darauf festgelegt, strikte Neutralität zu wahren, unparteiisch und von Regierungen unabhängig zu sein.[7] Es ist sowohl eine Befürchtung der Nichtregierungsorganisationen als auch eine aus der Praxis gewonnene Erfahrung, dass die Aufrechterhaltung dieser Grundprinzipien durch die Zusammenarbeit mit Militärfirmen gefährdet, wenn nicht gar unmöglich gemacht wird. Nicht nur in Afghanistan oder im Irak betrachtete die Bevölkerung die Helfer mit Argwohn, wenn diese durch Privatsoldaten (egal ob bewaffnet oder nicht) geschützt wurden. Von denjenigen ganz zu schweigen, für die die Koalitionstruppen eine feindliche Besatzungsmacht darstellen. Sie finden ihre Meinung in der zitierten Äußerung Colin Powells bestätigt und sehen in den Helfern nur einen verlängerten Arm der Kriegsmaschinerie.

Diese Auffassung verbreitet sich in der Bevölkerung, wenn Aufständische, Widerstandsgruppen oder Rebellenbewegungen darauf hinweisen können, dass dieselbe Militärfirma, die für eine Hilfsorganisation tätig ist, auch ausländisches Regierungspersonal bewacht und private ausländische Wirtschaftsfirmen schützt.[8] Wenn dann schließlich noch entdeckt wird, dass die Geheimdienste diese humanitären Vereinigungen infiltrieren, um einfacher an Informationen zu gelangen, schlägt der Argwohn in Feindseligkeit um. Italienische Helfer im Irak teilten mit, dass die meisten Nichtregierungsorganisationen bis hin zum Roten Kreuz regelrecht »verwanzt« gewesen seien.[9] Italienische Geiseln berichteten nach ihrer Freilassung, dass die irakische Gegenseite genaueste Informationen über die geheimdienstliche Unterwanderung besessen habe.[10] Damit wird der vorgebliche Schutz durch die Militärfirmen zum erhöhten Sicherheitsrisiko für die humanitären Organisationen.

Sicherheitsrisiko Militärfirma

Aber nicht nur das Risiko bei den Hilfsorganisationen wächst, sondern in vielen Fällen wird die Gefährdung für die Zivilbevölkerung, der eigentlich geholfen werden soll, größer.[11] Dies ist insbesondere dann der Fall, wenn der Konflikt um Naturreichtümer und deren Abbau durch ausländische Konzerne entbrannt ist. Wie Beispiele aus vielen krisengeschüttelten Ländern zeigen, gibt es die unterschiedlichsten Varianten: In einem Fall bedeutet die von einer privaten Militärfirma geschützte Hilfe an bestimmte Bevölkerungskreise eine Parteinahme für eine der Konfliktparteien. Dadurch wird dieser Teil der Zivilbevölkerung automatisch mit zur Zielscheibe feindlicher Angriffe. In einem anderen Fall stellt die Zivilbevölkerung einen Schutzschild für die Rebellen dar, entweder indem sie in ihr untertauchen oder indem sie die Bevölkerung als Puffer benutzen, den sie zwischen sich und die feindliche Partei schieben. Schaffen die humanitären Organisationen mit Hilfe der privaten Militärfirma »Schutzzonen« für die Zivilisten, entziehen sie einer Konfliktpartei den »Schutzschild« und erhöhen damit das Risiko, dass die Zivilbevölkerung selbst zum Angriffsziel wird.[12] In anderen Fällen nehmen Warlords die Zivilbevölkerung als Geisel, um beispielsweise eine Art Wegezoll auf internationale Hilfslieferungen erheben zu können. Versuchen die Nichtregierungsorganisationen mit Hilfe von privaten Militärfirmen diese Abgaben durch direkten Zugang zu den Hilfsbedürftigen zu umgehen, wird die Zivilbevölkerung unmittelbar in die bewaffneten Auseinandersetzungen einbezogen, oder die Zugangswege werden vollständig gesperrt. Zum Hunger kommt in diesen Fällen die Angst vor physischen Übergriffen durch die Soldateska hinzu. Wird dann noch bekannt, dass die private Militärfirma sowohl für die im Land tätigen Konzerne als auch für die Hilfsorganisationen arbeitet, ist der Zugang zur einheimischen Bevölkerung für die humanitären Helfer nahezu unmöglich geworden.[13]

Auch weniger eklatante Beispiele aus der Praxis der Hilfsorganisationen zeigen, dass die Zusammenarbeit mit privaten Militärfirmen Probleme aufwirft, die ihre Arbeit entwerten oder das Ergebnis ins Gegenteil dessen verkehren, was erreicht werden sollte. Rechtliche Hilfe leistende Nichtregierungsorganisationen in Lateinamerika wie das Istituto Latinoamericano de Servicios Legales Alternativos (ILSA), Red de Derechos Humanos en Colombia (CHRN) oder das Comite Permanente por la Defensa de los Derechos Humanos (CPDH) berichten, dass Gewerkschafter oder andere von Menschenrechtsverletzungen betroffene Personen sich von ihnen zurückzogen, sobald bekannt wurde, dass sie durch Privatsoldaten geschützt wurden.[14] Noch kritischer wurde das Verhältnis, wenn illegale Praktiken bei der Ausbeutung von

Einsätze von Hilfsorganisationen in Krisenregionen kommen in Kampfgebieten mitunter nicht ohne militärischen Schutz aus, wozu vereinzelt sogar private Militärfirmen angeheuert werden; hier sudanesische Flüchtlinge aus Darfur im Tschad (2005).

Rohstoffen gesetzlich untersucht werden sollten.[15] Dann gerieten die Nichtregierungsorganisationen in den gleichen schlechten Ruf, den schon die transnationalen Konzerne und die privaten Militärfirmen hatten. Das Vertrauen in die »unabhängigen« Anwälte war fast vollständig geschwunden, Skepsis und Misstrauen immens gewachsen, eine Zusammenarbeit nahezu ausgeschlossen, und nicht selten wurden sie sogar als Handlanger der Gegenseite betrachtet. Wer mit den Anwälten zusammenarbeitete, sah sich nun selbst Repressionen ausgesetzt, und auch die Rechtshelfer waren bedroht. Hilfsorganisationen von Kulturschaffenden, wirtschaftlichen Aufbauhelfern, schulischen Ausbildern und selbst Ärzten haben gleichlautende oder ähnliche Erfahrungen gemacht.[16]

In Zonen verminderter Sicherheit oder gar hoher Unsicherheit stellt der mit den privaten Militärfirmen eingekaufte Schutz ein Privileg dar, das die Neutralität und Unparteilichkeit derjenigen in Frage stellt, die diesen Schutz in Anspruch nehmen. Hilfsorganisationen gelten dann als die Glücklichen – oder werden von der Zivilbevölkerung als solche angesehen –, die das Geld haben, um für sich Sicherheit zu kaufen. Eine Möglichkeit, die den potentiellen Empfängern der Hilfeleistungen verwehrt bleibt. Die Mehrheit der Bevölkerung kann sich in Krisenregionen ein solches »Luxusgut« nicht leisten.[17] Auf diese Weise entwickeln sich schon zwischen Hilfeleistern und Hilfsbedürftigen unterschiedliche Sicherheitszonen, die in sich vielfache Spannungen bergen und jederzeit durch das »feindliche« Umfeld in diese oder jene Richtung ausbrechen können. Den meisten Nichtregierungsorganisationen wie dem IKRK, Oxfam, Caritas oder Brot für die Welt sind diese Mechanismen sehr wohl bekannt, weshalb sie auf ihrer prinzipiellen Neutralität, Unparteilichkeit, Regierungsunabhängigkeit insistieren und einen Schutz durch private Militärfirmen ablehnen.[18]

Sie argumentieren, dass der auf diesen Prinzipien aufgebaute Verhaltenskodex in der Vergangenheit für sie den größten Schutz dargestellt habe. Das so gewonnene, verbreitete und überall verankerte Image, »nur für die Menschen da zu sein«, sei die Grundlage für die Akzeptanz ihrer Arbeit sowohl bei den feindlichen Parteien als auch bei der Zivilbevölkerung gewesen. Die »Politisierung« der Konflikte und die versuchte Instrumentalisierung der humanitären Helfer durch die Politik hätten – in der Wahrnehmung der Bevölkerung – ihre unparteiische Haltung in Frage gestellt,[19] die doch die Grundlage für ihre Akzeptanz und damit ihren Schutz darstellt. Auch unter den Rahmenbedingungen der »neuen Kriege«, so die meisten Nichtregierungsorganisationen, ist ihr größter Schutz immer noch die Legitimität ihrer Arbeit, die Vertrauenswürdigkeit ihres Personals, die Einbettung in das kulturelle wie soziale Umfeld vor Ort und die daraus resultierende Fähigkeit, Risiken und Gefahren antizipieren zu können. Mit den privaten Militärfirmen wird nicht die Sicherheit erhöht, sondern die Arbeit »militarisiert«.[20]

Dieser Befund wird noch dadurch gestützt, dass die Militärfirmen mehrheitlich eine Arbeitsauffassung vertreten, die sich an dem Motto »gib mir den Befehl, ich gehe rein und erledige den Job« ausrichtet. Die Sicherheit von humanitären Aktionen wird als soldatische Aufgabe mit anderem Inhalt begriffen. Die Hilfsorganisation Medico International drückt es so aus: »Der weiße Hubschrauberpilot, der ein neugeborenes Kind aus einem umfluteten Baum rettet, steht emblematisch für den ›Humanitarismus‹ und symbolisiert eine ›interventionistische‹, von außen einschwebende (und meist wieder verschwindende) Hilfe.«[21] Es sind eben nicht nur die unterschiedlichen Zielvorstellungen (Profit auf der einen, Hilfe auf der anderen Seite), die die Zusammenarbeit zwischen Nichtregierungsorganisationen und privaten Militärfirmen erschweren, sondern auch die unterschiedlichen Sichtweisen auf den gleichen Tatbestand, der sie trennt. So wie man ein ökologisches Problem von einer gesetzlichen, gesundheitlichen oder wirtschaftlichen Perspektive aus betrachten kann, so kann ein Schutzproblem von einem humanitären oder militärischen Standpunkt aus gesehen werden. Letzterer führt nur dazu, dass die Weichen – was die Rahmenbedingungen der Arbeit betrifft – anders gestellt werden, als sich die humanitären Organisationen die Erfüllung ihres Auftrags vorstellen. Die von ihnen angeprangerte schleichende Militarisierung der Problemlösungen hat nicht zuletzt hier ihren Ursprung. Was es für humanitäre Organisationen bedeutet, Privatsoldaten mit ihrem Schutz zu beauftragen, hat der Vertreter von Christian Aid, Dominic Nutt, stellvertretend für viele Nichtregierungsorganisationen so ausgedrückt: »Es heißt, Petrus bestehlen, um es Saulus zu geben.«[22]

Die Notwendigkeit neuer Schutzkonzepte

Die Zusammenarbeit wird darüber hinaus durch die Tatsache erschwert, dass die Hilfsorganisationen kaum in der Lage sind, eine effektive Kontrolle über die Arbeit der privaten Militärfirmen auszuüben. Wenn die Firmen ihnen vom Staat zur Sicherheit an die Seite gestellt werden, haben sie noch nicht einmal die Möglichkeit, über einen spezifizierten Vertrag Einfluss auf das Verhalten des PMF-Personals auszuüben. Transparenz können sie nicht verlangen und noch weniger durchsetzen.

Sollten in einem von privaten Militärfirmen gesicherten Umfeld Menschenrechte verletzt werden, fällt dieser Schatten auch auf die humanitären Organisationen, die im schlimmsten Fall von der einheimischen Bevölkerung als Komplizen verdächtigt werden.[23] Wenn die Nichtregierungsorganisationen eigene Verträge mit den Privatfirmen abschließen und sie damit direkt für das Verhalten der Privatsoldaten verantwortlich werden, stellt sich ihnen das fast unlösbare Problem, wie sie sich deren Rechenschaftspflicht sichern können. Die Erfahrungen zeigen, dass eine an ihren Standards ausgerichtete ethische wie auch politische und professionelle Handlungsverpflichtung seitens der privaten Militärfirmen kaum zu erhalten ist.[24] Und wenn sie auf dem Papier zugesichert wird, ist sie in der Praxis kaum überprüfbar. Besonders in »sensiblen« Operationsgebieten, das heißt in Gegenden, in denen mächtige Interessen ökonomischer oder politischer Art im Konflikt eine bedeutende Rolle spielen und wo geheimdienstliche Aktivitäten diese Interessen begleiten, können sich Hilfsorganisationen nie sicher sein, wie die Militärfirmen ihre Aufgaben tatsächlich ausführen. Sie können nicht wissen, ob die Privatfirmen mit den bei ihrer Arbeit gewonnenen Informationen und Erkenntnissen wegen der Aussicht auf höhere Gewinne sich nicht auf der »anderen Seite« – beispielsweise über ein Subunternehmen – engagieren.[25] Diese Befürchtungen sind nicht aus der Luft gegriffen. Es ist bekannt, dass manche Militärdienstleister wie die britischen Firmen *ArmorGroup* oder auch *Global Risk* ihre Regierungsverträge und -kontakte nutzen, um den Hilfsorganisationen Angebote zu machen, die direkt auf die Aufgabenstellungen der Geberländer bzw. -organisationen und die Vergaberichtlinien für Hilfsgelder zugeschnitten sind.[26]

Seit nach 1989 verstärkt humanitäre Hilfe »politisiert« und »militarisiert« wird – wie internationale Forschungsinstitute feststellten[27] –, sind private Militärfirmen immer mehr zum integralen Bestandteil bei der Vergabe von Hilfsgeldern seitens der Regierungen geworden. Dadurch hat sich das Sicherheitsrisiko für die Hilfsorganisationen enorm erhöht. Zweifellos haben auch die Gefahren in den Konfliktregionen in der letzten Dekade massiv zugenommen, nicht zuletzt, weil die zugrundeliegenden Ursachen komplexer geworden sind. Ihnen durch die Entsendung von Militärfirmen zu begegnen, heißt für die »starken Staaten«, sich aus der Verantwortung zu ziehen. Für die Nichtregierungsorganisationen ist zu bezweifeln, ob sie die erhöhten Gefahren durch die Beauftragung von Militärfirmen verringern können; die bisherige Praxis weist auf das Gegenteil hin. Es ist selten, dass Hilfsorganisationen auf Privatsoldaten wie Zlatan M.[28] treffen, am ehesten wohl noch bei solchen privaten Militärfirmen, die sich vornehmlich »humanitären Aufgaben« wie dem Entminen von ehemaligen Kriegsschauplätzen widmen und die auch Schutzaufgaben in Konfliktgebieten übernehmen; dies tun beispielsweise die britischen Firmen *Mine Tech* oder *Bactec*. Doch dass selbst solche Herausforderungen von zivilen Organisationen (eventuell besser) erfüllt werden können, zeigt die Nichtregierungsorganisation Peoples

Aid, eine unabhängige Vereinigung, die vom norwegischen Gewerkschaftsbund unterstützt wird und in über 30 Ländern auf allen Kontinenten tätig ist: Sie hat etwa in Mosambik – vor allen dort beschäftigten ausländischen Firmen der militärischen Dienstleistungsbranche – die Hauptarbeit bei der Entminung geleistet.[29] Private Militärfirmen können fehlende staatliche Sicherheitsstrukturen nur teilweise ersetzen; was sie leisten können, ist eine lokal begrenzte und punktuelle Hilfe, die aus den zuvor angeführten Gründen zumeist den gegenteiligen Effekt hat. In der gegenwärtigen Situation kann nur konstatiert werden, dass es eine fast vollständige Inkompatibilität zwischen Hilfsorganisationen und Militärfirmen gibt.[30] Die Alternative besteht für die Nichtregierungsorganisationen nur darin, auf private Militärfirmen zu verzichten und ihre Schutzmodelle an den veränderten Bedingungen auszurichten und neu zu konzipieren. Manche von ihnen wie beispielsweise das Internationale Rote Kreuz, aber vor allem US-amerikanische Hilfsorganisationen wie CARE, International Rescue Committe, Save the Children oder World Vision haben – auf ihre eigenen Bedürfnisse zugeschnitten – solche neuen Konzeptionen in Ansätzen schon entwickelt.[31] Sie beginnen, eigene Sicherheitsabteilungen aufzubauen, die Risiko- oder Bedrohungsanalysen erstellen, Sicherheitstraining für ihr Personal durchführen, Krisenmanagement-Beratung vornehmen etc. In »kritischen Gebieten« greifen sie auf örtliche, polizeilich geschulte Sicherheitskräfte zurück, die sie selbst auf Eignung prüfen. Dennoch: Die humanitären und generell die Nichtregierungsorganisationen haben »Schwierigkeiten, in einer veränderten Welt einen neuen Platz zu finden«, und vor allem sprechen sie nicht mit einer Stimme.[32]

Konfliktbewältigung ohne private Militärfirmen?

Gewaltmarkt oder Gewaltmonopol

> *Wenn Fische weinen,*
> *sieht man es nicht.*
> Afrikanisches Sprichwort

Der Einsatz von privaten Militärfirmen hat in unterschiedlichen Bereichen Probleme aufgeworfen, die bisher nicht zufriedenstellend gelöst sind. Vom Standpunkt der privaten militärischen Sicherheitsbranche und von dem vieler Auftraggeber gibt es einige Argumente, die für eine Privatisierung von öffentlichen Leistungen auf dem Gebiet der Sicherheit sprechen. Aus der Sicht der Bürger bzw. der von militärischen Einsätzen betroffenen Bevölkerung gibt es mindestens genauso viele Gründe, die dagegen sprechen. In der folgenden Tabelle sind die wichtigsten Argumente pro und contra noch einmal zusammengestellt.

Bereich	Pro	Contra
Wirtschaftlichkeit	• PMF arbeiten kostengünstiger	• Kostensenkung bislang nicht nachgewiesen; gegenteilige Evidenz/Erfahrung • Keine Qualitätsprüfung; Preis-Leistungs-Verhältnis unklar • PMF sind primär profitorientiert • Geschäfte der PMF sind nicht transparent • PMF sind nicht rechenschaftspflichtig • Die wirklichen Kosten der Militäreinsätze werden verschleiert
Militär	• Militär kann sich auf die Kernaufgaben konzentrieren • PMF agieren flexibler und können Personal schneller entsenden • Synergieeffekt zwischen PMF und Militär	• Abhängigkeit des Militärs von PMF • PMF sind in Kriegssituationen nicht zuverlässig • Kurzfristige Lagerhaltung bei Nachschub für Kriegssituationen ungeeignet • Fehlende Kooperation zwischen Militär und PMF • Zusätzliche Aufgaben für das Militär: u. a. Schutz des PMF-Personals

	Pro	Contra
Peacekeeping und humanitäre Einsätze	• Rasche Reaktionen der PMF in Krisen • Qualität und Aktionsradius der UN-Missionen werden erhöht • Schutz für Hilfsorganisationen • Einsatz nationaler Truppenkontingente kann reduziert werden	• Schutzverpflichtung von Nationalstaaten und UNO wird delegiert und privatisiert • Nichttransparente PMF werden durch die UNO legitimiert • Menschenrechtsverletzungen können nicht aufgedeckt und verfolgt werden • Delegitimierung von NRO • Sicherheitsrisiko für NRO wird erhöht
Internationale Krisen	• Stabilisierung kollabierender Länder • Nutzung des Privatsektors in Postkonfliktgesellschaften	• Fortsetzung der Kämpfe ist im Interesse der PMF • PMF können die Außenpolitik ihres Heimatlandes diskreditieren • Die Unterscheidung zwischen Zivilisten und Soldaten wird verwischt • PMF fungieren als verdeckte Stellvertreter der Regierung
Technologie	• PMF verfügen über besseres technisches Know-how	• Know-how kann in Kriegssituationen nicht zur Verfügung stehen oder verweigert werden • Know-how kann missbraucht und gegen Auftraggeber verwendet werden
Politik	• Regierungen können durch Auftragsvergabe an PMF Sicherheitsaufgaben auslagern und die eigenen Streitkräfte flexibler einsetzen	• PMF unterliegen keiner demokratischen Kontrolle • PMF sind demokratisch nicht kontrollierbar • Es ist Aufgabe des Staates, die Sicherheit zu garantieren • Die schwierige Balance zwischen Zivilgesellschaft und Militär wird gestört
Recht	• PMF arbeiten mit einer Lizenz von Regierungen • Verhaltenskodizes können die rechtmäßigen Handlungen der PMF regeln	• Rechtliche Regeln für PMF-Einsätze fehlen weitgehend und können rechtlich nicht überprüft werden • PMF und ihre Angestellten können gerichtlich kaum für Strafrechtsverletzungen belangt werden • Die Genfer Konvention (Kombattanten – Nichtkombattanten) wird ausgehebelt

Quelle: Abänderung eines Ansatzes von H. Wulf (Internationalisierung und Privatisierung, S.74f.) [PMF = Private Militärfirmen; NRO = Nichtregierungsorganisationen]

Diese Argumente für und wider den Einsatz von privaten Militärfirmen enthalten einige Problemkomplexe, die noch einer weiteren Klärung bzw. Diskussion bedürfen. Der erste soll hier mit »Demokratiegebot« bezeichnet werden und geht der Frage nach, wie Privatisierung ausgestaltet sein muss, damit verhindert werden kann, dass etwas im Namen des Bürgers geschieht, was dieser nicht mittragen kann oder will. Der zweite Komplex wirft das Problem des »Gewaltmonopols« und seiner Aufweichung durch die PMF-Aktivitäten auf. Der dritte schließlich betrifft ein Bündel von offenen Fragen, die hier unter der Bezeichnung »Friedensgebot« zusammengefasst werden.

Die Diskussion dieser drei Punkte erfolgt unter besonderer Berücksichtigung der Situation in Deutschland, wobei Deutschland im Prinzip auch durch eine andere Demokratie der Europäischen Union ersetzt werden könnte.

Missachtung des Demokratiegebots

Die militärische und polizeiliche Gewaltausübung der privaten Militär- oder Sicherheitsfirmen entzieht sich weitgehend jeglicher gesetzlichen und öffentlichen Kontrolle. Ihr Gesetz ist der Markt, ihre Öffentlichkeit ist der Kunde. Während dieses Prinzip der Privatwirtschaft im Bereich ziviler Güter und Dienstleistungen einigermaßen funktioniert, fehlen im Bereich der Sicherheit dafür fast alle Voraussetzungen. Der Bürger kann weder die Qualität des Angebots prüfen noch feststellen, ob die Quantität der Leistungen in einem vernünftigen Verhältnis zum ausgeschriebenen Preis steht. Aber vor allem hat er kein Sanktionsmittel in der Hand, mit dem er indirekt auf Qualität und Preise einwirken könnte, nämlich den Kauf zu verweigern, das heißt, keinen Kaufvertrag abzuschließen.

Während der Bürger öffentliche Dienstleistungen indirekt über sein Wählervotum beeinflussen kann, sind ihm bei privaten Sicherheitsdienstleistungen alle Einflussmöglichkeiten genommen. Aber nicht nur der Bürger, auch der Staat hat derzeit als größter Auftraggeber von privaten Militärfirmen keinerlei Kontrollmöglichkeit. Die private Branche in Deutschland ist ihm gegenüber noch nicht einmal direkt rechenschaftspflichtig. So hat die deutsche Regierung mit Gründung der g.e.b.b. die Privatisierung in die Hände einer »privat-öffentlichen Partnerschaft« gelegt. Transparenz ist nicht vorhanden: Es kann weder nachgeprüft werden, welche Verträge für welchen Inhalt im Einzelnen abgeschlossen wurden, noch wie sie erfüllt werden. Mangelnde Transparenz macht jede wirksame Kontrolle von vornherein unmöglich. Wie wurde beispielsweise geprüft, ob die – inzwischen privat – gefertigten und gelieferten Uniformen für die Bundeswehrsoldaten ihren Preis wert waren und sind? Die zugänglichen Berichte der g.e.b.b. geben darüber keinerlei Aufschluss. Oder wer garantiert, dass die private Militärfirma *DynCorp* im Verein mit ihrem Mutterkonzern CSC, die ihre größten Aufträge vom Pentagon und den US-amerikanische Geheimdiensten erhalten, keinen Missbrauch mit den Datenbanken der Bundeswehr betreiben, für die sie nach der Privatisierung möglicherweise zuständig sein werden? Diese Garantie kann weder die jeweilige Bundesregierung noch der Staat als Ganzes dem deutschen Bürger geben.

Das Dilemma der mangelnden Transparenz, Rechenschaftspflicht und Kontrolle ist seit geraumer Zeit bekannt. In den angelsächsischen Ländern hatte man es bereits nach den ersten Erfahrungen mit privaten Militärfirmen thematisiert, also noch bevor man in Deutschland mit der Privatisierung begann. Inzwischen häufen sich die Publikationen[1] und Seminare, in denen Regelungen und Modelle, Verordnungen und Gesetze diskutiert werden, wie man dieses Dilemmas Herr werden könnte. Eine einigermaßen befriedigende Lösung konnte bisher nicht einmal in Ansätzen gefunden werden. Der heute herrschende Maßstab für Transparenz, Rechenschaftspflicht und Kontrolle, so wie er für die Bundeswehr, die Polizei, den Zoll, den Bundesgrenzschutz und die verschiedenen Geheimdienste gilt, wird in keiner Weise bei der Beauftragung von privaten Militärfirmen angelegt.

Für die staatlichen Sicherheitsorgane ist ein zumindest fünfstufiger Kontrollmechanismus vorgesehen und implementiert. Er besteht aus der internen Kontrolle (die Polizei überwacht sich selbst auf vielfältigste Weise), der gesetzlichen Kontrolle (Staatsanwaltschaft und Gericht), der regierungsamtlichen Kontrolle (Ministerien), der Kontrolle durch die Legislative (Parlament) und der öffentlichen Kontrolle durch Bürger und Medien. Bei Missachtung der vorgegebenen Regeln ist auf jeder Stufe ein Bündel von Strafen vorgesehen, die dank eines entsprechenden Sanktionsapparats auch durchgesetzt werden können. Diesem horizontal wie vertikal funktionierenden, komplexen Mechanismus der »zirkulären Kontrolle« fehlt Entsprechendes in Bezug auf private Militärfirmen. Aber nicht nur das: Es gibt nichts, was in diese Richtung geht. So ist beispielsweise in Deutschland die erwähnte Bundestagsdebatte vom September 2004 folgenlos geblieben. Gesetzliche Initiativen wurden keine ergriffen, da die Bundesregierung »über den gegenwärtigen Rechtszustand hinaus keinen Bedarf für nationale Regelungen für private Sicherheits- bzw. Militärunternehmen« sieht.[2]

So agieren die privaten Militärfirmen heute in einem regelfreien, durch Gesetze nicht limitierten Raum, der ihnen ein fast willkürliches Handeln gestattet.[3] Das Demokratiegebot verlangt aber eine zirkuläre Kontrolle. Solange diese für die militärische Dienstleistungsbranche nicht garantiert werden kann, dürften nach den bis heute gültigen Maßstäben keine Aufträge an sie vergeben werden. Aber selbst wenn man Regelungen finden würde, die diesem Gebot Genüge täten, würde das Ganze an der ökonomischen Machbarkeit scheitern. Der Apparat, der nach heutigem demokratischem Standard für Transparenz, Rechenschaftspflicht, Kontrolle bei Hunderten von privaten Militärfirmen – tätig in Abertausenden von Orten rund um den Erdball – aufgebaut werden müsste, würde so groß und so extrem teuer sein, dass ihn kein Staat bezahlen könnte. Das heißt, die Kontrolle der Privatisierung scheitert schon allein an der finanziellen Machbarkeit.

Wenn es, wie von politischer Seite immer wieder betont wird, darum geht, die Militärausgaben zu senken, so wären andere Wege als die der Verlagerung auf die privaten Militärfirmen sehr viel kostengünstiger. Zweifellos ist die Verwaltung der wirtschaftlichen Belange der Bundeswehr, die bisher weitgehend bürokratischen und militärischen Gesichtspunkten gehorchte, ein Relikt aus der Vergangenheit, das sich überlebt hat. Es spricht nichts gegen eine Trennung von ökonomischen und militärischen Gesichtspunkten innerhalb der Bundeswehr, das heißt nichts gegen eine Abkehr vom behördlichen Prinzip und eine betriebswirtschaftliche Reorganisation der ökonomischen Belange bei den Streitkräften. Geschulte Manager, die im militärischen Bereich operieren und sich – wie bisher auch schon – privater Zulieferfirmen bedienen, würden den Mammutkonzern Bundeswehr billiger führen, als wenn man ihn in Einzelteile zerschlägt und deren Leitung mittelständischen Unternehmen überlässt.

Inzwischen sind die Stimmen derer, die das Credo »privat ist billiger« vertreten, merklich leiser geworden, da verschiedene Untersuchungen keinen Beweis für die Richtigkeit dieser Behauptung erbringen konnten.[4] Alles weist gegenwärtig darauf hin, dass eher das Gegenteil zutrifft und die Auslagerung von militärischen Dienstleistungen in die Privatwirtschaft den Steuerzahler teurer kommt. Kritische Militärbeobachter vermuteten von Anfang an jedoch noch einen anderen Grund hinter dem forcierten Outsourcing: Durch die Hintertür der Privatisierung sollten die reduzierten Streitkräfte wieder aufgestockt werden. Sollte das zutreffen, dann wäre es in jedem Falle billiger, die Erweiterung direkt vorzunehmen, anstatt mit den privaten Militärfirmen einen abenteuerlichen Umweg zu beschreiten. Dies trifft insbesondere auf Deutschland zu (aber auch auf Frankreich, Italien und die meisten europäischen Demokratien), wo die Privatisierung erst allmählich beginnt. Alternativen stehen mit der Umstrukturierung der Streitkräfte, schnellen Eingreiftruppen, den sogenannten battle-groups,[5] europäischen Polizeieinheiten etc. genügend zur Verfügung. Fehler, die in den angelsächsischen Ländern gemacht wurden, müssen hierzulande nicht wiederholt werden.

Gefährdung des Gewaltmonopols

Mit dem Westfälischen Frieden wurde 1648 in Europa das Gewaltmonopol des Staates endgültig festgeschrieben. Heute, knapp 400 Jahre später, wird die legitimierte Ausübung von Gewalt wieder zu einem Phänomen des Marktes. Die im 5. Kapitel skizzierte Geschichte des Söldnerwesens hat gezeigt, welche Gefahren mit der Privatisierung der Gewalt in der Vergangenheit verbunden waren. Sie reichten von der Einmischung militärischer Gewaltakteure in die inneren Angelegenheiten eines Gemeinwesens bis zur gewaltsamen Inbesitznahme der Macht. Aus vielen guten Gründen wurde deshalb mit der zunehmenden Demokratisierung der europäischen Länder jegliche – vor allem bewaffnete – Gewalt den Privaten entrissen und in die Hände des Staates gelegt. Wenn gegenwärtig dieses Monopol partiell aufgebrochen wird, so bedeutet das, Partikularinteressen erneut zu bewaffneter Gewalt zu verhelfen. Die Folgen sind vielfältigster Art und können verheerend sein, wenn sie sich bis zu dem Punkt entwickeln, an welchem sie das Staatswesen im Kern destabilisieren.

Anhand mehrerer Beispiele wurde in diesem Buch dargestellt, wie sich die privaten Militärfirmen in die politischen Belange eines Landes einschalten. Nicht nur in »schwachen Staaten« haben sie maßgeblich dazu beigetragen, eine Regierung an die Macht zu bringen oder eine andere zu stürzen. Auch in »starken Staaten« wie den USA haben sie in mehreren Fällen direkt oder indirekt die Außenpolitik mitbestimmt. Die wachsende Macht der Militärfirmen, die durch ihre Einbindung in den militärisch-industriellen Komplex noch gestärkt wird, führt zu einer Konditionierung immer größerer Teile des Staates. Das betrifft am offenkundigsten den militärischen Bereich. Vor allem in den USA ist die Entwicklung inzwischen so weit vorangeschritten, dass es von den privaten Militärdienstleistern abhängt, welche Art der Kriegsführung und Sicherheitspolitik realisiert werden kann und welche nicht umzusetzen ist. Dort ist heute schon zu beobachten, wie die private Militärbranche Macht und Einfluss unmittelbar politisch geltend macht – sei es durch enorme Wahlkampfspenden zugunsten einer Partei, sei es durch aggressive Lobbyarbeit, der sich einzelne Volksvertreter kaum entziehen können.[6]

In der deutschen Vergangenheit hat sich mehrfach gezeigt, welche Konsequenzen damit verbunden sind, wenn das Militär zu einem Staat im Staate wird. In einem solchen Fall konditionierte das Militär nicht nur die Entscheidungen der Regierungen, sondern auch das kulturelle Leben der Gesellschaft und das tägliche Leben des einzelnen Bürgers. Noch gravierender waren die Folgen, wenn sich militärische Gewalt privatisierte wie in der Weimarer Republik mit den Freikorps und den verschiedenen paramilitärischen Gruppierungen. Am Ende dieser Entwicklung stand Anfang der 30er Jahre ein Bündnis zwischen privaten militärischen Gewaltakteuren, weiten Teilen der staatlichen Streitkräfte und der privaten Rüstungsindustrie. Die politischen Auswirkungen waren dann sehr bald in ganz Deutschland und über seine Grenzen hinaus sichtbar. Die Erfahrungen, die in den rund 25 Jahren bis zur Kapitulation 1945 gesammelt worden waren, führten dazu, dass es in Deutschland nach dem Zweiten Weltkrieg erst einmal kein Militär mehr gab. Als dann ab Mitte der 50er Jahre im Westen die Bundeswehr neu aufgebaut wurde, war der erklärte und allseits geteilte Wille, sie einer zivilen Kontrolle und Führung zu unterwerfen und sie aus »Bürgern in Uniform« bestehen zu lassen. Eine Reprivatisierung, wie sie heute in Ansätzen mit dem Ziel vorgenommen wird, »alles, was nicht zum Kernbereich gehört«, auszulagern, wird zwar nicht zu »Weimarer Zuständen« zurückführen, doch mit ziemlicher Wahrscheinlichkeit zu »amerikanischen Zuständen« voranschreiten.

Solche Zustände haben in »mittleren« Staaten wie Deutschland, Italien, Polen oder Spanien eine andere Bedeutung als in einer global agierenden Großmacht wie den USA. Die Anheuerung von privaten Militärfirmen, die vornehmlich in den angelsächsischen Ländern beheimatet, aber rund um den Globus tätig sind, führt notwendigerweise zu einem Souveränitätsverlust der kleineren Nationen. Daran ändert auch die Tatsache nichts, dass diese Staaten alle im NATO-Bündnis zusammengeschlossen sind. Der Irak-Krieg hat gezeigt, wie wichtig es gerade für eine »mittlere« Macht wie beispielsweise Deutschland ist, so viel Souveränität zu behalten, dass sie einigermaßen autonom politisch handeln kann. Da Militärdienstleister nach Profit strebende Privatfirmen sind, werden sie sich an demjenigen orientieren, der ihnen die meisten und größten Aufträge verschafft. Das schließt die Nutzung und Weitergabe ihrer in aller Welt gesammelten Erfahrungen an den Meisbietenden oder den Stärksten ein. Und dies werden auf absehbare Zeit zweifellos die USA sein. Das heißt, über diesen »Umweg« wird die Abhängigkeit der mittelgroßen Staaten von der Großmacht USA noch einmal verstärkt.

Im Innern hat der partielle Verlust des Gewaltmonopols weit reichende Konsequenzen für das gesellschaftliche Zusammenleben. In Deutschland muss und wird dies nicht zu Verhältnissen wie beispielsweise in Brasilien führen, wo die Gesellschaft in drei große »Sicherheitszonen« zerfallen ist. Doch die Tatsache, dass sich das öffentliche Gut Sicherheit zum Teil in der Hand von Privatfirmen befindet, macht eine ungleiche Verteilung möglich. Erste Schritte in diese Richtung sind in Deutschland mit der Forcierung Öffentlich-Privater Partnerschaften (ÖPP) im öffentlichen Raum (zum Beispiel Shopping Malls) und der Einrichtung von »Gated Communities« bereits unternommen worden.[7] Die angelsächsischen Länder, die die Privatisierung im Bereich der inneren Sicherheit schon weit vorangetrieben haben, zeigen, dass ungleiche Verteilung nicht nur möglich, sondern schon Realität ist. Eines der gegenwärtig wohl eklatantesten Beispiele ist die Privatisierung von Gefängnissen. Deren räumliche und personelle Ausstattung sowie die dort herrschenden Lebensverhältnisse variieren je nachdem, was die privaten Militärfirmen mit Blick auf ihr Budget als angemessen ansehen und was ihre Auftraggeber zahlen. Aus Kostengründen sind einige Firmen – wie etwa *Wackenhut,* die zum G4S-Konzern gehört und weltweit der größte Betreiber von Privatgefängnissen ist – in den USA inzwischen dazu übergegangen, die von ihnen verwalteten Gefängnisse ins Ausland (zum Beispiel nach Mexiko) zu verlagern, da Personal- und Betriebskosten dort niedriger liegen. Das Motto »Gefängnisse in Billiglohnländer« macht vor allem in den einzelnen Bundesstaaten der USA inzwischen Schule.[8]

Durch die ungleiche Zuteilung von Sicherheit findet eine Segregation innerhalb der Gesellschaft statt. Und wo das Recht auf gleichen Schutz – unabhängig vom Einkommen – für den Bürger nicht mehr durchsetzbar ist, verliert er das Vertrauen in die staatlichen Institutionen. Der Glaube der Bevölkerung in die Unparteilichkeit und Übergeordnetheit des Staates wird unterhöhlt, wenn sie privaten Gewaltakteuren gehorchen muss. Wenn diese privaten Ordnungshüter dann noch nicht einmal demokratisch kontrolliert werden können, steht der soziale Frieden auf dem Spiel. Gravierende Konflikte sind vorprogrammiert. Am Ende ist sogar nicht ausgeschlossen, dass private Gewaltakteure aus den Militärfirmen auf der einen und Personen aus den staatlichen Sicherheitsorganen auf der anderen Seite sich als »Feinde« gegenüberstehen. Solche Verhältnisse sind in manchen Ländern der Dritten Welt schon heute zu beobachten, und es steht zu befürchten, dass sie auch in den »starken Staaten« irgendwann zur Realität werden, wenn dem Aufstieg der militärischen Dienstleistungsbranche nicht politisch Einhalt geboten wird.[9]

Friedenspolitik im militärischen Windschatten

Die privaten Militärfirmen sind in einigen »starken Staaten« zum festen Bestandteil der Sicherheitspolitik geworden. In anderen führen sie ein eher bescheidenes Dasein. Der Unterschied beruht auf den divergierenden Konzepten der Konfliktlösung, die die einzelnen Staaten im internationalen Rahmen verfolgen. Um die unterschiedliche Stellung der Militärdienstleister in einer Gesellschaft erklären zu können, muss deshalb kurz darauf eingegangen werden, wie heute Krisenbewältigung gedacht wird.

In einer globalisierten, auf allen Ebenen interdependenten Welt ist es moralisch ein Unding und politisch kurzsichtig zu glauben, dass die Unversehrtheit der Lebensverhältnisse bzw. die Sicherheit der hochindustrialisierten Staaten den Mittelpunkt darstellen könnten, um den sich alles dreht. »Frieden im Norden, Krieg in der übrigen Welt« kann es nicht geben. Sicherheit ist wie Frieden prinzipiell unteilbar und kann nur erreicht werden, wenn das Ziel einer gleichen Sicherheitsverteilung in der Welt das politische Handeln leitet. Eine schrittweise Annäherung an dieses Ziel verlangt von der internationalen Staatengemeinschaft wie von jedem Nationalstaat seinen Beitrag, damit Konflikte zunehmend weniger gewaltsam und immer seltener bewaffnet ausgetragen werden. Das erfordert, der Krisenprävention das Primat vor einer flächendeckenden militärischen Stabilisierung von Staaten einzuräumen. Letztere Option scheint gegenwärtig jedoch den Vorrang in einigen reichen, vor allem den angelsächsischen Ländern zu genießen und läuft auf einen »demokratischen Neokolonialismus« hinaus, der keine dauerhafte Stabilität garantieren kann und außerdem schon auf mittlere Sicht nicht bezahlbar ist.[10]

Sicherheit ist heute in der Völkerfamilie ungleich verteilt. Wie schon gezeigt, ist ein Großteil der Länder aufgrund fehlender Voraussetzungen nicht in der Lage, Konflikte friedlich zu bewältigen. Militärische Interventionen sind kein geeignetes Mittel, da sie prinzipiell keinen Frieden schaffen können. Sie können höchstens für einen bestimmten Zeitraum die Waffen zum Schweigen bringen, wie die Beispiele Sierra Leone oder Kongo deutlich gemacht haben. Krisen können zu Kriegen eskalieren, aber sie haben ihre Ursachen nicht in der bewaffneten Auseinandersetzung. Deshalb müssen die Hauptanstrengungen unternommen werden, bevor sich die Divergenzen innerhalb der Gesellschaft zu gewalttätigen Konflikten ausweiten.

Diese Logik wird in den Ländern der nördlichen Halbkugel theoretisch selten bestritten, doch im konkreten Handeln permanent ad absurdum geführt. So produzieren die fünf ständigen Mitglieder des UN-Sicherheitsrats, der den Frieden in der Welt überwachen soll, rund 90 Prozent aller Waffen und vertreiben sie rund um den Erdball.[11]

Während die reichen Länder der nördlichen Hemisphäre in den letzten Jahren für militärische Interventionen mehr als 600 Milliarden Dollar mobilisieren konnten, waren sie nicht willens, ihren Beitrag für die notwendige Verdopplung der öffentlichen Entwicklungshilfe von knapp 60 Milliarden zu leisten. Allein der Betrag, den die private Militärfirma *Kellog, Brown & Root* für ihre

Arbeiten im Irak erhalten hat, hätte wahrscheinlich ausgereicht, um militärische Interventionen in vielen Konflikten dieser Erde überflüssig zu machen. Und einige Kriege in der südlichen Hemisphäre hätten wohl verhindert werden können, wenn die reichen Länder die zivilen Instrumente beispielsweise zur Kontrolle von Massenvernichtungswaffen, zur internationalen Strafverfolgung von Kriegsverbrechen oder zur Überwachung von Zahlungsströmen im Zusammenhang mit der Gewinnung von Rohstoffen ausgebaut hätten.[12] Doch »wer sich beim Ausbau der zivilen präventiven Instrumente zurückhält, aber zu militärischen Interventionen bereit ist, muss damit rechnen, dass seine Motive angezweifelt werden«[13].

Trotz mancher Gemeinsamkeiten unter den reichen Ländern gibt es auch nicht unerhebliche Unterschiede zwischen ihnen. Die einen – wie Deutschland – erkennen zumindest das Primat der zivilen Krisenprävention an.[14] Und bei Friedensmissionen wie beim Prozess des »nation-building« setzen sie staatliche Militärs oder Polizeikräfte ein, die in einem gemeinsamen Organisationsrahmen mit zivilen Organisationen zusammenarbeiten. Die anderen – wie vor allem die Vereinigten Staaten und Großbritannien – räumen der militärischen Intervention den Vorrang ein und betrachten die zivilen Hilfsorganisationen als wichtigen Teil der Kampfteams.[15] Heute muss mit Blick auf diese beiden Länder der Eindruck entstehen, dass nur dort militärisch interveniert wird, wo »etwas zu holen ist«, und nicht dort zivile Unterstützung geleistet wird, wo es am nötigsten ist. Der Paradigmenwechsel der Entwicklungspolitik in den USA und Großbritannien, der Ende der 90er Jahre eingeleitet und nach dem 11. September 2001 bzw. mit dem »Krieg gegen den Terror« endgültig vollzogen wurde, ist dafür ein signifikantes Zeichen.[16] Immer mehr wird sie von einer militärischen Optik geprägt. Das heißt, dass die Entwicklungspolitik in wachsendem Maße für die Bewältigung von Interventions- und Kriegsfolgen strategisch eingeplant und für den »spektakulären Wiederaufbau« eingesetzt wird. Die britischen und amerikanischen Behörden (DFID und USAID) sind dazu übergegangen, die Sicherheitsaufgaben im Rahmen der Entwicklungspolitik weitgehend von privaten Militärfirmen erledigen zu lassen.

Krisenbewältigung und private Militärfirmen

In dieser Konzeption der Krisenbewältigung durch militärische Interventionen drängen die privaten Militärfirmen auf immer stärkere Einbeziehung. Sie favorisieren nicht nur eine kurzfristige militärische Lösung von Konflikten zuungunsten einer langfristigen, auf gerechten Interessenausgleich zielenden Option, sondern sie bieten sich auch gleichzeitig als das geeignete Mittel zur Erreichung dieses Ziels an. Die propagierte Lösung zur Abwendung dieser Gefahr besteht in der gewaltsamen Aktion von außen, in einem »Frieden von oben«. In dieser Strategie wächst den privaten Militärfirmen eine zentrale Rolle zu: einmal während der Intervention – wie die Kriege auf dem Balkan oder gegen Afghanistan deutlich gemacht haben – und vor allem danach, wenn in erster Linie sie es sind, die für bewaffnete Sicherheit sorgen – wie das Beispiel Irak demonstriert.

Doch Frieden, und jahrzehntelange Erfahrungen zeigen das, kann nicht »von oben« verordnet werden, sondern muss »von unten« wachsen. Spannungen abzubauen und Konflikte nicht zu Kriegen eskalieren zu lassen, ist eine komplexe Arbeit, die auf den verschiedensten Ebenen häufig gleichzeitig verrichtet werden muss. Dabei geht es nicht darum, einem Staatsgebilde Sicherheitsstrukturen überzustülpen, wie es die privaten Militärfirmen propagieren; stattdessen ist mit den verschiedensten zivilen Mitteln Unterstützung zu leisten, damit es innerhalb der betroffenen Bevölkerung zu einem langfristigen Interessenausgleich kommt. Natürlich spielen dabei überparteiliche, an Recht gebundene staatliche Sicherheitsorgane eine hilfreiche und manchmal entscheidende Rolle. Doch sie sind ein Mittel und nicht die Lösung.[17] Und selbst dieses Mittel können die Militärdienstleister nicht sein, weil sie als ausländische Privatfirmen weder die Legitimität haben noch das Vertrauen der Bevölkerung genießen.

Ohne dass ein gleicher Zugang zu einer ausreichenden Gesundheitsversorgung oder einem ordentlichen Bildungsangebot besteht; ohne dass eine annehmbare Reichtumsverteilung vorgenommen wird, die eine Grundexistenz sichert; ohne dass eine soziale Absicherung geschaffen wird, die nicht weiten Bevölkerungskreisen die Teilhabe am gesellschaftlichen Leben verweigert; ohne dass eine Kultur initiiert und vorangetrieben wird, die auf Abbau von Ressentiments und Feindbildern setzt sowie vertrauensbildend zwischen den verschiedenen Konfliktparteien wirkt – ohne all dies wird es zu keinem Interessenausgleich kommen. Der ehemalige Präsident der Weltbank, James D. Wolfensohn, drückte es so aus: »Ohne eine größere Sensibilität für soziale Gerechtigkeit werden Städte nicht sicher und Gesellschaften nicht stabil sein. Ohne Dazugehörigkeit werden zu viele von uns dazu verurteilt sein, ein ausgegrenztes, bewaffnetes und furchtsames Leben zu führen.«[18]

Bei diesem Prozess des Interessenausgleichs sind private Militärfirmen überflüssig. Es ist deshalb nur folgerichtig, wenn humanitäre und Nichtregierungsorganisationen, die auf diesen Ebenen seit geraumer Zeit tätig sind, eine Zusammenarbeit mit ihnen »im Windschatten militärischer Interventionen« strikt ablehnen. Für sie stellt sich eine solche Vorgehensweise als widersinnig und kontraproduktiv dar, weil sie mit militärischen Mitteln nur die Symptome bekämpft, aber die Beseitigung der Ursachen nicht zu ihrer Aufgabe gemacht haben.[19]

Krisenprävention und Friedenssicherung

*Nur um der Hoffnungslosen willen
ist uns die Hoffnung gegeben.*
Walter Benjamin

Gegenwärtig dominieren die USA mit ihrer Rolle als »Weltpolizist« das öffentliche Bewusstsein in Bezug auf die Lösung von Konflikten und Krisen. So mag der Eindruck entstehen, als gebe es keine Alternative zur heutigen militärischen Interventionsstrategie der USA und dem damit verbundenen massiven Einsatz von privaten Militärfirmen in krisengeschüttelten Ländern der Dritten Welt. Andere Vorgehensweisen zur Krisenbewältigung sind allerdings nicht nur theoretisch vorhanden, sondern werden auch schon praktiziert. In den Medien sind sie aber weniger präsent und nicht so spektakulär wie die Auftritte von Söldnern vor laufenden Kameras. Dazu kommt, dass die alternativen Bemühungen, gewaltsame Konflikte in »schwachen Staaten« zu schlichten, auf einer anderen Konzeption beruhen und deshalb selten im Zusammenhang mit bewaffneten Interventionen genannt werden.

Die Herstellung oder Wiederherstellung von Sicherheit und

Frieden ist nicht allein eine militärische Angelegenheit. Und der Einsatz von privaten Militärfirmen in diesem Prozess ist nicht allein eine Sache der Opportunität. In erster Linie ist es eine politische Frage danach, wie Frieden erreicht und welche Sicherheit angestrebt wird. Hierüber gibt es divergierende Ansichten, die die Debatten auf internationaler Ebene wie in den Vereinten Nationen, auf transnationaler Ebene wie bei der NATO oder der OAU und auf nationaler Ebene zwischen den verschiedenen Parteien beherrschen.

Zwei Optionen: »Frieden von oben« und »Frieden von unten«

Etwas zugespitzt und vereinfacht ausgedrückt, gibt es zwei unterschiedliche Grundkonzepte. Option eins verfolgt die Strategie des Friedens, der Sicherheit, der Stabilisierung »von oben«. Das geeignete Mittel, um diese Ziele zu erreichen, besteht hierbei im Einsatz von legitimierter Gewalt (militärischer und polizeilicher Art). Private Militärfirmen spielen dabei eine bedeutende und organische Rolle. Die Konfliktlösung, Friedensschaffung und dauerhafte Entwicklung sind hier nachgeordnete Probleme. Option zwei setzt bei der Friedensentwicklung, dem Aufbau von Sicherheitsstrukturen und der Stabilisierung von Gesellschaften auf eine Strategie »von unten«. Diese Ziele sollen dabei durch Krisenprävention und Konfliktbearbeitung erreicht werden, wobei zivilen Mitteln die primäre Rolle zukommt. Der Einsatz von Gewalt ist hier für Ausnahmesituationen vorgesehen. Private Militärfirmen haben dabei keine organische Funktion und sind – wenn überhaupt – nur bei unterstützenden Maßnahmen (wie beispielsweise der Bewachung von staatlichen Gebäuden) vorgesehen.[1]

Option eins und Option zwei stellen Idealtypen dar, die in der Realität so nicht verfochten werden. Zwischen diesen beiden Polen besteht jedoch ein Kontinuum, auf das die heutigen Staaten mit ihren politischen Strategien abgebildet werden können.

Kontinuum zwischen »Frieden von oben« und »Frieden von unten«

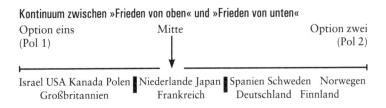

Betrachtet man die Dichte von privaten Militärfirmen in den einzelnen Ländern und von welchen Regierungen sie am meisten eingesetzt werden, so ergibt sich ein sehr eindeutiges Bild. In den Ländern, die zwischen der Mitte und Pol eins liegen (Vorrang von militärischen Interventionen), sind über 80 Prozent aller Firmen der militärischen Dienstleistungsbranche angesiedelt, und von diesen Regierungen erhalten sie auch die meisten Aufträge. Knapp zehn Prozent der privaten Militärfirmen verteilen sich auf die Länder rechts von der Mitte, der Rest ist in Ländern der Dritten Welt beheimatet. Die Staaten, die eher zu Option eins neigen, setzen die Militärfirmen innerhalb und außerhalb ihrer Landesgrenzen ein. Die eher zu Option zwei neigenden Staaten benutzen sie – wenn überhaupt – im Inland zur Auslagerung von militärischen Aufgaben auf die Privatwirtschaft (»Privatisierung«), setzen aber im Ausland fast ausschließlich staatliche Truppen und Polizei ein. Internationale Organisationen wie die UNO (mit ihren verschiedenen Unterabteilungen), die OECD oder die Weltbank sowie die überwiegende Anzahl der Nichtregierungs- oder humanitären Organisationen sind – was ihre Strategien anbetrifft – alle rechts von der Mitte in Richtung auf oder in der Nähe von Pol zwei angesiedelt.

Der Schwerpunkt der Bemühungen um Stabilität und friedliche Verhältnisse in Dritte-Welt-Ländern liegt bei Option eins im Aufbau eines »starken Staates«, der sich auf massive Militär- und Polizeikräfte sowie auf konsolidierte Institutionen stützen kann. Sie sollen die Garantie für die Regulierung von Konflikten in der Zivilgesellschaft bilden. Die dieser Option nahestehenden Geberländer – wie die USA – konzentrieren ihre Hilfe daher auf die Ausbildung und Stärkung von Armee und Ordnungskräften. Aus Gründen der politischen und wirtschaftlichen Opportunität werden diese Aufgaben weitgehend privaten Militärfirmen übertragen.[2]

Der Schwerpunkt bei Option zwei liegt auf der Krisenprävention, der Konfliktbearbeitung und der Friedensschaffung. Es handelt sich dabei um einen integrierten Ansatz, der die verschiedenen Politikfelder (zum Beispiel Außen-, Finanz-, Entwicklungs-, Rechts-, Umwelt- und Kulturpolitik) einbezieht. Die Umsetzung erfolgt entlang einer Vorgehensweise, die mehrere Interventionsebenen umfasst und unterschiedliche Zeitfenster hat. Das dafür benötigte Personal rekrutiert sich fast ausschließlich aus dem zivilen Bereich. Obwohl sich zwischen Krisenprävention und Friedensschaffung zumeist ein Kontinuum aufspannt, kann man zwei große Phasen der zivilen Interventionsarbeit unterscheiden. Die erste bezieht sich auf alle Anstrengungen, die in den verschiedensten Bereichen darauf gerichtet sind, der Eskalation von Konflikten vorzubeugen. Die zweite umfasst alle Arbeiten, die nach einem bewaffneten Konflikt in Angriff genommen werden. (Dazwischen liegen noch Interventionen, die während der kriegerischen Phase vorgenommen werden.)

Die Rahmenbedingungen, die bei den Interventionen zu berücksichtigen sind, werden im Allgemeinen so definiert, wie es das deutsche Bundesministerium für wirtschaftliche Zusammenarbeit und Entwicklung (BMZ) getan hat: 1. Beachtung der Menschenrechte, 2. Beteiligung der Bevölkerung an politischen Entscheidungen, 3. Rechtsstaatlichkeit und Gewährleistung von Rechtssicherheit, 4. Schaffung einer marktwirtschaftlichen und sozialorientierten Wirtschaftsordnung, 5. Entwicklungsorientierung staatlichen Handelns.[3]

Die Abbildung zeigt die drei Interventionsebenen (lokale, innerstaatliche, nationale), die heimischen Ansprechpartner (»Akteure«) und Beispiele dafür auf, wer auf welchen Ebenen mit welchen Instrumenten von Seiten der Geberländer Unterstützung leistet.[4]

Die Zeitfenster beziehen sich auf die Ziele, die kurz-, mittel- oder langfristig unter der Zukunftsvision einer dauerhaften Stabilität von Gesellschaft und Staat, einer nachhaltigen sozioökonomischen Entwicklung und eines »nachhaltigen Friedens« erreicht werden sollen. Zu den kurzfristigen Maßnahmen gehören beispielsweise Nothilfe für Flüchtlinge, Hilfslieferungen für Hungernde, medizinische Versorgung von Kranken und Verwundeten. Mittelfristige Maßnahmen beziehen sich unter anderem auf Schulprogramme für Kinder, Reintegration von ehemaligen Soldaten in die Zivilgesellschaft, Schutz- und Gleichberechtigungsaktionen für Frauen, Wasserversorgung, Verbesserung der landwirtschaftlichen Produktion. Langfristige Maßnahmen beinhalten alle Arten von strukturellen Veränderungen wie etwa die Einrichtung eines für alle zugänglichen Gesundheitswesens, eines transparenten und rechenschaftspflichtigen staatlichen Finanzwesens sowie den Aufbau von Verwaltungsstrukturen, eines für alle gleichen Rechtswesens, eines partizipatorischen politischen Systems.[5]

Rahmenbedingungen für Interventionen

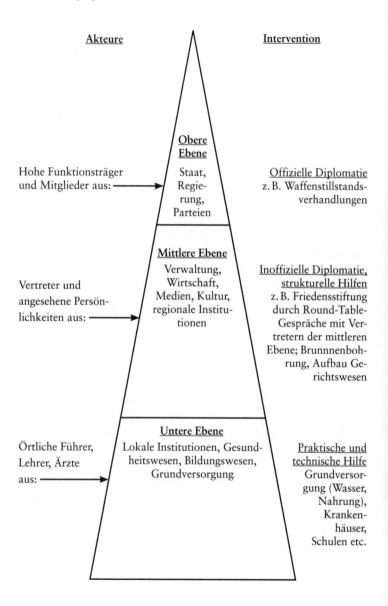

Der deutsche Aktionsplan

Eine konkrete Ausgestaltung dieses »Option zwei«-Ansatzes hat beispielsweise Schweden schon 1999 in einem Aktionsplan vorgenommen.[6] Im Mai 2004 hat die rot-grüne Regierung in Deutschland einen Aktionsplan »Zivile Krisenprävention, Konfliktlösung und Friedenskonsolidierung«[7] vorgelegt. Sie geht bei ihrer Analyse der Krisenregionen davon aus, dass bewaffnete Auseinandersetzungen sowohl Folge als auch Ursache weit reichender politischer, sozialer, wirtschaftlicher und ökologischer Missstände sind. In Bezug auf die in bewaffnete Auseinandersetzungen verwickelten Gewaltunternehmer stellt sie Folgendes fest: »Nichtstaatliche Akteure spielen in den gegenwärtigen Konflikten eine bedeutende Rolle. Die so genannte ›Privatisierung des Krieges‹ zeichnet sich durch komplexe Verflechtungen von Kriegsherren (warlords), Milizen, Rebellenvereinigungen, Terroristen und kriminellen Banden, aber auch von *Söldnertruppen* und *privaten Sicherheitsfirmen*[8] aus, die der Durchsetzung des staatlichen Gewaltmonopols entgegenstehen.« Und was die ökonomische Dimension der »neuen Kriege« anbetrifft, so geht sie davon aus, dass Drogenanbau und -schmuggel, Vertrieb von Kleinwaffen, Kidnapping, Kinder- und Frauenhandel sowie Sklaverei tragende Säulen von Gewaltökonomien sind. Aber auch das Geschäft mit legal gehandelten natürlichen Ressourcen wie Öl, Diamanten, Holz oder Coltan macht »den Einsatz von Gewalt ökonomisch rational und kann hartnäckige Gewaltstrukturen erzeugen«. Die zunehmende Verquickung von Bürgerkriegen und Organisierter Kriminalität, die engen Verbindungen zwischen dem illegalen und legalen Wirtschaftsbereich und den globalen Wirtschaftskreisläufen bilden daher, so der Aktionsplan, »zentrale, neue Herausforderungen für die Konfliktbearbeitung«.

Auf der Grundlage dieser Analyse werden folgende Ziele formuliert: Zum einen soll eine Politik der zivilen Krisenprävention, Konfliktlösung und Friedenskonsolidierung verfolgt werden. Zum anderen sollen – von einem »erweiterten Sicherheitsbegriff« ausgehend – in tatsächlichen oder potentiellen Krisenregionen nicht nur die staatlichen Strukturen, die für die Vermeidung von Konflikten erforderlich sind, aufgebaut und gestärkt, sondern auch Friedenspotentiale in der Zivilgesellschaft, bei den Medien und in Kultur und Bildung geschaffen sowie die Lebenschancen der betroffenen Menschen durch geeignete Maßnahmen in den Gebieten Wirtschaft, Soziales und Umwelt gesichert werden.

Um diese Ziele zu erreichen, werden unter anderem drei strategische Bereiche genannt. Der erste Bereich zielt auf die Schaffung verlässlicher staatlicher Strukturen und beinhaltet die Förderung von Rechtsstaatlichkeit, Demokratie und verantwortlicher Regierungsführung sowie die Stärkung der rechtsstaatlichen und zivilgesellschaftlichen Kontrolle des Sicherheitssektors. Der zweite Bereich bezieht sich auf die Förderung von Friedenspotentialen und umfasst die Stärkung und Entwicklung der Zivilgesellschaft, den Auf- und Ausbau von professionellen und unabhängigen Medien sowie die Förderung von Kultur bzw. von Bildungssystemen. Der dritte Bereich richtet sich auf eine gerechte Gestaltung von Wirtschaft und Sozialem sowie auf die Sicherung von Umwelt und Ressourcen.

Was den Sicherheitssektor anbetrifft, geht der Aktionsplan davon aus, dass die überwiegende Anzahl der gegenwärtigen bewaffneten Auseinandersetzungen innerstaatlicher Natur ist.[9] Wirtschaftliche und soziale Entwicklung sei nicht möglich, wenn der Bürger nicht durch ein »funktionierendes Gewaltmonopol« vor Gewalt und Kriminalität geschützt werde. »Gerade sozial benachteiligte Bevölkerungsgruppen sind dringend auf ein Mindestmaß an physischer und rechtlicher Sicherheit angewiesen.« Der Reform des Sicherheitssektors wird daher im Aktionsplan eine Schlüsselstellung für Frieden und nachhaltige Entwicklung eingeräumt. Dabei geht es aber nicht allein um die Reform der staatlichen Institutionen, die die Sicherheit von Staat und Bürger gegen Zwang und Gewalt gewährleisten sollen wie beispielsweise Polizei, Militär und Geheimdienste. Mindestens genauso wichtig ist laut Aktionsplan eine funktionierende zivile Kontrolle dieser Institutionen durch Parlament, Exekutive und Justiz. Der Zivilgesellschaft und den Medien soll daher eine wichtige Kontroll- und Mahnfunktion zukommen. Eine Einbeziehung von privaten Militärfirmen in Projekte zur Reform des Sicherheitssektors ist nicht vorgesehen.

Auffällig am Aktionsplan ist, dass er zwar in einer »Option zwei«-Logik verfasst ist, die der zivilen Krisenprävention, Konfliktlösung und Friedenssicherung den Vorrang einräumt, aber bei den Vorstellungen und Vorschlägen zu seiner Umsetzung äußerst vage und ambivalent ist und eher einer traditionellen Interventionslogik, wie sie für Option eins typisch ist, verhaftet bleibt. Vor allem geht der Plan nicht darauf ein, wie das Verhältnis von zivilen zu militärischen Helfern aussehen soll. Dem Zivilen wird zwar theoretisch der Vorrang eingeräumt, aber in der Praxis und bei der Mittelvergabe (in Form von eingerichteten Haushaltstiteln) kehren sich die Verhältnisse zugunsten von Militär und Polizei um. Heute sind beispielsweise weitaus mehr Bundeswehrsoldaten (8000) in drei Auslandsbrennpunkten tätig als deutsche Entwicklungshelfer (5000) in über 130 Ländern der Welt. Für die Auslandseinsätze der Bundeswehr und für das »Anti-Terror-Programm« stehen weitaus mehr Gelder zur Verfügung (1,5 Milliarden Euro) als für die zivile Krisenprävention und Friedenssicherung. Dass sich dies ändern und der Aktionsplan sich nicht als Papiertiger entpuppen wird, ist kaum zu erwarten. Denn dort heißt es, dass aufgrund »der Einsparungen im Bundeshaushalt jedoch nicht alle positiven Maßnahmen im Bereich der zivilen Krisenprävention, soweit sie über die Terrorismusbekämpfung im engeren Sinne [!] hinausgehen, weiter verfolgt werden können«.

Damit bleiben im Prinzip nur zwei Dinge übrig. Erstens wird die Ausbildung von Militärs aus Ländern der Dritten Welt (weiterhin) von der Bundeswehr vorgenommen im »Sinne einer demokratischen Reform des Sicherheitssektors«. Und zweitens gibt es mit dem Aktionsplan eine politische Handlungsvorgabe für die Institutionen und Organisationen, die (auch bisher schon) in der zivilen Krisenprävention und Friedenssicherung tätig sind, jedoch ohne die Aussicht, dass ihnen zusätzliches Personal oder finanzielle Mittel zur Verfügung stehen.

Die Kritik der Nichtregierungsorganisationen

Der Verband Entwicklungspolitik deutscher Nichtregierungsorganisationen (VENRO), der in Deutschland unter der Federführung der katholischen und evangelischen Kirche (mit den Hilfswerken Misereor und Evangelischer Entwicklungsdienst) über 100 Mitglieder hat, weist hinsichtlich des Aktionsplans auf Folgendes hin.[10] »In verschiedenen Kapiteln und Aktionen wird die zivil-militärische Zusammenarbeit angesprochen. In dem Aktionsplan wird zwar darauf hingewiesen, dass es Schnittstellen zwischen der zivilen und militärischen Krisenprävention gibt, eine klare Abgrenzung dieser beiden Bereiche wird aber nicht vorgenommen.« Und weiter: »Unserer Überzeugung nach sind Streitkräfte und NRO von unterschiedlichen Zielen, Interessen und Vorgehensweisen geleitet. Eine Zusammenarbeit mit den Streitkräften in deren einsatzbegleitenden zivilen Unterstützungsmaßnahmen wird wegen deren militärischen Zielsetzungen in der Regel von den NRO ausgeschlossen.« Ob, in welcher Weise und wie weit eine Zusammenarbeit mit den Streitkräften möglich ist, hängt für die Nichtregierungsorganisationen vom jeweils konkreten Einzelfall ab. Grundsätzlich lehnen sie jedoch ein Zusammenwirken ab, wenn durch »politische und militärische Zielsetzungen ihr Selbstverständnis gefährdet und damit ihre Unabhängigkeit infrage gestellt ist«.

Außerdem kritisiert der Verband, dass der Aktionsplan zwar eine Vielzahl von Absichtserklärungen in Form von 160 Aktionen enthalte, für die Finanzierung dieser Maßnahmen jedoch keine zusätzlichen Mittel vorgesehen habe. Dies ist aus Sicht des Verbandes die größte Schwäche des Aktionsplans.

Neben verschiedenen kritischen Anmerkungen weist VENRO noch auf zwei weitere wichtige Punkte hin. Beide betreffen auch die Aktivitäten von privaten Militärfirmen. Zum einen vermerkt er positiv, dass die Rolle von bewaffneten nichtstaatlichen Akteuren als wichtiger Faktor in den gegenwärtigen Konflikten im Aktionsplan thematisiert wird: »In den augenblicklichen gewalttätigen Konflikten [spielen] auch nicht-staatliche bewaffnete Gruppen eine Rolle, die von Staaten unterstützt, ausgestattet und/oder gezielt zur Durchsetzung von staatlichen Interessen eingesetzt werden.« Aus diesem Grund fordert der deutsche Verband, dieser Entwicklung bei der Umsetzung des Aktionsplans größere Aufmerksamkeit beizumessen. Zum anderen hebt er auf die Verantwortung von Wirtschaftsunternehmen und die Kontrolle von Militärfirmen ab: So wird die »Betonung der Verantwortung des Privatsektors in Konfliktgebieten« – wie sie im Aktionsplan vorgenommen wird – ebenso positiv unterstrichen wie die Bemühungen der Bundesregierung, in den Partnerländern die Transparenz von Einnahmen aus der Nutzung von Rohstoffen zu erhöhen und ihre Verwendung einer Rechenschaftspflicht zu unterwerfen. Diese müssten sich auch auf »die bedenklich zunehmende Privatisierung von Sicherheitsaufgaben« erstrecken. VENRO fordert deshalb den Ausbau der Instrumentarien für Transparenz, Rechenschaftspflicht und Kontrolle in diesem Bereich.

Gegenüber der in Politik und Öffentlichkeit wachsenden »militärisch geprägten Optik« halten die Nichtregierungsorganisationen am Vorrang der zivilen Prävention fest. Sie befürchten, dass mit der Zunahme von militärischen Interventionen die Akzeptanz dieser Vorgehensweise als normales Mittel der Politik steigt und damit auch die Vorstellung, dass Frieden »von oben« hergestellt werden kann. Demgegenüber betonen sie: »Militärische Interventionen können niemals von sich aus Frieden herstellen, sie können bestenfalls die Waffen zum Schweigen bringen. Die mühsame Aufgabe des gerechten Interessenausgleichs, der Versöhnung und der Schaffung friedensfähiger politischer und gesellschaftlicher Strukturen ist jedoch nur politisch zu lösen und muss im Wesentlichen von der betroffenen Gesellschaft selbst geleistet werden. Frieden muss ›von unten‹ wachsen.«[11]

Konfliktbearbeitung als konkrete Aufgabe

Eine der Institutionen bzw. Nichtregierungsorganisationen in Deutschland, die zivile Krisenprävention betreibt und auch konkret vor Ort in den Dritte-Welt-Ländern umsetzt, ist die Deutsche Gesellschaft für Technische Zusammenarbeit (GTZ). Die Mehrzahl der Aufträge bekommt sie vom Bundesministerium für wirtschaftliche Zusammenarbeit und Entwicklung. Ihre Zielstellung ist »Krisenprävention« und »Konfliktbearbeitung«, um zu einer »strukturellen Stabilität« und »nachhaltigen Friedenssicherung« zu gelangen.[12] Ihre Hauptarbeitsfelder sind Recht und Verwaltung, ländliche Entwicklung, Organisations- und Kommunikationsberatung, Wirtschafts- und Sozialpolitik, Umwelt- und Ressourcenschutz sowie Bildung und Gesundheit.

Die Reform des Sicherheitssektors beispielsweise – ein Projekt, das nahezu alle Arbeitsfelder umfasst oder berührt – wird von ihr dann angegangen, wenn »Militär, Polizei, Justiz, Nachrichtendienste und Strafverfolgungsbehörden […] ihrer originären Aufgabe, nämlich der Herstellung und Gewährleistung von Sicherheit nicht nachkommen, sondern selbst ein Sicherheitsrisiko für die Bürger darstellen«. Dies ist für sie immer dann der Fall, wenn sichtbar wird, dass dieser Sektor sich als »Staat im Staate geriert«, sich jeglicher zivilen Kontrolle entzieht und sich Symptome wie Günstlingswirtschaft und Korruption häufen.[13] Für diese Fälle entwirft die GTZ ein konkretes Arbeitsprogramm, das auf »die

Schaffung eines demokratisch kontrollierten Sicherheitssektors in angemessener Größe, auf der Basis eines angemessenen Ressourceneinsatzes, mit präzisem Auftrag und auf dem Stand moderner Professionalität« abzielt und das sowohl auf politischer und institutioneller als auch auf wirtschaftlicher und gesellschaftlicher Ebene ansetzt.[14]

Ein anderes Tätigkeitsfeld, dem sich die GTZ widmet und das einen extremen Gegensatz zu dem bildet, was sich private Militärfirmen unter Konfliktbewältigung vorstellen, ist das der Vergangenheitsbewältigung und der Versöhnungsarbeit. Dieser Bereich wird im Rahmen der Friedenskonsolidierung von der Nichtregierungsorganisation für wichtig erachtet, weil »vergangenes Unrecht schnell zu einem erneuten Gewaltausbruch beitragen kann«.[15] Neben der individuellen Betreuung von Gewaltopfern (Entsendung von Trauma-Experten, Aufbau von Begegnungsstätten und Informationszentren) widmet sich die GTZ fünf Aufgabenfeldern. Einmal ist sie unterstützend bei der Lösung von typischen Problemen nach gewalttätigen Konflikten und Systemumbrüchen tätig. Dabei leistet sie Rechtsberatung unter anderem zur Amnestie- und Entschädigungsgesetzgebung sowie zu Fragen der Rehabilitation von Unrechtsopfern oder der Überprüfung von Staatsbeamten. Zum anderen baut sie Institutionen auf, die Konflikte zu bearbeiten in der Lage sind. Dazu gehören Untersuchungs-, Wahrheits- und Versöhnungskommissionen. Unterstützend dazu arbeitet sie Informationsmaterialien aus und bereitet Mitarbeiter dieser Kommissionen methodisch auf die Durchführung von Anhörungen sowie nationalen Konsultativprozessen vor. Drittens wirkt sie bei der strafrechtlichen Aufarbeitung vergangenen Unrechts mit und fördert alternative Institutionen zur Schlichtung von rechtlichen Streitfragen. Dazu gehören unter anderem die Unterstützung von Staatsanwaltschaften und Ermittlungseinheiten, die Ausbildung von Richtern und Anwälten, die Organisierung von Prozessbeobachtern aus nationalen und international tätigen Nichtregierungsorganisationen oder die Einrichtung von Strukturen, die allen Bevölkerungsgruppen Zugang zu formalen Untersuchungs-, Beschwerde- und Rechtsinstitutionen ermöglichen oder erleichtern. Viertens kümmert sie sich mit einem Bündel von Maßnahmen um die zivile Einbettung der Polizei, beispielsweise durch lokale »Polizei-Bürger-Foren«. Und fünftens ist sie beim Aufbau von lokalen zivilgesellschaftlichen Versöh-

Die deutsche Minenräumerin Vera Bohle kontrollierte im Auftrag der Gesellschaft für Technische Zusammenarbeit im Jahre 2001 an der Grenze zwischen Zimbabwe und Mosambik geräumte Gebiete auf mögliche Restmunition.

nungsinitiativen und der Schaffung von »Friedensallianzen« behilflich.[16]

Die Arbeit einer Nichtregierungsorganisation wie der GTZ zeigt, wie unterschiedlich Krisenbewältigung und Friedenssicherung aussehen, wenn sie mit einer zivilen Perspektive betrieben werden und nicht mit einer militärischen wie bei den privaten Militärfirmen. Die aus der Praxis gewonnenen Überlegungen machen auch deutlich, dass Konfliktlösung ein zu komplexes Problem ist, als dass es mit Waffengewalt und einem »Frieden von oben« einfach bewältigt werden könnte. Der Einsatz von privaten Militärfirmen stellt eine primitive Option dar, um eine vielschichtige Problematik zu lösen, die den meisten bewaffneten innerstaatlichen Konflikten in den Dritte-Welt-Ländern zugrunde liegen. Eine solche Option zeigt keinen Weg zu einer nachhaltigen Friedenskonsolidierung auf, sondern verstetigt – wie an Beispielen aufgezeigt wurde – die bestehenden Konflikte.

Schlussbemerkungen

*Die Resignation ist
die schlimmste aller Tugenden.*
Gustave Flaubert

Der Schrecken und die unvorstellbaren Gräueltaten des Zweiten Weltkriegs noch vor Augen, beschlossen die Gründerväter der Vereinten Nationen, den Krieg zu ächten: Sie hoben das bis dahin geltende Recht souveräner Staaten auf, Krieg – als Fortsetzung der Politik mit anderen Mitteln – zu führen, und deklarierten den Angriffskrieg als völkerrechtswidrig. Dieser Grundsatz wurde in der UN-Charta verankert und ist bis heute verbindliche Richtschnur für die Völkergemeinschaft.

Mit diesem Paradigmenwechsel – das heißt, als souveräner Staat »nur« noch das Recht zu haben, sich verteidigen zu dürfen – setzte sich auch die Erkenntnis durch, dass Krieg viel zu wichtig und gefährlich sei, als dass man ihn den Generälen überlassen dürfe. Die Politik sollte also der militärischen Logik Fesseln anlegen. Heute müsste man diese Erkenntnis umformulieren: Konfliktbewältigung und Friedenssicherung sind zu wichtig, als dass man sie der militärisch-ökonomischen Logik der privaten Militärfirmen überlassen dürfte. Denn wenn die Logik der Militärs schon unerwünschte Folgen zeitigen kann, um wie viel gefährlicher ist sie, wenn sie mit betriebswirtschaftlichem Gewinnstreben gepaart ist.

Eines ist bei allen Beteiligten unstrittig: Private Militärfirmen verdanken ihre Existenz dem Krieg und verdienen an gewaltsamen Konflikten und an Unsicherheit. Staatliches und politisches Handeln generell ist – spätestens mit der Verabschiedung der UN-Charta – auf das Gegenteil, auf Frieden und Sicherheit, festgelegt. Die militärische Dienstleistungsbranche ist an Frieden und Sicherheit nicht interessiert, für sie sind diese Zustände geschäftsschädigend; würden sie herrschen, hätten private Militärfirmen ihre Existenzberechtigung verloren.

Dennoch wird von politischer Seite argumentiert, die privaten Militärdienstleister seien notwendig. Das ist erstaunlich. Zwar hat sich die Welt nach dem Ende des Ost-West-Konflikts zum Teil grundlegend verändert, doch gibt es kein von den Militärfirmen inzwischen besetztes Tätigkeitsfeld, das nicht auch ohne sie – und zwar billiger, effektiver, kontrollierbarer und funktionsgerechter – durch andere ausgefüllt werden könnte. Nicht nur das; ohne sie würde es keine Befürchtungen geben müssen, dass das Gewaltmonopol des Staates schleichend ausgehöhlt wird oder dass die Sicherheit bzw. die Privatsphäre der Bürger durch die privaten Geheimdienste der Militärfirmen bedroht wird. Man kann es noch drastischer formulieren: Private Militärfirmen sind überflüssig und zudem gefährlich für ein demokratisches Zusammenleben von Menschen und Völkern.

Wenn solche Dienstleister nicht notwendig, sogar überflüssig sind, warum werden sie dann trotzdem eingesetzt, warum haben sie dennoch einen solchen Boom erfahren? Die Antwort ist verhältnismäßig einfach. Selbst wer öffentlich mit dem Argument hausieren geht, die Privatisierung sei billiger, gibt – wenn die Mikrofone ausgeschaltet sind – die eigentlichen Gründe preis. Die Exekutiven bzw. herrschenden politischen Gruppierungen möchten – ob aus nationalen, ökonomischen oder Machtinteressen – für ihre Zwecke mehr Truppen entsenden, als ihnen offiziell mit den staatlichen Streitkräften zur Verfügung stehen; sie möchten den Einsatz von militärischen Truppen der Kontrolle des Parlaments entziehen; sie möchten sich militärisch selbst dort einmischen, wo sie sich nach den Normen des Völkerrechts nicht einmischen dürfen; sie möchten befreundeten oder ihnen wohlgesonnenen politischen Machthabern, Parteien oder Gruppierungen in der Auseinandersetzung mit deren innenpolitischen Gegnern helfen; sie möchten die Rahmenbedingungen für die eigene Wirtschaft oder den Energienachschub sichern, ohne dass offizielles Militär – weithin sichtbar und identifizierbar – in Erscheinung tritt.

Die behauptete Notwendigkeit des Einsatzes von privaten Militärfirmen ist letztendlich also nichts anderes als eine Frage des politischen Kalküls, der politischen Opportunität. Und wie gesehen, bedient man sich ihrer genau aus diesen Gründen. Damit werfen die militärischen Dienstleistungsunternehmen jenseits jeder rechtlichen – auch völkerrechtlichen – Dimension ein politisches Problem auf, das in einer Demokratie den einzelnen Bürger nicht unberührt lassen kann.

Die Bundesregierung sieht, wie zitiert, in Bezug auf private Militärfirmen keinen gesetzlichen Handlungsbedarf, weil sie der Meinung ist, dass die vorhandenen zivil-, straf- und völkerrechtlichen Normen ausreichend seien, um eventuell auftretende Probleme zufriedenstellend lösen zu können. Über eine solche – geradezu apodiktische – Aussage ließe sich trefflich streiten. Es sei beispielsweise nur daran erinnert, dass man sich weltweit – trotz aller sonst vorhandenen Unterschiede – darin einig ist, dass sich private Militärfirmen in einer gesetzlichen Grauzone bewegen: Die bei ihnen angestellten Personen sind weder im engeren Sinne »Söldner«, noch sind sie Kombattanten, aber sie sind auch keine Zivilisten.

Die letzten Bundesregierungen haben es aber – und das interessiert in diesem Zusammenhang – versäumt, der Öffentlichkeit mitzuteilen, ob sie in Bezug auf die privaten Militärfirmen einen *politischen* Handlungsbedarf sehen. Wenn man aus dem Schweigen schließt, dass dies nicht der Fall ist, so muss darüber diskutiert werden – in der Öffentlichkeit und in den Medien. Denn auch in Deutschland gibt es einen enormen Bedarf an politischem Handeln.

Die geschilderte »Privatisierung« der Bundeswehr durch die g.e.b.b. steckt zwar noch in den Kinderschuhen, und manches, etwa die Auslagerung der Uniformherstellung oder die private Bewirtschaftung einer Reihe von Bundeswehrküchen, mag eher harmlos erscheinen. Doch dass der Privatwirtschaft in Public Private Partnerships Mehrheitsbeteiligungen überlassen werden, stimmt bedenklich. Die Frage ist nicht nur, ob dies Vorgehen verfassungskonform ist, sondern ob es überhaupt politisch sinnvoll ist. Es könnte sich nämlich sehr bald zeigen, dass diese Entscheidung Probleme für die Sicherheit der Bürger aufwirft – etwa bei Auslandseinsätzen der Bundeswehr oder in den Bereichen der Informationstechnologie –, und dann würden die mit dieser Art Privatisierung hervorgerufenen Folgen nicht nur politischen, sondern auch gesetzlichen Handlungsbedarf nach sich ziehen.

Ein anderes Problem betrifft die deutschen Privatsoldaten, die im Auftrag ausländischer Militärfirmen in verschiedenen Kriegs- und Konfliktgebieten auf dieser Welt arbeiten – zumeist mit der Waffe in der Hand. Täglich könnte, wie zuvor schon andere Staaten, Deutschland ebenfalls damit konfrontiert werden, dass einer von ihnen gefangengenommen oder gekidnappt wird und seine Freilassung an eine Gegenleistung der deutschen Regierung geknüpft wird. Diese Forderung könnte sogar mit der Androhung verbunden sein, bei Nichterfüllung beispielsweise ein terroristisches Attentat auf deutschem Boden zu verüben. Um dieses Problem zu lösen, dürfte es kaum ausreichen, auf die einschlägigen Normen zur freien Wahl des Arbeitsplatzes, auf das Gewerberecht oder auf die verfassungsmäßig festgelegte umfassende staatliche Pflicht zum Schutz des Lebens (der sich auch auf im Ausland befindliche Deutsche erstreckt) hinzuweisen. Dies ist aber der Stand, auf dem die Regierung mit ihren politischen Überlegungen stehengeblieben ist.

Ein ähnliches politisches Problem stellt sich bei dem Schutz deutscher humanitärer Helfer, die – ob für das Rote Kreuz, für Ärzte ohne Grenzen, für Brot für die Welt, für die Caritas oder sonst eine Nichtregierungsorganisation – in Krisengebieten tätig sind. Wenn ihnen der Schutz entzogen oder mit privaten Militärfirmen aufgezwungen wird, dieser aber ihr Selbstverständnis angreift und ihr Ansehen beschädigt, wie es ja nicht nur in Afghanistan oder im Irak geschehen ist, stellt sich für die deutsche Politik nicht mehr die Frage, ob sie politisch handeln will, sondern damit ist ein Handlungsgebot verbunden. Das Nichtstun disqualifiziert die Bundesregierung und steht in krassem Widerspruch zu ihrer eigenen, im Aktionsplan verkündeten Politik.

Private Militärfirmen deutscher Herkunft werden, wenn sie auf dem Balkan oder in Asien oder auf sonst einem Kontinent agieren, von der deutschen Politik wie jedes andere Unternehmen behandelt – als würden sie irgendwelche Konsumgüter produzieren. Was sie bei ihren Einsätzen machen, entzieht sich vollkommen der politischen Kontrolle und Kenntnis. Für einen einzelnen deutschen Bürger bedarf es schon weniger diskutabler Verhaltensweisen, um in den Verdacht zu geraten, das Ansehen der Bundesrepublik Deutschland zu beschädigen. Müssen von diesen Militärfirmen erst schwere Menschenrechtsverletzungen begangen werden, damit die Regierung politischen Handlungsbedarf sieht?

Auf deutschem Boden sind fast alle großen ausländischen privaten Militärfirmen, die in anderen Zusammenhängen mehrfach erwähnt wurden, tätig: ob Halliburton oder *Kroll,* ob *Armor-Group* oder *CSC,* ob *SAIC, G4S* oder *CACI.* Die »Geheimdienstschmiede« Nummer eins in dieser Branche – *SAIC* – hat gleich 33 Vertretungen in Deutschland. Für manche dieser Unternehmen arbeitet sogar überwiegend deutsches Personal. Es ist kaum anzunehmen, dass die deutsche Politik weiß, wie diese Personen von ihren Arbeitgebern eingesetzt werden. Sie kann auch nicht ausschließen, dass beispielsweise die Firma *CACI*, die in den Gefängnisskandal von Abu Ghraib verwickelt war, nicht auch Deutsche für Verhöre oder als »Übersetzer« in einem der vielen amerikanischen Auslandsgefängnisse einsetzt. Doch unabhängig davon stellt sich die Frage, ob nicht politischer Handlungsbedarf zum Schutz der eigenen Bürger (eine originäre Staatsaufgabe, die aufgrund der Verfassung nicht auf Private übertragbar ist) besteht, wenn man weiß, dass ausländische private Geheimdienste in Form von Militärfirmen für wen auch immer hier tätig sind. Das Wissen darüber, was diese Firmen in lateinamerikanischen, asiatischen, afrikanischen Staaten oder im Irak machen, sollte eigentlich die deutsche Politik veranlassen, in Erfahrung zu bringen, welche Aktivitäten durch diese Firmen von deutschem Boden ausgehen. Oder wartet man darauf, dass Dritte dies veröffentlichen?

Unternehmen der deutschen Privatwirtschaft beauftragen Militärfirmen, um ihre Geschäftsinteressen im Ausland schützen zu lassen. Ob dabei ähnlich vorgegangen wird, wie für BP in Kolumbien beschrieben, muss hier nicht diskutiert und soll auch nicht implizit unterstellt werden. Der Punkt ist ein anderer. Er würde jedem deutschen Politiker sofort ins Auge springen, wenn er erführe, dass beispielsweise ein afrikanischer Konzern eine private Militärfirma beauftragt, um seine Wirtschaftsinteressen auf deutschem Boden durch bewaffnetes Personal absichern zu lassen. Einmal abgesehen davon, dass dieser Konzern sich nach deutschem Recht strafbar machen würde, ist Folgendes anzunehmen: Dieselben Politiker würden sich wohl beeilen, die Geschäftsführung darauf hinzuweisen (und sei es über die entsprechende Botschaft), dass sie entweder die Militärfirma abziehen oder Deutschland verlassen solle. Gleiches zu tun ist einem von Bürgerkrieg oder Krisen zerrütteten Land kaum möglich. Es ist wahrscheinlich sogar froh, wenn deutsche Firmen ihre Niederlassungen nicht schließen. Fordert das kein politisches Handeln heraus? Es ist ja nicht so, dass der Politik in Berlin diese Umstände unbekannt wären. Denn in allgemeiner Form weist sie im Aktionsplan selbst darauf hin. Und doch hat sie es bei dem Hinweis an die Unternehmen der deutschen Privatwirtschaft belassen, dass sie auch bei ihren Auslandstätigkeiten eine Verantwortung gegenüber ihrem Heimatland haben. Das wird dem Problem in keiner Weise gerecht. Noch ein Mal: Private Militärfirmen verdienen nicht am Frieden, sondern an Krieg und Konflikten. Eine Politik auf nationaler, europäischer und internationaler Ebene zu betreiben, die diese Firmen überflüssig macht, würde mit der erklärten Friedenspolitik und den im Aktionsplan festgeschriebenen Zielen in Einklang stehen. In diese Richtung nicht tätig zu werden, hieße, der eigenen Politik zu widersprechen. Aber nicht nur das: Es würde die Demokratie auf Dauer (und wahrscheinlich ernsthaft) gefährden und das Ansehen des Landes auf internationaler Ebene – vor allem in den Ländern der Dritten Welt – beschädigen. Man kann davon ausgehen, dass die deutschen Bürger beides nicht wünschen.

Anhang

Anmerkungen

Die »neuen Söldner«

1 Zu diesem Komplex vgl. u.a. Gabriella Pagliani: Il mestiere della guerra. Mailand 2004, S. 175–198; Abdel-Fatau Musah: A Country under Siege: State Decay and Corporate Military Intervention in Sierra Leone. In: A. Musah/J. Fayemi (Hg.): Mercenaries. An African Security Dilemma. London 2000, S. 76–117; Sean Creehan: Soldiers of Fortune. 500 International Mercenaries. In: Harvard International Review, 23 (Winter 2002) 4.
2 Ken Silverstein: Private Warriors. New York 2000, Kap. 2.
3 Vgl. dazu u.a. The Center of Public Integrity: Making a Killing. The Business of War. Washington 2004, Kap. 10.

Private Militärfirmen

1 Associated Press vom 30.10.2003; Sanho Tree, zit. nach: Sheila Mysirekar: Krieger gegen Bezahlung. In: Deutschlandfunk vom 28.5.2004.
2 Vgl. die Internetseiten der Firma unter www.icioregon.com.
3 Vgl. Steffen Leidel: Trainer für den Krieg. In: DW-World, 9.4.2003.
4 Verschiedene Beispiele in Esther Schrader: US Companies Hired to Train Foreign Armies. In: Los Angeles Times vom 14.4.2002.
5 Vgl. etwa J. Chaffin: US Turns to Private Sector for Spies. In: Financial Times vom 17.5.2004.
6 Vgl. u.a. Corporate Watch vom 7.3.2005 (www.corpwatch.org).
7 Leidel: Trainer für den Krieg.
8 Das Material über Aufträge und Verträge hat BASIC aus verschiedensten Quellen zusammengetragen. Ein Großteil der Angaben beruht auf Recherchen der Vereinigung Investigativer Journalisten (ICIJ); ihrer Richtigkeit wurde von staatlicher Seite weder in den USA noch in Großbritannien widersprochen.
9 Vgl. u.a. Francesco Vignarca: Mercenari S.p.A. Mailand 2004, S.17ff.
10 Diese Summe beruht auf eigenen Berechnungen. Im Zeitraum zwischen 1994 und 2001 wurden an private Militärfirmen Aufträge von insgesamt 300 Milliarden Dollar vergeben. Für das Jahr 2001 betragen die Schätzungen 100 bis 120 Milliarden Dollar. Danach sind mit dem von den USA deklarierten weltweiten Krieg gegen den Terror, dem Afghanistan- und dem Irak-Krieg die Ausgaben für private Militärfirmen extrem gestiegen.
11 Zit. nach: Ken Silverstein: Mercenary Inc.? In: Washington Business Forward vom 26.4.2001.
12 Vgl. u.a. E. McCarthy: Pension Funds Press CACI on Iraq Prison Role. In: Washington Post vom 11.6.2004.
13 Vgl. z.B. The New Yorker vom 1.5.2004; The Boston Globe vom 20.7.2005.

14 Vgl. Barry Yeoman: Dirty Warriors. In: Mother Jones, November/Dezember 2004.
15 United States Government Accounting Office: GAO/NSIAD-00-107. Washington 1997; Ann R. Markusen: The Case against Privatizing National Security. In: Governance, 16(Oktober 2003)4, S. 471–501; Herbert Wulf: Internationalisierung und Privatisierung von Krieg und Frieden. Baden-Baden 2005, S. 191.

Die Auftraggeber

1 Zit. nach: US Department of Defense: Quadriennial Defense Review Report, 30.9.2001.
2 Vgl. Peter W. Singer: Corporate Warriors. Ithaka/London 2003, S. 63 ff. Eugene Smith: The New Condottieri and U.S. Policy. In: Parameters, Winter 2002/03, S. 116 ff.
3 Vgl. Presseerklärung der NSA vom 31.7.2001; weitere Einzelheiten auf der NSA-Webseite (www.nsa.gov). Ein Teil der IT-Technologie wird von dem Computer- und Rüstungskonzern CSC *(DynCorp)* für die NSA geliefert; vgl. dazu u. a. Greg Guma: Privatizing War. In: Toward Freedom, 7.7.2004.
4 NSA-Erklärung »Introduction to business« vom 3.11.2005, unter www.nsa.gov/business.
5 Zit. nach: Tom Ricks/Greg Schneider: Cheneys Firm Profited from Overused Army. In: Washington Post vom 9.9.2000.
6 Z. B. Schrader: US Companies Hired to Train Foreign Armies.
7 James Conachy: Private Military Companies Contributing as Much as 20 Percent of the Total US-led Occupation. In: World Socialist Website vom 3.5.2004.
8 Einen Überblick über den »Erdölgürtel« mit seinen Förderstellen, Pipelines und militärischen Stützpunkten gibt Lutz Klevemann auf seiner Website (www.newgreatgame.com) und in seinem Buch *The New Great Game: Blood and Oil in Central Asia* (New York/London 2003); vgl. auch Heather Timmons: Kazakhstan: Oil Majors Agree to Develop Field. In: The New York Times vom 26.2.2004.
9 Pratap Chatterjee: Halliburton Makes a Killing on Irak War. In: Special CorpWatch vom 20.3.2003; Special Investigation Division of US Senat and US House of Representatives: Joint Report »Contractors Overseeing Contractors« vom 18.5.2004 (www.reform.house.gov/min).
10 Zu diesem und den im Folgenden genannten militärischen Ausbildungsprogrammen vgl. die Veröffentlichungen des US-Außenministeriums (Bureau of Political-Military Affairs: Foreign Military Training and DoD Engagement Activities of Interest: Joint Report to Congress, unter www.fas.org/asmp/campaigns/training/FMTR2002, März 2002).
11 Singer: Corporate Warriors, S. 206.
12 Hernando Ospina: Suchtgefahr. Die Kolumbien-Lektion. In: Le monde diplomatique, November 2004, S. 21.
13 Unter der 2. Regierung Clinton hieß das Hilfsprogramm ACRI (African Crises Response Initiative), unter Bush wurde es als ACOTA (African Contingencies Operations Training and Assistance Program) erweitert.

14 Vgl. zum Folgenden die Websites der Bundeswehr (www.bundeswehr.de) – Stichwort g.e.b.b. – und der g.e.b.b. (www.gebb.de), denen auch sämtliche nachstehende Zitate entnommen wurden.
15 Vgl. Greg Guma: Outsourcing Defense. In: Toward Freedom, 6/2004.
16 Vgl. das UN-Dokument »Norms on the responsibilities of transnational corporations and other business enterprises with regard to human rights«, approved 13.8.2003 (UN Doc. E/CN.4/Sub.2/2003).
17 Vgl. hierzu die zahlreichen Berichte bei »Centre Europe – Tiers Monde« (www.cetim.ch), »Global Labour Inspectors Network – GLIN« in Dänemark (www.labour-inspection.org), »The National Labor Committee« in den USA (www.nlcnet.org), »European Initiative on Monitoring and Verification« von fünf europäischen Ländern – England, Frankreich, Niederlande, Schweden, Schweiz – (www.somo.nl) oder »Asia Monitor Resource Center – Asia Labour Home« in Hongkong (www.amrc.org.hk).
18 Vgl. www.earthrights.org/news/codeconduct.
19 Die Prozentangaben beruhen auf eigenen Berechnungen, die in den letzten sechs Jahren mit einem eigens entwickelten Computerprogramm EUDOS vorgenommen wurden. Vgl. auch Singer: Corporate Warriors, S. 81, und Peter W. Singer: Peacekeepers Inc. In: Policy Review, Juni 2003.
20 Vgl. die Artikel »Risk Returns: Doing Business in Chaotic and Violent Countries« (The Economist vom 20.10.1999) und »Risky Returns« (The Economist vom 18.5.2000).
21 Zu diesem Thema vgl. beispielsweise: »Maquiladoras at a Glance« (CorpWatch, Juni 1999), verschiedene Artikel des Maquiladora-Solidaritätskomitees (www.maquilasolidarity.org) und des US Solidarity Center (www.solidaritycenter.org), einer mit dem amerikanischen Gewerkschaftsbund AFL-CIO eng verbundenen Organisation.
22 Vgl. Interview mit Denis Coutu (Vogue). In: Toronto Star, 12.3.2000.
23 Comite fronterizo de obreras vom 19.9.2005 (www.cfomaquiladoras.org); International Labor Rights Fund vom 13.9.2005 (www.laborrights.org).
24 Vgl. etwa die Kampagnen unter www.laborrights.org.
25 Doug Brooks: Private Military Service Providers. Africas Welcome Pariahs. In: Nouveaux Mondes, 10/2002, S. 71.
26 Vgl. zu dem gesamten Komplex Zaire/Demokratische Republik Kongo die Darstellungen von Gabriella Pagliani (Il mestiere della guerra, S. 121–150) und von Khareen Pech (The Hand of War: Mercenaries in the Former Zaire 1996–97. In: Musah/Fayemi: Mercenaries, S. 117–154).
27 Vgl. die UN-Berichte UN Doc. E/CN.4/1999–2003.
28 Vgl. dazu u.a. Stephen Fidler/Thomas Catan: Private Military Companies Pursue the Peace Dividend. In: Financial Times vom 24.6.2003.
29 Zit. nach: Joshua Kurlantzick: Outsourcing the Dirty Work. In: American Prospect vom 5.1.2003.
30 Damian Lilly: The Privatization of Peacekeeping. Prospects and Realities. In: United Nations Institute for Disarmament Research: Disarmament Forum, 3/2000.

31 So Claude Voillat vom IKRK in Genf in einem Interview mit der Deutschen Welle vom April 2003.
32 So starben in den 90er Jahren weltweit mehr Rote-Kreuz-Helfer als US-Soldaten bei ihren Einsätzen; vgl. Singer: Peacekeepers Inc.
33 Koenraad van Brabant: Operational Security Management in Violent Environments. In: Good Practice Review, London, 8/2000; vgl. dazu auch Dieter Reinhardt: Privatisierung der Sicherheit. In: Entwicklungspolitik 16-17/2003.
34 Interview geführt von Steffen Leidel in der Deutschen Welle, 6.6.2003.
35 Vgl. Volker Eick: Policing for Profit. In: Dario Azzellini/Boris Kanzleiter (Hg.): Das Unternehmen Krieg. Paramilitärs, Warlords und Privatarmeen als Akteure der neuen Kriegsordnung. Berlin 2003, S. 201–215.

Globale Gewaltmärkte

1 Zu ihnen gehören Soziologen und Politologen wie Mary Kaldor, Peter Lock und Herfried Münkler oder die chinesischen Berufsmilitärs Qiao Liang und Wang Xiangsui. »Neue Kriege«, wie sie nach Ende des Ost-West-Konflikts immer deutlichere Konturen gewonnen haben, sind – nach Herfried Münkler, der diesen Begriff in Deutschland verbreitete – dadurch gekennzeichnet, dass die historische Regulierungsfunktion der Staaten, die nicht mehr alleinige Monopolisten des Krieges sind, nach und nach ausgehöhlt wird. Außerdem wird die scharfe Grenzziehung zwischen Zivilisten und Kombattanten, zwischen Erwerbsleben und offener Gewaltanwendung allmählich durchbrochen und untergraben.
2 Elke Krahmann: The Privatization of Security Governance: Developments, Problems, Solutions. Köln 2003 (Arbeitspapiere zur Internationalen Politik und Außenpolitik, AIPA 1/2003).
3 Juan C. Zarate: The Emergence of a New Dog of War: Private International Security Companies, International Law and the New World Order. In: Stanford Journal of International Law, 34/1998, S. 75–156.
4 Vgl. hierzu u.a. Singer: Corporate Warriors, S. 125 ff.
5 Vgl. ebenda, S. 128.
6 Vgl. u.a. Jason Sherman: Arms Length. In: Armed Forces Journal International, September 2000; Leslie Wayne: Americas For-Profit Secret Army. In: The New York Times vom 13.10.2002.
7 Vgl. die Webseiten der Firma unter www.mpri.com.
8 Für weitere Informationen vgl. die Webseiten von TRADOC unter www-tradoc.army.mil.
9 Vgl. den entsprechenden Bericht des amerikanischen Rechnungshofs (United States Government Accounting Office: Contingency Operations. Opportunities to Improve the Logistics Civil Augmentation Program, Februar 1997).
10 Für weitere Details vgl. Donald T. Wynn: Managing the Logistic-Support. Contract in the Balkans Theater. In: Engineer, Juli 2000, und Karen Gullo: Peacekeeping Helped Cheney Company. In: Associated Press vom 28.8.2000.
11 Vgl. dazu Krahmann: The Privatization of Security Governance, S. 10 (dort auch weiterführende Literatur).

12 Einen virtuellen Ausflug durch das Camp kann man auf der folgenden Website unternehmen: www.tffalcon.hqusareur.army.mil/sections/About/camplife.htm. Was es im Camp Bondsteel – nach offiziellen Angaben – ebenfalls nicht gibt, ist ein geheimes Gefangenenlager für Terrorismusverdächtige »nach dem Muster von Guantánamo«. So lautet der Vorwurf des Menschenrechtskommissars des Europarates, Alvaró Gil-Robles, der das Camp im Jahr 2002 besucht hatte. Ein Sprecher der amerikanischen Streitkräfte wies diesen Vorwurf zurück; vgl. Frankfurter Allgemeine Zeitung vom 28.11.2005.

13 Vgl. die verschiedenen Berichte – zwischen dem 26. März 2003 und dem 18. Oktober 2005 sind 60 Berichte erschienen – von H.A. Waxman wie beispielsweise »Halliburton's Questioned and Unsupported Costs in Iraq Exceed $1.4 Billion« vom 27.7.2005 unter: www.democrats.reform.house.gov/investigations oder die umfassende Darstellung von Michael Shnayerson: The Spoils of War. In: Vanity Fair, April 2005.

14 Vgl. dazu Pagliani: Il mestiere della guerra, S. 57–67, 182–189; Herb Howe: Private Security Forces and African Stability: The Case of Executive Outcomes. In: Journal of Modern African Studies, 36 (Juni 1998) 2, S. 307–331.

15 Die Diamantenkonzession in Sierra Leone soll der Firmengruppe rund eine Milliarde Dollar eingebracht haben.

16 The Center of Public Integrity: Making a Killing, Kap. 3.

Geschichte der privaten Kriegswirtschaft

1 Zit. nach: Augusto Camera: Elementi di storia antica. Documenti. Bologna 1969, S. 396f.

2 Zit. nach: *Kriegsreisende,* Kap. 3: Mittelalter. Die schwarze Legion, S. 2 (www.kriegsreisende.de).

3 In seinem Romanzyklus *Bücher der Insel Buru (Garten der Menschheit, Kind aller Völker, Spur der Schritte)* schildert der vielfach ausgezeichnete indonesische Schriftsteller Pramoedya Ananta Toer in eindringlicher Weise die Lebens- und Machtverhältnisse in seiner Heimat während der holländischen Herrschaft.

Das Ende des Ost-West-Konflikts

1 Hans-Peter Martin/Harald Schumann: Die Globalisierungsfalle. Reinbek bei Hamburg 1996, S. 296.

2 Waren Ende der 80er Jahre noch rund 100000 Blauhelme im Einsatz, so verringerte sich die Anzahl auf knapp 10000 Mitte der 90er Jahre. Nach 2001 stieg die Zahl wieder an, und 2004 waren 34000 Soldaten in 17 Missionen für die UN weltweit tätig. Aus den EU-Ländern kommen weniger als 4000 und aus den USA kaum mehrere Dutzend Soldaten, die für UN-Missionen tätig sind.

3 Inter Press Service vom 18.11.2003; vgl. dazu auch die Ausführungen von Wulf: Internationalisierung und Privatisierung von Krieg und Frieden, S. 33–48, 79–95.

4 Vgl. Deborah Avant: Privatizing Military Training. In: Foreign Policy, 7 (Mai 2002) 6.

5 Vgl. Mark Duffield: Global Governance and New Wars. The Merging of Development and Security. London 2001.
6 Beide Papiere finden sich beim Weißen Haus in Washington (www.whitehouse.gov/energy) und beim Department of Energy (www.energy.gov).
7 Eine neue Studie aus dem Jahr 2005, die vom Department of Energy (DoE) über den »peak-oil« in Auftrag gegeben und von einem früheren hochrangigen DoE-Angestellten und heutigen Top-Energieexperten der privaten Militärfirma *SAIC,* Robert Hirsch, erstellt wurde, bestätigt die Analyse. Vgl. dazu u.a. Adam Porter »US Report Acknowledges Peak-oil Threat« vom 14.3.2005 (www.countercurrents.org/po-porter) und die Informationen der US-Regierung (www.usinfo.state.gov).
8 Zum gesamten Komplex NEP und einer kritischen Würdigung von Analyse und Konsequenzen vgl. die Veröffentlichungen des amerikanischen Soziologieprofessors Michael T. Klare (Blood and Oil. New York 2005; »The Intensifying Global Struggle for Energy« vom 9.5.2005, www.tomdispatch.com; »Mapping the Oil Motive«, in: tompaine vom 18.3.2005, www.tompaine.com); Aziz Choudry: Blood, Oil, Guns and Bullets. In: Znet vom 28.11.2003; William Engdahl: The Oil Factor in Bush's War on Tyranny. In: Asia Times vom 3.3.2005.
9 Vgl. dazu »NATO means business to protect pipelines«. In: United Press International vom 26.10.2005.
10 Die RMA wurde ursprünglich als US-amerikanische Doktrin des Pentagons nach dem Ende des Kalten Kriegs (beginnend 1991) entwickelt. Ein Kernstück bildet darin das NCW, ein militärisches Konzept, das durch Vernetzung aller Einheiten in einem Operationsgebiet eine Beschleunigung der Informationsflüsse und damit die Steigerung der militärischen Kampfstärke erreichen soll. (In der Bundeswehr spricht man von Vernetzter Operationsführung oder NetOpFü.) Das Konzept des Network Centric Warfare wurde von den USA zuerst im Irak-Krieg 2003 erprobt.
11 Vgl. Singer: Corporate Warriors, S.64, der sich auf Berichte in amerikanischen Medien wie *USA Today* bezieht.
12 Vgl. Thomas Adams: The New Mercenaries and the Privatization of Conflict. In: Parameters, Sommer 1999, S.103–116.
13 Vgl. dazu im Detail DCAF: Intelligence. Practice and Democratic Oversight – A Practitioner's View. Genf 2003; und für die USA Gregory F. Treverton: Reshaping National Intelligence for an Age of Information. New York 2001.
14 Dieser Bereich ist wegen seiner besonderen Bedeutung und der rasanten technologischen Entwicklung im letzten Jahrzehnt noch einmal aufgeteilt worden in EMINT (Electronics Intelligence), COMINT (Communications Intelligence) und TELINT (Telemetric Intelligence).

Klientelsystem und Schattenökonomien
1 Vgl. Singer: Corporate Warriors, S.57.
2 Paul Collier/Anke Hoeffler: Greed and Grievance in Civil War. Washington 2001.
3 Vgl. zu dieser Problematik z.B. Rolf Uesseler: Herausforderung Mafia. Strategien gegen Organisierte Kriminalität. Bonn 1993.

4 Der Literaturnobelpreisträger V. S. Naipaul beschreibt in seinem Roman *An der Biegung des großen Flusses* sehr anschaulich das Funktionieren dieses Systems in Zaire. Der bekannte afrikanische, in Elfenbeinküste geborene Schriftsteller Ahmadou Kourouma schildert in seinem Roman *Die Nächte des großen Jägers* mit beißender Ironie diese Verhältnisse in seiner Heimat und in den angrenzenden westafrikanischen Staaten.

5 Die Möglichkeit der Destabilisierung Saudi-Arabiens gründet sich einmal auf die Brüchigkeit des »feudalen Herrschaftssystems«, aber mehr noch auf die Tatsache, dass die Bevölkerung in diesem Land explodiert ist (von 3,2 Millionen 1950 auf 2,7 Millionen 2001), wobei 75 Prozent aller Saudis unter 30 und 50 Prozent unter 18 Jahren sind. Diese Entwicklung hat mit dazu beigetragen, dass das Pro-Kopf-Einkommen dramatisch gefallen ist (von 28 600 USD 1981 auf 6800 USD 2001). Die verbreitete Unzufriedenheit vor allem unter den jungen saudischen Bürgern, die Osama bin Laden und sein Terrornetzwerk Al Qaida für seine Zwecke zu missbrauchen versucht, könnte im Irak zur Destabilisierung führen.

6 Vgl. zu diesem Komplex Stefan Mair: Die Globalisierung privater Gewalt. Berlin 2002 (SWP-Studie S10/April 2002); Sabine Kurtenbach/ Peter Lock (Hg.): Kriege als (Über)Lebenswelten. Bonn 2004.

7 Vgl. z. B. die Untersuchung der Nichtregierungsorganisation Global Witness: For a Few Dollars More. How Al Quaeda Moved into the Diamond Trade. Washington 2003 (Global Witness Report).

8 Vgl. beispielsweise die im ersten Kapitel geschilderte Geschichte von Leonid Minin.

9 Vgl. die Jahresberichte der UNDP; vor allem UNDP: Human Development Report. Millennium Development Goals: A Compact among Nations to End Human Poverty. New York 2003.

10 Vgl. dazu die Statistiken in den jährlichen »development reports« der UNDP (www.undp.org); auf Deutsch werden sie als »Bericht über die menschliche Entwicklung« von der Deutschen Gesellschaft für die Vereinten Nationen in Bonn (www.dgvn.de) herausgegeben.

Militante Zusammenarbeit

1 Vgl. Deutscher Bundestag, 15. Wahlperiode: Drucksache v. 28. 9. 2004.
2 Ospina: Suchtgefahr, S. 21.
3 Ebenda.
4 Vgl. die verschiedenen Untersuchungen von Thomas Catan (Private Military Companies Seek an Image Change. In: Financial Times vom 1. 12. 2004; Private Armies March into Legal Vacuum. In: CorpWatch vom 10. 2. 2005); vgl. auch sourcewatch: Private Military Companies (www.sourcewatch.org).
5 Sandra Bibiana Florez: Mercenarios en Columbia: una guerra ajena. In: Proceso vom 29. 7. 2001.
6 Enrique B. Ballesteros: Report of the Use of Mercenaries. New York 2004 (UN Doc. E/CN.4/2004/15), S. 11.
7 Vgl. La Prensa (Managua) vom 22. 1. 2002.
8 Vgl. u. a. Profiting from Repression. In: This Magazin, Mai 2001 (www.policyalternatives.ca).

9 Vgl. z. B. die Veröffentlichungen des kolumbianischen Menschenrechts-komitees Comite Permanente por la Defensa de los Derechos Humanos (cpdh.free.fr) oder der Anwaltsvereinigung zur Verteidigung der Menschenrechte (www.humanrightsfirst.org/index.asp).
10 Zu den Zitaten vgl. T. Christian Miller: A Columbian Village Caught in a Cross-Fire. In: Los Angeles Times vom 17.3.2003. Auf das Massaker in Santo Domingo wurde ausführlich 1999 in den Jahresberichten von Amnesty International und Human Rights Watch eingegangen.
11 Zu diesem Komplex vgl. Greg Muttitt/James Mariott: Some Common Concerns. London 2002, v. a. Kap. 11: BP and Human Rights Abuses in Colombia.
12 Amnesty International: AI Index: AMR 23/79/98, 19.10.1998.
13 Vgl. www.europarl.eu.int/omk/sipade.
14 Die hier angegebenen Fakten stammen von Amnesty International (Kolumbien): Human Rights Defenders Arauca vom 15.5.2003; Oil Fuels Fear in Colombia vom Mai 2004; Annual Report Colombia 2005 vom 1.9.2005 (www.amnesty.org/countries/colombia).
15 Vgl. www.labournet.de/internationales.co/lebensgefahr.html.
16 Vgl. Office of the United Nations High Comissioner for Human Rights: Annual Report (www.ohcr.org).
17 Vgl. Felix Heiduk/Danial Kramer: Shell in Nigeria und Exxon in Aceh. Transnationale Konzerne im Bürgerkrieg. In: Blätter für deutsche und internationale Politik, 3/2005, S. 340–346.
18 Vgl. Ewen Mac Askill: Amnesty Accuses Oil Firms of Overriding Human Rights. In: global policy vom 7.9.2005 (www. globalpolicy.org).
19 Vgl. die Berichte von WACAM unter: www.wacam.org; Jim Vallette: Guarding the Oil Underworld in Iraq. In: CorpWatch vom 5.9.2003; Canadian Mining Companies Destroy Environment and Community Ressources in Ghana. In: Mining Watch Canada, Juni 2003.
20 Vgl. z. B. Human Rights Watch: Paper Industry Threatens Human Rights, Januar 2003 (www.hrw.org/press/indonesia).

Außer Kontrolle

1 Vgl. Michael Duffy: When Private Armies Take to the Front Lines. In: Time Magazin vom 12.4.2004; David Isenberg: A Fistful of Contractors: The Case for a Pragmatic Assessment of Private Military Companies in Iraq. In: BASIC, Research Report, September 2004, S. 31.
2 Vgl. die im April 2004 erschienenen Nachrichten bei Uruknet (informazione dall'Iraq occupato) (www.uruknet.info), beim Iraqi Press Monitor (www. iwpr.net/index.pl?iraq) oder bei The Middle East Media Research Instiute (www.memri.org). Seit der Widerstand gegen die Koalitionsmächte zugenommen hat (vor allem seit dem Frühjahr 2004), sind nach und nach zahlreiche irakische Websites der Opposition aus dem Internet verschwunden. Manche wurden seitens der Server mit dem Hinweis geschlossen, dass nach Ansicht westlicher Geheimdienste über diese Seiten verschlüsselte Nachrichten von Al Qaida verbreitetet würden. In Hacker-Kreisen vermutet man, die USA hätten Druck auf die Server ausgeübt, um die Schließung unbequemer Informationsquel-

len zu erreichen. Tatsache ist, dass authentische irakische Informationsquellen von Seiten der Aufständischen kaum noch zugänglich sind.
3 Vgl. u. a. Andy Clarno/Salim Vally: Privatised War: The South African Connection. In: Znet vom 6.3.2005.
4 Vgl. Paul Dykes: Desert Storm: How Did a Convicted Ulster Terror Squaddie Get Security Job in Iraq? In: Belfast Telegraph v. 5.2.2004.
5 Vgl. Norman Arun: Outsourcing the War. In: BBC News Online vom 2.4.2004 (http://news.bbc.co.uk).
6 Vgl. David Barstow: Security Companies: Shadow Soldiers in Iraq. In: The New York Times vom 19.4.2004; Dana Priest/Mary Pat Flaherty: Under Fire. Security Firms Form an Alliance. In: Washington Post vom 8.4.2004; Lolita C. Baldo: Senators Seek Investigation into Private Security Firms in Iraq. In: Associated Press vom 30.4.2004; Peter W. Singer: Warriors for Hire in Iraq. In: salon.com vom 15./16.4.2004.
7 Obwohl die offiziellen Zahlen über die registrierten privaten Militärfirmen ständig schwankten, lagen sie während der CPA-Zeit im Mittel bei 68, danach bei 43. Nach eigenen Recherchen war und ist die Zahl im Schnitt um ein Drittel höher.
8 Vgl. etwa Clare Murphy: Iraq's Mercenaries: Riches for Risks. In: BBC News vom 4.4.2004 (newsvote.bbc.co.uk/mpapps/).
9 Vgl. Renae Merle: DynCorp Took Part in Chalabi Raid. In: Washington Post vom 4.6.2004.
10 So Maria Cuffaro, die als Journalistin des staatlichen Fernsehens RAI dort eingeschlossen war, gegenüber dem Autor.
11 Vgl. zu diesem und anderen Vorfällen die Berichte von Matthew Schofield, z.B. Militants Tighten Grip on Iraq Cities. In: Detroit Free Press vom 9.4.2004 (www.freep.com).
12 Vgl. z.B. Christoph Reuter: Die Hunde des Krieges. In: stern vom 13.10.2005.
13 Vgl. Caroline Holmquist: Private Security Companies. The Case for Regulation. Stockholm 2005 (SIPRI Policy Paper, Nr. 9), S. 23 f.
14 Auf diesen Punkt weisen Deborah Avant und Peter W. Singer in ihren Schriften (vgl. Bibliographie) immer wieder kritisch hin: »bad policy and bad business«.
15 Peter W. Singer: Outsourcing War. In: Foreign Affairs vom 1.3.2005. Das Geschäftsgebaren von *KBR* wurde bereits ausführlich in Kapitel 4 beschrieben.
16 Vgl. Shnayerson: The Spoils of War.
17 Vgl. Michael McPeak/Sandra N. Ellis: Managing Contractors in Joint Operations: Filling the Gaps in Doctrine. In: Army Logistician, 36(2004)2, S. 6–9.
18 Vgl. Singer: Corporate Warriors, S. 15.
19 Vgl. Holmquist: Private Security Companies, S. 29.
20 Vgl. James Surowiecki: Army Inc., in: New Yorker vom 12.1.2004 (www.newyorker.com).
21 Vgl. uruknet vom 27.11.2005 (www.uruknet.info).
22 In die UN-Konvention von 1979 ist die Söldner-Definition von Art. 47 der Genfer Konvention aus dem Jahre 1949 wörtlich eingegangen.

23 Die private Militärfirma *AirScan* lieferte beispielsweise Daten für die kolumbianische Luftwaffe beim schon geschilderten Massaker von Santo Domingo und für die Luftwaffe von Peru, als diese im Mai 2001 ein Passagierflugzeug mit US-amerikanischen Missionaren an Bord abschoss; vgl. Duncan Campbell: War on Error: A Spy Inc. No Stranger to Controversy. In: public integrity (ICIJ) vom 12.7.2002. Zu den anderen Vorkommnissen vgl. Leslie Wayne: America's For-Profit Secret Army. In: The New York Times vom 13.10.2002; Peter W. Singer: Have Guns, Will Travel. In: The New York Times vom 21.7.2003.
24 Zit. nach: Juan O. Tamayo: Colombian Guerillas Fire on U.S. Rescues. In: Miami Herald vom 22.2.2001.
25 Vgl. Roman Kupchinsky: The Wild West of American Intelligence. In: asia times online vom 30.10.2005.
26 Vgl. Silverstein: Private Warriors, v.a. Kap. V: Alexander Haig and the Revolving Door.
27 Vgl. Ian Bruce: SAS Veterans among the Bulldogs of War Cashing in on Boom. In: The Herald vom 29.3.2004; Singer: Warriors for Hire in Iraq.

Trügerische Sicherheit

1 Vgl. zu diesem Komplex Musah: A Country under Siege, S. 76–117.
2 Die Zusammenarbeit von privaten Militärfirmen mit diesen Gewaltakteuren und selbst mit Taliban-Gruppen und Al Qaida ist mehrfach belegt. Vgl. Mohamad Bazzi: Training Militants British Say Islamic Group Taught Combat Courses in U.S. In: Newsday vom 4.10.2001; Andre Verloy: The Merchant of Death. Washington (The Center for Public Integrity), 20.1.2002; Peter W. Singer: War, Profits, and the Vacuum of Law: Privatized Militar Firms and International Law. In: Columbia Journal of Transnational Law, Frühjahr 2004, S. 521–549; Patrick J. Cullen: Keeping the New Dog of War on a Tight Leash. In: Conflict Trends, Juni 2000, S. 36–39; Andre Linard: Mercenaries S.A. In: Le monde diplomatique, August 1998, S.31.
3 Vgl. Singer: Corporate Warriors, S. 191–205, hier S. 198.
4 Ähnliches ist auch im Irak zu beobachten; vgl. Ariana Eunjung Cha: Underclass of Workers Created in Iraq. In: Washington Post, 1.7.2004.
5 Vgl. Singer: Peacekeepers Inc.
6 Vgl. Deborah Avant: The Market for Force. The Consequences of Privatizing Security. Cambridge 2005.
7 Vgl. Holmquist; Private Security Companies, S. 14.
8 Vgl. z.B. Herbert M. Howe: Ambigious Order: Military Forces in African States. Boulder 2001; Tony Hodges: Angola from Afro-Stalinism to Petro-Diamond Capitalism. Bloomington 2001; Jakkie Cilliers/Christian Dietrich (Hg.): Angolas War Economy. The Role of Oil and Diamonds. Pretoria 2000; Phillip van Niekerk/Laura Peterson: Greasing the Skids of Corruption. In: The Center of Public Integrity: Making a Killing.
9 Vgl. John Vidal: Oil Rig Hostages Are Freed by Strikers as Mercenaries Fly Out. In: The Guardian vom 3.5.2003.

10 Vgl. Peter Lock: Privatisierung im Zeitalter der Globalisierung. In: Lateinamerika, 38/1998, S. 13–28; Kristine Kern: Diffusion nachhaltiger Politikmuster, transnationale Netzwerke und glokale Governance. Berlin 2002.
11 Vgl. Holmquist: Private Security Companies, S. 15.
12 Vgl. z. B. David Isenberg: Soldiers of Fortune Ltd. Washington 1997; Niekerk/Peterson: Greasing the Skids of Corruption.
13 Vgl. Nalson Ngoma: Coup and Coup Attempts in Africa. In: African Security Review, 13(2004)3; Jakkie Cilliers/Richard Cornwell: Mercenaries and the Privatization of Security in Africa. In: African Security Review, 8(1999)2.
14 Vgl. Doug Brooks: Write a Cheque, End a War. In: Conflict Trends, Juni 2000, S. 33–35.
15 Das DFID-Personal im Irak wurde von verschiedenen privaten Militärfirmen beschützt. Vgl. Deborah Avant: The Privatization of Security and Change in the Control of Force. In: International Studies Perspectives, 5(2004)2, S. 154.
16 Vgl. UK Government: Private Military Companies. London 2002 (Ninth Report of the Foreign Affairs Committee). Vom britischen Verteidigungsministerium liegen keine Angaben vor, wie viele private Militärfirmen es mit welchem Auftrag im Ausland engagiert hat. Nur für das Inland gab es an, welche Aufgaben des Militärs privatisiert wurden und welche ausgelagert werden sollen. Vgl. dazu die beiden vom Verteidigungsministerium 2004 veröffentlichten Papiere »Signed PPP Projects« und »PPP Projects in Procurement« (www.mod.uk/business/ppp/database.htm).
17 Als Beispiel sei nur genannt: Amnesty International (USA): International Trade in Arms and Military Training (www.amnestyusa.org/arms_trade/ustraining).
18 Vgl. Alex Belida: Private US Security Firm Assessing Sao Tomé Military. In: Global Security vom 6. 6. 2004 (www.globalsecurity.org).
19 Vgl. z. B. Anna Leander: Global Ungovernance: Mercenaries, States and the Control over Violence. Kopenhagen 2002.
20 »Gated Communities«, diese umzäumten privaten Kommunen sind längst nicht mehr auf die Dritte Welt beschränkt. In den USA existierten sie schon in geringer Anzahl in den 50er Jahren. Heute finden sich diese »Wohlstands- oder Reichtumsinseln«, deren internes Leben dem eines Clubs ähnelt, auch überall in Europa – Deutschland eingeschlossen.
21 Vgl. Mair: Die Globalisierung privater Gewalt; Stefan Mair: Intervention und »state failure«: Sind schwache Staaten noch zu retten? In: IPG, 3/2004, S. 82–98.
22 Vgl. Rolf Uesseler: Stichwort Mafia. München 1994; Antonio Roccuzzo: Gli uomini della giustizia nell'Italia che cambia. Rom 1993.
23 Vgl. oben Kap. 4.
24 Vgl. z. B. Mungo Soggot: Conflict Diamonds Forever. Washington (Center for Public Integrity), 8. 11. 2002.
25 Vgl. Geoff Harris: Civilianising Military Functions in Sub-Saharan Africa. In: African Security Review, 12(2003)4; Mark Taylor: Law-abiding or Not. Canadian Firms in Congo Contribute to War. In: The

Globe and Mail vom 31.10.2002; vgl. auch die verschiedensten Veröffentlichungen zu diesem Thema vom norwegischen Sozialforschungsinstitut FAFO (www.fafo.no).
26 Vgl. z. B. den Dokumentarfilm von Patrice Dutertre: »Die neuen Söldner«, ausgestrahlt von Arte am 21.6.2005.
27 Zu den Verhältnissen in Indonesien vgl. Henri Myrttinen: Alte neue Kriege. Die Privatisierung der Gewalt in Indonesien. In: Azzellini/Kanzleiter: Das Unternehmen Krieg, S. 129–142; International Labor Fund: Exxon Mobil: Genocide, Murder and Torture in Aceh. Washington 2002 (www.laborrights.org).
28 Vgl. z. B. David Isenberg: Security for Sale. In: asia times, 13.8.2005.
29 Vgl. Aldo Pigoli: Mercenari, Private Military Companies e Contractors. In: wargames vom 17.4.2004; George Monbiot: Pedigree Dogs of War. In: Guardian vom 25.1.2005.
30 Vgl. Daniel C. Lynch: 3200 Peacekeepers Pledged on Mission to Darfur. In: Washington Post vom 21.10.2004.
31 Vgl. Pratap Chatterjee: Darfur Diplomacy: Enter the Contractors. In: CorpWatch vom 21.10.2004 (www.corpwatch.org). Bleibt noch zu erwähnen, dass die amerikanische Firma *AirScan* in einer »verdeckten Aktion« die SPLF unterstützte; vgl. dazu Cullen: Keeping the New Dogs of War on a Tight Lease, S. 36–39.
32 Vgl. Niekerk/Peterson: Greasing the Skids of Corruption.
33 Vgl. die UN-Berichte UN Doc. E/CN.4/1999–2004.

Hilfsorganisationen

1 Zit. nach: Lothar Brock: Humanitäre Hilfe – Eine Geisel der Außen- und Sicherheitspolitik? In: Medico International (Hg.): Macht und Ohnmacht der Hilfe. Frankfurt am Main 2003, S. 58–63.
2 Zur steigenden Politisierung humanitärer Hilfe bzw. zu den zunehmenden Versuchen der Politik, humanitäre Organisationen zu vereinnahmen, vgl. z. B. International Alert: The Politizisation of Humanitarian Action and Staff Security. Boston 2001.
3 Vgl. Wulf: Internationalisierung und Privatisierung von Krieg und Frieden, S. 145; zum gesamten Komplex der Problematik von Nichtregierungsorganisationen in Konfliktregionen vgl. ebenda, S. 139–156.
4 Vgl. z. B. die britische, weltweit tätige Hilfsorganisation Oxfam: Oxfam Suspends All Direct Operations in Iraq. Oxford 2004 (www.oxfam.org.uk/). Ähnliches geschah in Afghanistan; vgl. Mark Joyce: Medecins Sans Frontieres Pull out of Afghanistan. In: RUSI news vom 29.7.2004.
5 Vgl. UN Department of Humanitarian Assistance: Guidelines for Humanitarian Organisations on Interacting with Military and Other Security Actors in Iraq. New York, 20.10.2004
6 Vgl. z. B. Robert Muggah/Cate Buchanan: No Relief: Surveying the Effects of Gun Violence on Aid Workers. In: humanitarian exchange, November 2005 (www.odihpn.org).
7 Der Verhaltenskodex des IKRK kann im Internet abgerufen werden unter www.icrc.org/publicat/conduct/code.asp; zum Problem von NGOs und bewaffnetem Schutz vgl. ICRC: Report on the Use of Armed Potec-

tion for Humanitarien Assistance. Genf, 1.-2.12.1995; Meinrad Studer: The ICRC and Civil-Military Relations in Armed Conflict. In: International Review of the Red Cross, 842/2001, S. 367-391.

8 Vgl. Holmquist: Private Security Companies, S. 20.

9 Vgl. die Ausführungen von Gino Strada, dem Präsidenten von emergency (einer Organisation für ärztliche und soziale Hilfe), nach seinen Aufenthalten im Irak (www.emergency.it).

10 Vgl. die Ausführungen der entführten, später freigelassenen italienischen Journalistin Giuliana Sgrena, z. B. in: il manifesto vom 20. 3. 2005.

11 Vgl. zu dem gesamten Komplex Karen A. Mingst: Security Firms, Private Contractors, and NGO's: New Issues about Humanitarian Standards. Paper presented at International Studies Association Convention, Honolulu (Hawaii), 10. März 2005.

12 Vgl. Alex Vines: Mercenaries, Human Rights and Legality. In: Musah/Fayemi: Mercenaries, S. 169-197.

13 Zu dieser Problematik vgl. Tony Vaux u. a.: Humanitarian Action and Private Security Companies. London (International Alert) 2002.

14 Vgl. dazu die zahlreichen Veröffentlichungen der drei Organisationen unter www.ilsa.org.co, http://colhrnet.igc.org/, http://cpdh.free.fr; vgl. außerdem die lateinamerikaweite Organisation Derechos (www. derechos.org) und die Veröffentlichungen des Istituto de Derechos Humanos de la Universidad Centroamerica (IDHUCA).

15 Vgl. Holmquist: Private Security Companies, S. 20.

16 Vgl. Peter W. Singer: Should Humanitarians Use Private Military Services? In: Humanitarian Affairs Review, Sommer 2004; Vaux u. a.: Humanitarian Action, S. 16.

17 Vgl. Vaux u. a.: Humanitarian Action, S. 17.

18 Vgl. z.B. Paul Voillat vom Internationalen Roten Kreuz (IKRK) in einem Interview mit der Deutschen Welle vom 20. 4. 2004 bzw. Voillat: Private Military Companies: A Word of Caution. In: humanitarian exchange, November 2004 (www.odihpn.org).

19 Vgl. International Alert: The Politizisation of Humanitarian Action and Staff Security, S. 5; Koenraad van Brabant: Good Practice Review: Operational Security Management in Violent Environments. London 2000.

20 Vgl. z. B. Paul Keilthy: Private Security Firms in War Zones Worry NGO's. In: alertnet vom 11. 8. 2004.

21 Vgl. Thomas Gebauer: Als müsse Rettung erst noch erdacht werden. In: Medico International (Hg.): Macht und Ohnmacht der Hilfe, S. 16.

22 Zit. nach der ital. Nachrichtenagentur Adnkronos vom 30. 4. 2004.

23 So geschehen im Kosovo, als der (oben beschriebene) »Sexskandal« von *DynCorp* in der dortigen Bevölkerung bekannt wurde.

24 Vgl. z. B. Michael Sirak: ICRC Calls for Contractors Accountability in War. In: Jane's Defense Weekly, 19. 5. 2004.

25 Vgl. z. B. Damian Lilly: The Privatization of Security and Peacebuilding. London (International Alert) September 2000, S. 23 f.; David Shearer: Privatization Protection: Military Companies and Human Security. In: World Today vom 30. 7. 2001; Zarate: The Emergence of a New Dog of War, S. 75-156.

26 Vgl. Vaux u.a.: Humanitarian Action, S.14.
27 Wie etwa das Centre for International Studies in Toronto (www.utoronto.ca/cis), das Londoner Overseas Development Institute (www.odihpn.org) oder International Alert. Vgl. zu Letzterem z.B. Damian Lilly: The Peacebuilding Dimensions of Cicil-Military Relations. London 2002 (Alert Briefing Paper).
28 Zlatan M. wurde im Eingangskapitel vorgestellt; vgl. dort.
29 Zu Peoples Aid und ihren Einsatzorten vgl. www.npaid.org.
30 Zu diesem Schluss kommt die Studie von International Alert; vgl. Vaux u.a.: Humanitarian Action.
31 Vgl. Gregg Nakano/Chris Seiple: American Humanitarian Agencies and Their Use of Private Security Companies. In: Vaux u.a.: Humanitarian Action.
32 Vgl. Mingst: Security Firms, S.16.

Gewaltmarkt oder Gewaltmonopol

1 Vgl. beispielsweise: UK Government: Private Military Companies: Options for Regulation (»Green Paper«). London, 12.2.2003; Chaloka Beyani/Damian Lilly: Regulating Private Military Companies. London (International Alert) 2001; Elke Krahmann: Controlling Private Military Companies: The United Kingdom and Germany. Portland 2003; Kevin A. O'Brian: Private Military Companies: Options for Regulation. Cambridge (Rand Corporation) 2002; Fred Schreier/Marina Caparini: Privatizing Security: Law, Practice and Governance of Private Military and Security Companies. Genf (DCAF) 2005.
2 Antwort der Bundesregierung auf die Große Anfrage der Fraktion der FDP. In: Deutscher Bundestag: Drucksache 15/5824, 24.6.2005, S.25. Die 25-seitige Antwort der Regierung, deren juristische Argumentation auf den ersten Blick einleuchtend erscheint, geht jedoch von der naiven Voraussetzung aus, dass sich alle an die bestehenden nationalen Gesetze und völkerrechtlichen Normen halten.
3 Hierzu sind sich alle Autoren, die sich mit dieser Problematik beschäftigen, einig. Selbst die Lobby-Vereinigung der PMF fordert gesetzliche Rahmenbedingungen. Deborah Avant und Peter W. Singer bezeichnen in ihren Schriften die PMF-Politik der USA als »ineffizientes System voll von Missbrauch« bzw. als »bad policy and bad business« (als schlechte Politik und schlechtes Geschäft); vgl. z.B. Singer: Outsourcing War.
4 Vgl. z.B. Wulf: Internationalisierung und Privatisierung von Krieg und Frieden, S.190–197.
5 Vgl. Klaus Olshausen: Das Battle-Group-Konzept der Europäischen Union (www.sipotec.net/X/S_0556.html).
6 Vgl. z.B. die verschiedenen Untersuchungen des Center for Public Integrity, vor allem Larry Mackinson: Outsourcing the Pentagon. Who Benefits from the Politics and Economics of National Security? Washington 2005.
7 Vgl. z.B. das sogenannte ÖPP-Beschleunigungsgesetz vom 8.9.2005; Werner Rügemer: Gesamtdeutscher Ausverkauf. In: Blätter für deutsche und internationale Politik, 11/2005, S.1315–1324; Volker Eick: Inte-

grative Strategien der Ausgrenzung: Der exklusive Charme des privaten Sicherheitsgewerbes. In: Berliner Debatte Initial, 2/2004, S. 22–33.
8 Vgl. z. B. Fox Butterfield: Privatized »Prison-for-Profit« Attacked for Abusing Teenage Inmates. In: The New York Times vom 16. 3. 2000.
9 Zu den warnenden Stimmen hinsichtlich eines Verlusts des Gewaltmonopols vgl. Erhard Eppler: Vom Gewaltmonopol zum Gewaltmarkt. Frankfurt am Main 2002; Wulf: Internationalisierung und Privatisierung von Krieg und Frieden, S. 71–78, 203–218.
10 Vgl. beispielsweise Bundesministerium für wirtschaftliche Zusammenarbeit und Entwicklung (BMZ): Zum Verhältnis von entwicklungspolitischen und militärischen Antworten auf neue sicherheitspolitische Herausforderungen. Bonn 2004 (BMZ-Diskurs, Nr. 1); Sadako Ogata/Amartya Sen: Final Report of the Commission on Human Security. New York 2003.
11 Vgl. Amnesty International: Shattered Lives. New York, 8. 10. 2002.
12 Vgl. United Nations: Human Security Now. New York, 1. 5. 2003; Amnesty International: Shattered Lives. New York, 8. 10. 2002.
13 BMZ: Zum Verhältnis von entwicklungspolitischen und militärischen Antworten, S. 9.
14 Vgl. die Ausführungen zum »Aktionsplan« der Bundesregierung im nächsten Kapitel.
15 Im Übrigen hat die NATO (die damit auch für ihre Mitgliedsländer wie Deutschland spricht) im Rahmen des Konzepts »Force protection« eine Strategie entwickelt, die eine Durchführung von humanitären Hilfsprogrammen parallel zu den militärischen Aktionen vorsieht, um die Akzeptanz bei der Bevölkerung zu erhöhen, sowohl in dem Land, in dem interveniert wird, als auch zu Hause. Vgl. NATO: Can Soldiers Be Peacekeepers and Warriors? In: NATO Review, 49 (2001) 2.
16 Vgl. z. B. Großbritannien: UK Government: The White Paper. Eliminating World Poverty: A Challenge or the 21st Century. London, November 1997; UK Government: Making Government Work for Poor People. London, Juni 2000; DFID: Policy Statement on Safety, Security and Accessible Justice. London, 12. 10. 2000.
17 Internationale Organisationen wie die UNDP, die Weltbank oder die OECD sind dazu übergegangen dieser Erkenntnis mit dem Konzept der Sicherheitsstrukturreform (SSR) Rechnung zu tragen. Vgl. etwa die Veröffentlichungen des Development Assistance Committee (DAC) der OECD: DAC: Security System Reform and Governance: Policy and Good Practice. Paris 2004.
18 Zit. nach: Weltbank: Sicherheit, Armutsbekämpfung und nachhaltige Entwicklung. Bonn 1999, S. 8.
19 Vgl. z. B. von deutscher Seite: VENRO: Streitkräfte als humanitäre Helfer? Positionspapier. Bonn, Mai 2003; VENRO: Entwicklungspolitik im Windschatten militärischer Interventionen? Aachen/Bonn/Stuttgart, 31. 7. 2003.

Krisenprävention und Friedenssicherung

1 Zur Interventionsproblematik vgl. z. B. Tobias Debiel: Souveränität verpflichtet: Spielregeln für den neuen Interventionismus. In: IPG, 3/2004, S. 61–81; Stefan Mair: Intervention und »state failure«, S. 82–98; ICISS (International Commission on Intervention and State Souveragnty): The Responsibility to Protect. Ottawa (International Research Centre for ICISS), Dezember 2001.
2 Die damit verbundenen Konsequenzen sind im Einzelnen in den vorhergehenden Kapiteln diskutiert und an Beispielen veranschaulicht worden.
3 BMZ: Krisenprävention und Konfliktbeilegung. In: BMZ Spezial, 17/2000.
4 Vgl. Angelika Spelten: Instrumente zur Erfassung von Konflikt- und Krisenpotentialen in Partnerländern der Entwicklungspolitik. Bonn 1999 (Forschungsberichte des BMZ, Bd. 126).
5 Vgl. GTZ: Friedensentwicklung, Krisenprävention und Konfliktbearbeitung. Eschborn 2002; European Platform for Conflict Prevention and Transformation (Hg.): Prevention and Management of Violent Conflicts. An International Directory. Utrecht 1998.
6 Sweden, Ministry for Foreign Affairs: Preventing Violent Conflict. A Swedish Action Plan. Stockholm 1999.
7 Vgl. Die Bundesregierung: Aktionsplan. Zivile Krisenprävention, Konfliktlösung und Friedenskonsolidierung. Berlin, 12.5.2004. Daraus sind alle Zitate in diesem Abschnitt entnommen.
8 Hervorhebungen durch den Verfasser.
9 Dieser Befund deckt sich mit zahlreichen Untersuchungen der UNO; vgl. z. B. United Nations: In Larger Freedom. Towards Development, Security and Human Rights for all. Report of the Secretary-General. New York 2005 (Doc. A/59/2005).
10 Vgl. dazu VENRO: VENRO-Stellungnahme zum »Aktionsplan Zivile Krisenprävention, Konfliktlösung und Friedenskonsolidierung« der Bundesregierung. Bonn, 9.9.2004. Dieser Stellungnahme sind die nachstehenden Zitate entnommen.
11 Vgl. VENRO: Entwicklungspolitik im Windschatten militärischer Interventionen?, S. 3.
12 Zur Arbeit der GTZ vgl. die zahleichen Veröffentlichungen der Gesellschaft mit Sitz in Eschborn unter: www.gtz.de. Zum vorliegenden Komplex vgl. GTZ: Friedensentwicklung, Krisenprävention und Konfliktbearbeitung.
13 Vgl. dazu auch Adolf Kloke-Lesch/Marita Steinke: Den Sicherheitskräften auf die Finger schauen. Der Entwicklungspolitik muss es um eine bessere Kontrolle von Polizei und Militär gehen. In: Entwicklung und Zusammenarbeit, 43 (2002) 2, S. 44–47.
14 Vgl. GTZ: Friedensentwicklung, Krisenprävention und Konfliktbearbeitung, S. 82–85.
15 Vgl. ebenda, S. 75–80.
16 Vgl. dazu auch Andreas Mehler/Claude Ribaux: Krisenprävention und Konfliktbearbeitung in der Technischen Zusammenarbeit. Wiesbaden 2000, bes. Kap. 4.7.

Weiterführende Literatur

Adamo, Alberto: I nuovi mercenari. Mailand 2003.
Adams, Thomas: The New Mercenaries and the Privatization of Conflict. In: Parameters, Sommer 1999, S. 103–116.
Avant, Deborah: From Mercenaries to Citizen Armies: Explaining Change in the Practice of War. In: International Organization, 54 (2002) 1.
Avant, Deborah: The Market of Force. The Consequences of Privatizing Security. Cambridge 2005.
Azzellini, Dario/Kanzleiter, Boris (Hg.): Das Unternehmen Krieg. Paramilitärs, Warlords und Privatarmeen als Akteure der neuen Kriegsordnung. Berlin 2003.
Ballesteros, Enrique B.: Report of the Use of Mercenaries. New York 2004 (UN Doc. E/CN.4/2004/15).
Benegas, Richard: De la privatisation de la guerre à la privatisation du peacekeeping. In: Le boom de mercenariat: defi ou falatilté? Document de Damocles. Lyon 2001.
Beyani, Chaloka/Lilly, Damian: Regulating Private Military Companies. London (International Alert) 2001.
BMZ: Zum Verhältnis von entwicklungspolitischen und militärischen Antworten auf neue sicherheitspolitische Herausforderungen. Bonn, Mai 2004 (BMZ-Diskurs, Nr. 1)
Brauer, Jürgen: An Economic Perspective on Mercenaries, Military Companies and the Privatisation of Force. In: Cambridge Review of International Affairs, 13/1999.
Brooks, Doug: Creating the Renaissance Peace. Pretoria 2000.
Bundesregierung: Aktionsplan. Zivile Krisenprävention, Konfliktlösung und Friedenskonsolidierung. Berlin, 12. Mai 2004.
Burrows, Gideon: Il commercio delle armi. Roma 2003.
Chojnacki, Sven: Wandel der Kriegsformen: Die Dimensionen neuer privatisierter Kriege. Berlin 2001 (WZB-Studie).
Cilliers, Jakkie/Mason, Peggy (Hg.): Peace, Profit or Plunder? Pretoria 1999.
Collier, Paul/Hoeffler, Anke: Greed and Grievance in Civil War. Mai 2001 (World Bank Policy Research Paper, Nr. 2355).
Creveld, Martin von: The Rise and Decline of the State. Cambridge 1999.
DAC: Security System Reform and Governance: Policy and Good Practice. Paris 2004.
Daclon, Corrado M.: Aspetti strategici della questione idrica, Juni 2002 (Centro Studi per la Difesa e la Sicurezza).
DCAF: Intelligence. Practice and Democratic Oversight – A Practinioner's View. Genf 2003 (Occasional Paper, Nr. 3).
Debiel, Tobias: Souveränität verpflichtet: Spielregeln für den neuen Interventionismus. In: IPG, 3/2004, S. 61–81.
Dorn, Walter A.: The Cloak and the Blue Beret: The Limits of Intelligence-Gathering in UN Peacekeeping. Clementsport 1999 (Pearson Papers, Nr. 4).

Duffield, Mark: Global Governance and New Wars. The Merging of Development and Security. London 2001.
Eppler, Erhard: Auslaufmodell Staat? Frankfurt am Main 2005.
Eppler, Erhard: Vom Gewaltmonopol zum Gewaltmarkt. Frankfurt am Main 2002.
European Platform for Conflict Prevention and Transformation (Hg.): Prevention and Management of Violent Conflicts. An International Directory. Utrecht 1998.
Fawcett, Bill: Mercs, True Stories of Mercenaries in Action. New York 1999.
Finardi Sergio/Tombola, Carlo: Le strade delle armi. Mailand 2002.
Global Witness: For a Few Dollars More. How Al Quaeda Moved into the Diamond Trade. April 2003 (Global Witness Report).
GTZ: Friedensentwicklung, Krisenprävention und Konfliktbearbeitung. Eschborn 2002.
Hodges, Tony: Angola from Afro-Stalinism to Petro-Diamond Capitalism. Bloomington 2001.
Holmquist, Caroline: Private Security Companies. The Case for Regulation. Stockholm 2005 (SIPRI Policy Paper, Nr. 9).
Human Rights Watch: Colombia: Human Rights Concerns Raised by the Security Arrangements of Transnational Oil Companies. London, April 1998.
Isenberg, David: A Fistful of Contractors: The Case for a Pragmatic Assessment of Private Military Companies in Iraq. In: BASIC, Research Report, September 2004.
Isenberg, David: Soldiers of Fortune Ltd. Washington 1997.
Kaldor, Mary: New and Old Wars, Organized Violence in a Global Era. Cambridge 1999.
Klingebiel, Stephan/Roehder, Katja: Entwicklungspolitisch-militärische Schnittstellen. Neue Herausforderungen in Krisen und Post-Konflikt-Situationen. In: Deutsches Institut für Entwicklungspolitik (Hg.): Berichte und Gutachten, 3/2004
Krahmann, Elke: The Privatisation of Security Governance: Developments, Problems, Solutions. Köln 2003 (AIPA 1/2003).
Ku, Charlotte/Jacobsen, Harold K. (Hg.): Democratic Accountability and the Use of Force in International Law. Cambridge 2003.
Kurtenbach, Sabine/Lock, Peter (Hg.): Kriege als (Über)Lebenswelten. Bonn 2004.
Leander, Anna: Global Ungovernance: Mercenaries, States and the Control over Violence. Kopenhagen 2002.
Leonhardt, Manuela: Konfliktbezogene Wirkungsbeobachtung von Entwicklungsvorhaben. Eine praktische Handreichung. Eschborn 2001.
Lilly, Damian/von Tangen Page, Michael (Hg.): Security Sector Reform: The Challenges and Opportunities of the Privatisation of Security. London 2002.
Lilly, Damian: The Privatisation of Security and Peacebuilding. London (International Alert) 2000.
Lock, Peter: Ökonomien des Krieges. Hamburg 2001.

Lumpe, Lora: U.S. Foreign Military Training: Global Reach, Global Power and Oversight Issues. In: Foreign Policy in Focus Special Report, Mai 2002.

Mair, Stefan: Die Globalisierung privater Gewalt. Berlin 2002 (SWP-Studie).

Makki, Sami u.a.: Private Military Companies and the Proliferation of Small Arm. London 2002.

Markusen, Ann R.: The Case against Privatizing National Security. In: Governance, 16 (Oktober 2003) 4, S. 471–501,

McPeak, Michael/Ellis, Sandra N.: Managing Contractors in Joint Operations: Filling the Gaps in Doctrine. In: Army Logistician, 36 (2004) 2, S. 6–9.

Medico International (Hg): Macht und Ohnmacht der Hilfe. Frankfurt am Main 2003 (medico report, 25).

Mehler, Andreas/Ribaux, Claude: Krisenprävention und Konfliktbearbeitung in der Technischen Zusammenarbeit. Wiesbaden 2000.

Metz, Steven: Armed Conflict in the Twenty-First Century: The Information Revolution and Postmodern Warfare. April 2002 (Strategie Studies Institute, US-Army War College).

Misser, François: Les mercenaires: en quete de legitimation. In: Le boom de mercenariat: defi ou fatalité? Document de Damocles. Lyon 2001.

Münkler, Herfried: Neue Kriege. Reinbek 2002.

Musah, Abdel-Fatau/Fayemi, J'Kajode (Hg.): Mercenaries. An African Security Dilemma. London 2000.

O'Brian, Kevin: Military-Advisory Groups and African Security: Privatices Peacekeeping. In: International Peacekeeping, 5 (1998) 3.

OECD: Guidelines to Prevent Violent Conflicts. Paris 2001.

OECD: Multinational Enterprises in Situations of Violent Conflict and Widespread Human Rights Abuses. Paris 2002.

Offe, Klaus: Die Neudefinition der Sicherheit. In: Blätter für deutsche und internationale Politik, 12/2001.

Paes, Wulf-Christian: Zur Konversion von Gewaltökonomien. In: Wissenschaft und Frieden, 3/2001.

Pagliani, Gabriella: Il mestiere della guerra. Mailand 2004.

Qiao Liang/Wang Xiangsiu: Guerra senza limiti. L'arte della guerra asimmetrica fra terrorismo e globalizzazione. Gorozia 2001.

Reno, William: Private Security Companies and Multinational Corporations. Wilton Park Conference. London (International Alert) 2000.

Schreier, Fred/Caparini, Marina: Privatizing Security: Law, Practice and Governance of Private Military and Security Companies. Genf 2005.

Schwartz, Nelson D.: The War Business. The Pentagon's Private Army. In: Fortune, 3. März 2003.

Shearer, David: Private Armies and Military Intervention. London 1999 (International Institute for Strategic Studies; Adelphi Paper, Nr. 316).

Silverstein, Ken: Private Warriors. New York 2000.

Singer, Peter W.: Corporate Warriors. Ithaka/London 2003.

Singer, Peter W.: War, Profits, and the Vacuum of Law: Privatized Military Firms and International Law. In: Columbia Journal of Transnational Law, Frühjahr 2004, S. 521–549.

Spelten, Angelika: Gewaltökonomie. Möglichkeiten und Grenzen entwicklungspolitischer Handlungsoptionen. Eine Frient Handreichung. Bonn, Juni 2004.

Spicer, Tim: An Unorthodox Soldier. Peace and War and the Sandline Affair. Edinburgh 2003.

The Center for Public Integrity: Windfalls of War. Washington 2004.

The Center of Public Integrity: Making a Killing. The Business of War. Washington 2004.

Thompson, William: The Grievances of Military Coup Makers. Beverly Hills 1973.

Treverton, Gregory F.: Reshaping National Intelligence for an Age of Information. New York 2001.

Uesseler, Rolf: Neue Kriege, neue Söldner. Private Militärfirmen und globale Interventionsstrategien. In: Blätter für deutsche und internationale Politik, 3/2005, S. 323–333.

United Kingdom Governement: Public Private Partnerships. Changing the Way We Do Business. Elements of PPP in Defence. London 2004.

United Kingdom Government: Private Military Companies: Options for Regulations (»Green Paper«). London 2003.

United Nations: Human Security – Now. Commission on Human Security. New York 2003.

United Nations: In Larger Freedom: Towards Development, Security and Human Rights for All. Report of the Secretary-General. New York 2005 (Document A/59/2005).

UNDP: Human Development Report. Millennium Development Goals: A Compact among Nations to End Human Poverty. New York 2003.

United States General Accounting Office: GAO/NSIAD-00-107. Washington 1997.

Unites States Senate: Contractors Overseeing Contractors. Conflicts of Interest Undermining Accountability in Iraq. Joint Report by Special Investigations Division. Wahington, 18. Mai 2004.

Vaux, Tony u.a.: Humanitarian Action and Private Security Companies. London (International Alert) 2002.

VENRO: Stellungnahme zum »Aktionsplan Zivile Krisenprävention, Konfliktlösung und Friedenskonsolidierung« der Bundesregierung. Bonn, 9. September 2004.

Venter, Al J.: Market Forces: How Hired Guns Succeeded Where the United Nations Failes. In: Jane's International Defense Review, März 1998.

Vignarca, Francesco: Mercenari S.p.A. Mailand 2004.

Weltbank: Sicherheit, Armutsbekämpfung und nachhaltige Entwicklung. Bonn 1999.

Wulf, Herbert: Internationalisierung und Privatisierung von Krieg und Frieden. Baden-Baden 2005.

Wynn, Donald T.: Managing the Logistic-Support. Contract in the Balkans Theatre. In: Engineer, Juli 2000.

Zarate, Juan C.: The Emergence of a New Dog of War: Private International Security Companies, International Law and the New World Order. In: Stanford Journal of International Law 34, Winter 1998, S. 75–156.

Abkürzungsverzeichnis

ACOTA	African Contingencies Operations Training and Assistance Program
ACRI	African Crises Response Initiative
ACS	Allied Computer Solutions, Inc.
AES	All Electric Services
AKE	Andrew Kain Enterprise
AFL-CIO	American Federation of Labor – Congress of Industrial Organizations
AG	Aktiengesellschaft
AIPA	Arbeitspapiere zur Internationalen Politik und Außenpolitik
AMBO	Albanian-Mazedonian-Bulgarian-Oil
ASC	Advanced System Communcation
ASEDAR	Asociación de Educadores del Arauca
BASIC	British American Security Information Council
BBC	British Broadcasting Corporation
BG/CP	Bodyguard/Close Protection
BHg	Branch-Heritage Group
BMW	Bayerische Motoren-Werke
BMZ	Bundesministerium für wirtschaftliche Entwicklung und Zusammenarbeit
BP	British Petroleum
BTC	Baku-Tiflis-Ceyhan
C2W	Command and Control Warfare
CACI	Consolidated Analysis Centers, Inc.
CalPERS	California Public Employees' Retirement System
CalSTRS	California State Teachers' Retirement System
CBS	Columbia Broadcasting System
CDU	Christlich-Demokratische Union
CIA	Central Intelligence Agency
CPA	Coalition Provisional Authority
CSC	Computer Sciences Corporation
CSU	Christlich-Soziale Union
DAC	Development Assistance Committee
D.C.	District of Columbia
DCAF	Geneva Centre for the Democratic Control of Armed Forces
DDR	Deutsche Demokratische Republik
DFID	Department for International Development
DoD	Department of Defense
DoE	Department of Energy
DSL	Defense Systems Ltd.
DTS	Defense Technology Systems
DVD	Digital Versatile Disc
DW	Deutsche Welle
ECOMOG	Economic Community Monitoring Group

EDV	Elektronische Datenverabeitung
ELN	Ejercito de Liberación Nacional
EO	Executive Outcomes
EPZ	Exportproduktionszone
EU	Europäische Union
EUBSA	Europaen Brillstein Security Academy
F+E	Forschung und Entwicklung
FAFO	Institutt for arbeidslivs- og velferdsforskning
FARC	Fuerzas Armadas Revolucionarias de Colombia
FBI	Federal Bureau of Investigation
FMS	Foreign Military Sales
GAO	Government Accounting Office
g.e.b.b.	Gesellschaft für Entwicklung, Beschaffung und Betrieb GmbH
GmbH	Gesellschaft mit beschränkter Haftung
GPS	Global Positioning System
GTZ	Deutsche Gesellschaft für Technische Zusammenarbeit
G4S	Group 4 Falck
HUMINT	Human Intelligence
ICI	International Charter Incorporated
ICIJ	International Consortium of Investigative Journalists
ICRC	International Committee of the Red Cross
IDIQ	Infinite-Delivery, Infinite-Quantity
IFOR	International Fellowship of Reconciliation
IKRK	Internationales Komitee vom Roten Kreuz
IMINT	Imagery Intelligence
IPG	Internationale Politik und Gesellschaft
IPOA	International Peace Operations Association
ISI	International Strategy & Investment
IT	Information Technology
IW	Information Warfare
KBR	Kellog, Brown & Root
KFOR	Kosovo Force
MPRI	Military Professional Resources Incorporated
MSS	MISYS – MicroSystems
NATO	North Atlantic Treaty Organisation
NCW	Network Centric Warfare
NEP	National Energy Policy
NGO	Non-Governmental Organization
NRO	Nichtregierungsorganisation
NSA	National Security Agency
OAU	Organisation of African Unity
OECD	Organisation for Econimic Co-operation and Development
ÖPP	Öffentlich-Private Partnerschaften
OS&S	Optimal Solution Services
PA&E	Pacific Architects and Engineers
PBS	Public Broadcasting Service
PMF	Private Militärfirma

PPP	Public Private Partnership
PSF	Private Sicherheitsfirma
RAI	Radiotelevisione Italiana
RMA	Revolution in Military Affairs
RUF	Revolutionary United Front
RUSI	Royal United Services Institute
S. A.	Sociedad Anónymo
SAIC	Science Applications International Corporation
SAS	Special Air Service
SASPF	SAP – Implementierungsmodell
SIGINT	Signals Intelligence
SIPRI	Stockholm International Peace Research Institute
SOC-SMG	Special Operation Company – Security Management Group
S. p. A.	Societá per Azioni
SPLF	Sudan's People's Liberation Front
SRC	Strategic Resources Corporation
SS	Schutzstaffel
SSR	Security Sector Reform
TRADOC	US-Army Training and Doctrine Command
TRW	Thompson-Ramo-Wooldridge Automotive
UÇK	Ushtria Çlirimtare E Kosoves
UK	United Kingdom
UN	United Nations
UNDP	United Nations Development Programme
UNHCR	United Nations High Commissioner for Refugees
UNICEF	United Nations International Children's Emergency Fund
UNITA	Uniao Nacional para a Independencia Total de Angola
UNO	United Nations Organization
US	United States
USA	United States of America
USD	US-Dollar
VENRO	Verband Entwicklungspolitik deutscher Nichtregierungsorganisationen
VIP	Very Important Person
VN	Vereinte Nationen
VOC	Verenigde Oostindische Compagnie
WACAM	Wassa Association of Communities Affected by Mining
WIC	West-Indische Compagnie
WWLR	WorldWide Language Resources

Private Militärfirmen im Internet

Name	Land	Arbeitsschwerpunkt*	Webseite
AD Consultancy	UK	BSB	www.adconsultancy.com
Aegis Defence Services	UK	BSB	www.aegisdef-webservices.com
AirScan	USA	Int.	www.airscan.com
AKE Limited	UK	Int.	www.akegroup.com
Applied Marine Technology, Inc.	USA	Int.	www.amti.net
ArmorGroup	UK	BSB	www.armorgroup.com
Betac	USA	BSB	www.betac.com
Beni Tal	Israel	ABT, BSB	www.beni-tal.co.il
BH Defence	USA	LNW	www.bhdefence.com
Blackwater USA	USA	NSB	www.blackwaterusa.com
Blue Sky	UK	Int.	www.blueskysc.org
Booz Allen Hamilton	USA	LNW	www.boozallen.com
CACI International	USA	Int.	www.caci.com
Centurion Risk Assessment Services	UK	ABT	www.centurion-riskservices.co.uk
Cochise Consultancy	USA	BSB	www.cochiseconsult.com
Combat Support Associates	USA	BSB, LNW	www.csakuwait.com
Control Risks Group	UK	Int.	www.crg.com
Cubic	USA	ABT	www.cai.cubic.com
Custer Battles	USA	BSB, Int.	www.custerbattles.com
Defense Systems Ltd. (DSL)	UK	BSB	www.armorgroup.com
Defense Technology Systems (DTS) Security	USA	BSB, Int.	www.dtssecurity.com
Diligence LLC	USA/UK	Int.	www.diligencellc.com
DynCorp	USA	ABT, Int.	www.csc.com
EFFACT	D	ABT	www.effact10.de
Erinys	UK	BSB	www.erinysinternational.com
EUBSA	D	ABT	www.eubsa.de
Executive Outcomes (EO)	USA	ABT, BSB, Int., LNW	www.web.archive.org/web/19980703122204/http://www.eo.com
Fluor	USA	LNW	www.fluor.com
Genric	UK	BSB	www.genric.co.uk
Global Risk Strategies	UK	LNW	www.globalrsl.com
Group 4 Falck (G4S)	DK/UK	BSB	www.g4s.com
Hart Group Ltd.	UK	BSB	www.hartgrouplimited.com
International Charter, Inc. (ICI)	USA	ABT	www.icioregon.com
I-Defense	USA	Int.	www.idefense.com
Janusian Security Risk Management	UK	BSB	www.janusian.com
Kellog, Brown & Root (KBR)	USA	LNW	www.halliburton.com

Kroll Security International	USA	BSB, Int.	www.krollworldwide.com
Logicon	USA	Int.	www.logicon.com
ManTech International	USA	Int.	www.mantech.com
Meyer & Associates	USA	ABT	www.meyerglobalforce.com
Military Professional Resources Inc. (MPRI)	USA	ABT, BSB	www.mpri.com
MZM	USA	Int.	www.mzminc.com
Northbridge Service Group Ltd.	USA	ABT, Int.	www.northbridgeservices.com
Olive Security	UK	ABT	www.olivesecurity.com
Optimal Solution Services (OS & S)	AUS	BSB	E-Mail: optimalsolution@hotmail.com
Pacific Architects and Engineers (PA&E)	USA	LNW	www.paechl.com
Paladin Risk	D	BSB	www.paladinrisk.com
Parsons	USA	BSB, LNW	www.parsons.com
Pilgrims Group	UK	BSB	www.pilgrimgroup.co.uk
Pistris	USA	ABT	www.pistris.com
Ronco Consulting Corp.	USA	ABT	www.roncoconsulting.com
Rubicon International Services	USA	BSB	www.rubicon-international.com
Saladin Security	UK	Int.	www.saladin-security.com
Sandline International	UK	BSB	www.sandline.com
Science Applications International Corporation (SAIC)	USA	Int	www.saic.com
Secopex	F	ABT	www.secopex.com
SOC-SMG	USA	BSB, Int.	www.soc-smg.com
Steele Foundation	USA	BSB	www.steelefoundation.com
Titan Corporation	USA	Int.	www.titan.com
Triple Canopy	USA	BSB, LNW	www.triplecanopy.com
Trojan Securities	USA	ABT, Int.	www.trojansecurities.com
Vance International	USA	ABT, BSB	www.vancesecurity.com
Vinnell	USA	ABT, BSB	www.vinnell.com
Wade-Boyd and Associates	USA	BSB	www.wade.boyd.com

* ABT = Ausbildung, Beratung, Training
BSB = Bewaffnete Einheiten, Sicherheit, Bewaffneter Schutz
Int. = Intelligence
LNW = Logistik, Nachschub, Wartung

Personenregister

Acuto, Giovanni 90
Adgey, Derek W. 143
Agliana, Maurizio 10, 12
Al-Sadr, Muqtada 145
Ananta Toer, Pramoedya 214
Annan, Kofi 171
Artaxerxes II. 83
Attendolo, Francesco 91
Attendolo, Muzio 91
Avant, Deborah 213

Baker, Mike 157
Ballesteros, Enrique 62, 134, 170
Barbarossa (Friedrich I.) 87
Barbie, Klaus 97
Barlow, Eben 77, 79, 99
Beheim, Michael 88
Bergh, Nick van der 77
Berlusconi, Silvio 12
Bin Laden, Osama 53
Blair, Tony 157, 171
Blümlein, Barthel 92
Bohle, Vera 203
Braccio da Montone 91
Brooks, Doug 40, 63, 65
Brown, Roger 137f.
Buckingham, Anthony 77, 78, 99
Burt, Richard 157
Bush, George 37, 157
Bush, George W. 10, 12, 24, 37, 50, 75, 105, 107, 157, 171, 211
Bush, Laura 75
Butler, Whitley 157

Carrillo, Jaime 138
Cervantes, Miguel de 90
Chalabi, Ahmed 145
Chan, Julius 15
Cheney, Richard 37, 48, 105, 157
Clinton, Bill 104
Coen, Jan Pieterszoon 93
Collier, Paul 116f.
Cook, Robin 16

Cortéz, Hernan 92
Cupertino, Umberto 10, 12

De Young, Marie 76
Des Roches, D. B. 49

England, Lynndie 32f.
Erasmo da Narni 91

Federico da Montefeltro 91
Ferdinand II. 92
Forsyth, Frederick 80
Frederick, Ivan 32f.
Friedrich der Große 95

Garner, Charles 32f.
Gil-Robles, Avaró 214
Glatt, Ernst Werner 17
Greenhouse, Bunnatine 75
Guei, Robert 20

Hammer, Jost 92
Hartung, William D. 75
Hawkwood, John 90
Helvenston, Steven 142f.
Herodot 82
Hirsch, Robert 215
Houphouet-Boigny, Félix 118
Hussein, Saddam 106, 157

Jackson, Gary 143
Jacopo da Todi 91
Johannes Paul II. 13
Jones, James 107f.
Johnston, Ben 151
Julius II. 91

Kabbah, Ahmed 16
Kabila, Laurent 62
Kaldor, Mary 213
Karl der Große 87
Karl VII. 92
Karsai, Hamid 13
Kashoggi, Adnan 17
Klenz, Horst 97

Kinkel, Klaus 70
Konrad von Landau 90
Kourouma, Ahmadou 216
Krahmann, Elke 68
Krösus 82 f.
Kyros 83

Leahy, Patrick 156
Lock, Peter 213

M., Zlatan 21-23, 178
Major, John 157
Mandela, Nelson 80
Mann, Simon 77, 99
McIntosh, Jason 24
Melville, Andy 24
Minin, Leonid (alias Wulf Breslav alias Igor Osols alias Leonid Bluvshtein) 17–21
Mobutu, Sese Seko (Joseph Désiré) 62, 118
Moi, Daniel Arap 80
Molina, Luciano Enrique Romero 140
Moto, Severo 168
Müller, Siegfried 97
Münkler, Herfried 213

Napoleon Bonaparte 96
Naipaul, Vidiadhar Surajprasad 216
Nelson, Torin 33
Niekerk, Phillip van 104
Nürnberger, Kasimir 92
Nutt, Dominic 177

Odoaker 86
Ospina, Hernando 51

P., Wladimir 14
Perry, William 70
Pinochet, Augusto 143
Pizarro, Francisco 92

Polybios 85
Powell, Colin 171, 173
Powell, Charles 157

Quattrocchi, Fabrizio 10–12, 152
Qiao Liang 213

Reed, Jack 144
Rice, Condoleezza 157
Rodriguez, Hernan 138
Rogers, Ed 157
Rojas, Francisco 138
Rumsfeld, Donald 47, 53, 144

Saleh, Salim 80
Sankoh, Foday 19, 159
Sawimbi, Jonas 154 f.
Schalkwyk, Albertus van 142
Schmidel, Ulrich 92
Simeone, Paolo 10 f.
Singer, Peter W. 223
Sokrates 83
Soyster, Ed 37
Spicer, Tim 15 f., 19, 80, 99
Stefanowicz, Steve 32 f.
Stefio, Salvatore 10, 12
Strasser, Valentine 159
Strydom, François 142

Taylor, Charles 19
Thatcher, Margaret 157, 168
Thatcher, Mark 168
Tree, Sanho 24

Wallenstein, Albrecht von 92
Wang Xiangsui 213
Waxman, Henry A. 76
Webster, William 157
Wellington, Arthur Wellesley 96
Werner von Urslingen 90
Wolfensohn, James D. 192

Xenophon 83 f.

Firmenregister

ACS Defense 134
Aegis Defence Services 16
AES 77f.
Afro Minero 78
AirScan 31, 34, 114, 137f., 219, 221
AKE Ltd. 29
Alion 133
Alpha 5 78
AMBO 74
Aquanova 78f.
Arine 134
ArmorGroup 34, 42, 65f., 137, 143, 178, 207
ASC 77f.
Ashanti Gold 140
Asia Pulp & Paper 141

Bactec 178
Baltic Safety Network 55
Bekleidungsgesellschaft 54
Black & Decker 59
Blackwater 31, 38, 142f.
Blue Sky 9
BMW 58, 76
Booz Allen 33
Branch Energy 78, 80
Branch Group 77
Branch-Heritage Group 78–80
Branch Minerals 78
Bridge International 78
British Petroleum 137f., 140, 208
Brunei Shell Petroleum 167

Cable and Wireless 33
Consolidated Analysis Centers Inc. 31–33, 37, 49, 53, 114, 157, 207f.
California Microwave Inc. 133
Capricorn Air 77f.
Centurion Risk 31
Chevron 157
Coca Cola 135f.
Cochise 31

Combat Support 31,
Conoco 49
Control Risks Group 134, 145
Corona Goldfields 136
Computer Science Corporation 37, 55, 114, 183, 207, 211
Cubic 27
Custer Battles 157

De Beers 56
Defense System Columbia 34, 137f.
Defense Systems Ltd 60, 64f.
Defense Technology Systems Security 10
Delphos 55
Deutsche Bahn AG 54
Diamond works Vancouver 78
Diligence LLC 114, 157
Double Design 78
Drummond Coal 135
Dussmann 54
DynCorp 13, 15, 29, 31, 36, 42, 49, 55, 68, 114, 134, 145, 151, 155, 157, 168, 183, 211, 222

East Indian Company 93f.
Ecopetrol 136
El Vikingo 77f.
Erinys 24, 31, 142
Esso Malaysia 167
EUBSA 28
Executive Outcomes 56, 61f., 76–80, 99, 159, 166, 168, 214
Exotic Tropical Timber Enterprises 20
Exxon Mobil 49, 140

Falcone Systems 78
Fluor 30, 50
Foreign and Colonial 14
Fuhrpark Service GmbH 54

Galaxy Energy 19
Gemini 78f.
Genric 9
Gesellschaft für Entwicklung, Beschaffung und Betrieb GmbH 53–55, 182f., 206, 212
GIR S.A. 134
Global Risk Strategies 134, 178
Group 4 Securicor 31, 36, 188, 207

Halliburton 37, 48, 72, 75, 157, 207
Hart Group Ltd. 33, 145
Hellmann Logistics 54
Heritage Group 77f.
Heritage Oil & Gas 78f.
Hudsons Bay Company 93

Ibis Air 77f., 80
Indigo Sky Gems 78
International Charter Incorporated 27, 61, 210
Iris 60
International Strategy & Investment Group 31

Karstadt 58
Kellog, Brown & Root 33, 37, 40, 50, 72–76, 147, 189, 218
Kroll Security International 114, 207

L-3 (Lockheed Martin) 36f., 67, 108, 133
Lifeguard 78
Lion Apparel 54
Lloyds 16
Logicon 9, 52, 114, 164

ManTech 31, 114, 133
Matcom 133
McKinsey 134
Mechem 78
Mercedes 58, 76, 114
Meyer & Associates 68
Microsoft Corporation 167

Military Professional Resources Inc. 34, 36f., 50, 52, 60, 67–73, 109, 134, 157, 164, 168, 213
Mine Tech 178
Monsanto 134
MSS 52
MZM 31

Nestlé 135
NFD 78
Nike 58
Nippon Steele Corporation 167
Northbridge Services 162
Northrop Grunman 36, 50, 108, 133

O'Gara 33
Occidental 136f.
Ocensa 137
Olive Security 68
Omega 60, 62
Open Support System 78f.
Optimal Solution Services 31
Ostindische Kompanie 93–95, 167

Pacific Architects and Engineers 52, 61, 167f.
Paladin Risk 28, 66
Phillips 58
Pistris 9, 68
Procter & Gamble 167

Ranger Oil 78f.
Ronco 31, 60f., 157
Rubicon 66
Rungal Medical 78f

Safenet 60
Sandline International 14–16, 19, 61, 78, 80, 159
Saracen 60, 77f., 80
Science Applications International Corporation 24f., 33, 52, 114, 157, 164, 207, 215
Secopex 27
Shell 114, 140, 162

Shibata Security 78 f.
Siemens 55
Sikorsky Aircraft Corporation 133
Silver Shadow 138
SOC-SMG 68
Spearhead 134
Stabilco 60
Steele Foundation 66, 157
Strategic Resources Corporation 78–80
Stuart Mills 78

Tchibo 58
The Explorer 78 f.
Titan 31, 33, 37
Total 49

Trans Africa Logistics 78
Trident Maritime 16
Triple Canopy 31, 145, 157
Trojan 26, 68
TRW 133

Ukrspetseksport 20

Vinnell 31, 33, 36, 49 f., 68, 109, 133, 157
Vogue-Bekleidung 59

Wackenhut 188
Wal-Mart 59
Walt Disney Corporation 167
Westindische Kompanie
WWLR 31

Abbildungsnachweis

Archiv des Verlages: S. 83, 89, 133
Vera Bohle: S. 203
dpa-Picture-Alliance: S. 109
Thomas Grabka: S. 175
Robert Nickelsberg/Getty Images: S. 13
Spencer Patt/Getty Images S. 53
The Image Works/VISUM: S. 119

Zum Autor

Rolf Uesseler
Jahrgang 1943, Studium der Ökonomie, Psychologie und Publizistik; seit 1979 als freier Publizist und Wissenschaftler in Rom, wo er über ein Jahrzehnt in der italienischen Anti-Mafia-Bewegung tätig war; Arbeitsschwerpunkte: illegale Trends in der Weltwirtschaft, organisierte Kriminalität und Schattenökonomie, Privatisierung und Entdemokratisierung, Mafia und Staat in Italien; entwickelte Analyseinstrumente gegen Geldwäsche und illegale Finanztransaktionen.
Zahlreiche Aufsätze zu diesen Themen in deutschen und italienischen Zeitschriften; Buchveröffentlichungen u. a.: »Mafia: Mythos, Macht, Moral«, Bonn 1987; »Herausforderung Mafia. Strategien gegen organisierte Kriminalität«, Bonn 1993.